Albrecht Graf von Brandenstein-Zeppelin,
Alma von Stockhausen, Johannes Stöhr (Hrsg.)

„Er hat sich für uns hingegeben" (Tit 2, 14).

Die Erlösungstat Christi und seine Kirche

Johannes Stöhr

Gustav–Siewerth–Akademie

Staatlich anerkannte wissenschaftliche Hochschule
D 79809-Weilheim–Bierbronnen

Albrecht Graf von Brandenstein-Zeppelin,
Alma von Stockhausen, Johannes Stöhr (Hrsg.)

Der vorliegende Band umfasst 3 Monographien von J. Stöhr, Köln:
- Die unsündliche Freiheit des Erlösergehorsams Jesu
- Zur Christusrepräsentation des Priesters
- Unverlierbare Heiligkeit der Kirche Christi

„Er hat sich für uns hingegeben" (Tit 2, 14).

Die Erlösungstat Christi und seine Kirche

Johannes Stöhr

Gustav-Siewerth-Akademie
Bierbronnen–Weilheim

2007

Bibliographische Information der Deutschen Nationalbibliothek
Die Deutsche Nationalbibliothek verzeichnet diese Publikation in der
Deutschen Nationalbibliographie: detaillierte bibliographische Angaben sind
im Internet über http://dnd.d-nb.de abrufbar.

1. Auflage 2007
© 2007 Johannes Stöhr
Alle Rechte vorbehalten
■ Herstellung und Verlag: Books on Demand GmbH, Norderstedt
Printed in Germany
ISBN: 9783837008593

Inhaltsverzeichnis

Die unsündliche Freiheit des Erlösergehorsams
Jesu 7

Gehorsam im strengen Sinne 15
Unsündlichkeit und Gottesschau 31
Wahre verdienstliche Freiheit 40
Ansätze für eine Lösung 65
Ergebnisse 78

Zur Christusrepräsentation des Priesters („agere in persona Christi') 87

Die Gegenwart Christi im Sakramentenspender 92
Handeln „in persona Christi', nicht nur „im Namen' Christi 93
„Statische" Repräsentation (personam gerere) oder „dynamische" Aktualgegenwart (in persona agere)? 103
Agere in persona Ecclesiae 104
Sakramentale Identifizierung mit Christus: Die Eucharistie als Mitte 112
Folgerungen 119

Unverlierbare Heiligkeit der Kirche Christi 131

Der fundamentaltheologisch-apologetische Aspekt 138
Das Zeugnis der Kirchenväter 139
Lehramtliche Bestätigungen 140
Christologische und mariologische Bezüge. 142
Einwände und Schwierigkeiten 147
Fragen zur päpstlichen „Vergebungsbitte" 158
Schlussfolgerungen 169

Die unsündliche Freiheit des Erlösergehorsams Jesu

Als Christen ist uns die Freiheit der Kinder Gottes geschenkt worden (vgl. Röm 8, 21). Christus hat sie für uns verdient, da er am Holz des Kreuzes gestorben ist, um uns zu erlösen und so die Sendung zu erfüllen, die ihm Gott Vater anvertraut hat. Seine Hände und Füße waren an das Holz des Kreuzes geheftet, so dass er sie nicht bewegen konnte; dennoch hat er – was für ein wunderbares Geheimnis! – gerade in dieser Lage die menschliche Freiheit in höchster Vollendung verwirklicht. Christus konnte uns durch sein Leiden und seinen Tod erlösen, weil er sich nicht damit begnügt hat, diese Übel passiv zu erleiden, sondern sie freiwillig und voll bewusst aus Liebe auf sich nahm.

Gott hat nichts und niemand einem blinden Schicksal überlassen. Der himmlische Vater sorgt sich um die Lilien des Feldes und die Vögel des Himmels; kein Haar fällt von unserem Haupte ohne sein Wissen (vgl. Mt 6, 26; 30, 30). Umso mehr gilt, dass Gott nicht gleichgültig bleibt, wenn es sich um seinen eingeborenen Sohn handelt. Somit sind Leiden und Tod Christi zweifellos in die Vorherbestimmung des Vaters einbezogen. Doch gleichzeitig hat Jesus selbst seinen Tod aus eigener Initiative angenommen, gewollt und verwirklicht.

Es gibt Tatsachen der Offenbarung, die zwar als solche dem Glaubensverständnis mit Gewissheit bekannt sind; doch es bleibt dann oft noch besonders geheimnisvoll, wie sie widerspruchsfrei zusammen gedacht werden können. Dafür gibt es viele Beispiele: Wie etwa können die Hoheits- und die Niedrigkeitsaussagen der Bibel von Christus miteinander verstanden werden? Oder die sichtbaren und unsichtbaren Aspekte der Kirche? Die Gleichzeitigkeit der Allwirksamkeit der Gnade und der Mitwirkung des Menschen? Ähnlich verhält es sich mit der Freiheit, dem Gehorsam und der Sündenunfähigkeit Christi.

Doch gerade bei Christus werden wir eine Orientierung finden müssen für das, was für uns Freiheit, Gehorsam und Sündenlosigkeit eigentlich bedeuten. Ein unsicheres Tasten im Nebel oder Sichverlieren zwischen Meinungen wäre verhängnisvoll. Viele Menschen reagieren ja heute eher assoziativ, als dass sie begrifflich klar denken. So gibt es bei bestimmten Reizworten automatisch positive Reaktionen – bei andern stellt sich sofort eine emotionale Sperre ein. Das Wort Kirche ist z. B. im entspr. Buch von *H. Küng* gewöhnlich negativ besetzt: er verwendet dafür meist hässliche Attribute wie autoritär, starr, antiquiert usw. Andere Menschen regieren gern spontan positiv und sind in bloße Worthülsen verliebt, ohne recht zu wissen, was darin steckt. Daher sind nicht nur für die Wissenschaft, sondern auch für das alltägliche Leben des Christen immer wieder saubere Unterscheidungen und klare Begriffsbestimmungen nötig. Freiheit z. B. ist ein sehr vielschichtiger und vieldeutiger Begriff – auch im Rahmen der weltweiten Diskussionen um Menschenrechte, Autonomie, Politik, Weltwirtschaft, Ökologie usw.; Gehorsam weckt schnell negative Assoziationen – doch muss er schließlich etwas für uns bedeuten, wenn Christus uns dadurch das Heil gebracht hat, und wenn uns aufgegeben ist, ihm nachzufolgen.

Christus hat uns erlöst durch sein Leiden und Sterben. Sein Tod ist ihm nicht nur passiv widerfahren, sondern er hat ihn freiwillig bejaht, gewollt und vollzogen. Mit seinem Leiden und Sterben hat er aber zugleich den Willen des Vaters ausgeführt. Die Erlösungstat Christi ist also einerseits eine freie verdienstliche Tat seines menschlichen Willens und andrerseits eine notwendige Erfüllung des Willens Gottes, gemäß dem Wort des Herrn beim Evangelisten Johannes: *„Niemand vermag mir mein Leben zu nehmen, ich gebe es freiwillig hin. Ich habe die Macht, es hinzugeben, und habe die Macht, es wiederzugewinnen. Das ist der Auftrag, den ich von meinem Vater erhalten habe"* (Joh 10, 17). Die Erlösungstat Christi stellt also ein geheimnisvolles Miteinander, ja Ineinander dar von Freiheit und Gehorsam. Der höchste Akt der Freiheit Jesu ist zugleich die vollkommene Erfüllung des Willens des Vaters durch den unschuldigen Sohn Gottes. Ein tieferes theologisches Verständnis dieses Mysteriums ist von großer Bedeutung; nur von daher werden wir auch verstehen können, was menschliche Freiheit wirklich bedeutet[1].

Zunächst scheint gar kein besonderes Problem darin zu liegen, dass der Sohn ein Gebot des Vaters freiwillig erfüllt. Dennoch stellt der Versuch, die Erlösungstat Christi, die Hingabe seines Lebens, zugleich als höchsten Akt der Freiheit Christi und als höchsten Akt des Gehorsams Christi gläubig zu den-

---

[1] Näheres über die entspr. Konsequenzen bei F. RAURELL, *La obediencia de Cristo, modelo de la obediencia del hombre según san Pablo,* Estudios Franciscanos 64 (1963) 249-270; L. F. MATEO-SECO, *La liberación de la libertad, tarea humana y cristiana,* in: J. L. Illanes (ed.), Ética y teología ante la crisis contemporanea, Pamplona 1980, 545-554; A. C. CHACON, *La libertad meritoria de Cristo y nuestra libertad,* in: Cristo, hijo de Dios y redentor del hombre. III Simposio internacional de Teologia, Pamplona 1982, 875-892.

ken, den Theologen vor eine fast unlösbare Aufgabe[2], vielleicht die schwierigste Aufgabe der Theologie, erklärt M. J. SCHEEBEN[3], jedenfalls nach allgemeiner Überzeugung eine wahre *crux theologorum*[4].

Eine wahre und volle Freiheit schließt doch anscheinend ein, dass sich Christus dem Gebot des Vaters versagen konnte, scheint also seine Sündenfähigkeit einzuschließen. Folglich wäre also die Sünde für den menschlichen Willen Christi zwar keine Tatsache, aber doch eine echte Möglichkeit gewesen.

Bei Christus ist aber nicht nur die Tatsache der Sünde (vgl. Joh 8, 46; 1 Petr 1, 19; Heb 4, 15), sondern auch die Möglichkeit einer Sünde zu verneinen[5]. Sünde ist stets ein Akt der Person. Der personale Kern der menschlichen Natur Christi und damit auch des menschlichen Willens Christi ist aber die zweite göttliche Person selbst. Sowenig nun die zweite göttliche Person sündigen kann, indem sie den göttlichen Willen betätigt, ebenso wenig kann sie es durch eine Betätigung des von ihr hypostatisch getragenen menschlichen Willens. Der menschliche Wille Christi war also metaphysisch zur Sünde unfähig und damit anscheinend nicht frei. Ohne Freiheit fehlt aber dem Erlösungshandeln Christi die Würde des *Verdienstes*. Der Sühnetod, den Christus

---

2 F. MALMBERG, *Über den Gottmenschen,* Freiburg 1960 (Quaestiones disputatae, 9), 115; D. VIVA SJ: *„nodus paene inextricabilis"* (Cursus theologicus, p. VI *(De incarnatione)* disp. 1 q 6 disp 2; ed. Padua 1726, 43).

3 M. J. SCHEEBEN, *Mysterien des Christentums,* ed. J. Höfer, Freiburg 1951, 273

4 B. M. XIBERTA OCARM: „Problema nulli fere secundum ad necessitatem. Quocumque enim deflectas opus redemptionis periclitatur. Nulli pariter fere secundum quantum ad difficultatem". *(Tractatus de Verbo incarnato,* Madrid 1944, I, 144); H. TOURNEY: „Iamdiu theologos exercet ista quaestio et diu procul dubio adhuc exercebit, adeo intricata est et involuta" *(Praelectiones theologicae,* IV, Venedig 1739, 366); JUAN DE LUGO: „Merito reputari unam ex gravissimis theologiae". *(De incarnatione,* disp. 26 sectio 6 n. 71; ed. Vives, III, Paris 1892, 1); PH. MONCE SJ: *„Quaestio ...* valde perplexa et omnium fere, quae in toto tractatu de incarnatione continentur celeberrima". *(De incarnatione,* disp. 9 c. 1; ed. Paris 1622, 709).

5 Der Rahner-Schüler H. VORGRIMLER allerdings will nicht einmal die Sündenlosigkeit Christi anerkennen: „Wenn ihm eine so erhabene Heiligkeit zugesprochen wird, ist sein wahres Menschsein eher verdunkelt". *(Jesus – Gottes und des Menschen Sohn,* Freiburg 1984, 15). Auch für das Wissen Jesu behauptet er eigenartige Schattenseiten: „... völlig auf die Gegenwart fixiert, der Zukunft gegenüber extrem sorglos". „Ginge es nach Jesus, dürften weder Sparkassen noch Versicherungen noch Lebensmitteldepots existieren". (Ebd., 16). Die Annahme, dass Jesus bewusst sein Leben für die Sühne der Schuld anderer Menschen vor Gott einsetzte und diese Preisgabe seiner selbst als Gehorsam gegenüber dem dem Willen Gottes verstand, komme in Widerspruch zu der Gottesbotschaft Jesu. (Ebd., 28-29). – So kann kein katholischer Theologe sprechen!

wegen seiner Unsündlichkeit nicht ablehnen konnte, war für ihn etwas völlig Unvermeidbares und daher anscheinend nicht meritorisch. Dazu kommt noch eine weitere Tatsache, die das Problem erschwert: Die menschliche Seele Christi besaß nach allgemein gültiger Lehre der Theologen schon vor seiner Auferstehung und Verherrlichung die unmittelbare Gottesschau. Bei den Seligen im Himmel schließt aber die *visio beatifica*, die unmittelbare Intellekt–Präsenz des höchsten Gutes, es aus, dass sie sich von diesem höchsten Gut abwenden können. Wenn es sich so schon bei den Seligen verhält, sollte dies dann bei der Seele Christi weniger der Fall sein, oder eher mehr? Sicher, die klassische Erklärung besagt, Christus sei *viator* und zugleich schon *comprehensor* gewesen[6]; aber ist das nicht ein schwer vollziehbarer Gedanke? Wenn er *comprehensor* ist, wie ist er dann noch *viator*? Wenn seine Seele das Sterbegebot des Vaters unmittelbar präsent hatte, wie könnte er sich dann noch davon abwenden? Ferner lehren die Theologen: Christus hatte wegen der hypostatischen Union eine naturnotwendige, d. h. unverlierbare Gottesliebe. Aus dieser Liebe folgt aber die sichere Beobachtung der Gebote. Kann ein derartiger „notwendiger" Gehorsam noch frei sein?

Diese Schwierigkeiten haben die Theologen sehr häufig beschäftigt. Schon ANSELM VON CANTERBURY[7], ALBERTUS MAGNUS[8], BONAVENTURA[9] und THOMAS VON AQUIN[10] kommen gelegentlich auf das Problem zu sprechen. Doch systematisch in Angriff genommen hat es erst die nachtridentinische Theologie. Im Zusammenhang mit dem großen Gnadenstreit zwischen Thomismus und Molinismus trat die Frage in eine neue Dimension. Schon in der Schöpfungsordnung ist das Miteinander von geschöpflicher Freiheit einerseits

---

[6]   THOMAS VON AQUIN hat oft darauf hingewiesen, dass Christus zugleich *viator* und *comprehensor* war: *s. th.* III, q 7 a 8 c; q 8 a 4 ad 2; q 11 a 1 ad 2; 31 q 15 a 10; q 18 a 5 ad 3; q 30 a 2 ad 1.

[7]   H. SANTIAGO–OTERO, *La libertad de Cristo según la doctrina de San Anselmo de Canterbury*, Salmanticensis 14 (1967) 209–215. Vgl. Anm. 38

[8]   ALBERTUS MAGNUS, *in Sent.* III d 12 a 5 (ed. Vives, Paris 1894, tom. 28, 229); P. MASCARUCCI OP, *Il progresso di Cristo nella scienza in S. Alberto Magno*, Divus Thomas (P) 51 (1948) 217–250

9   BONAVENTURA, *in Sent.* III d. 12 a 2 q 1 ad 2, ad 5 (ed. Quaracchi III, 267). JOSHUA C. BENSON, *Structure and meaning in St. Bonaventure's „Quaestiones disputatae de scientia Christi"*, Franciscan studies 62 (2004) 67–90; A. SÉPINSKI OFM, *La Psychologie du Christ chez Saint Bonaventure*, Paris 1948; J. BITTREMIEUX, *La science infuse du Christ d'après S. Bonaventure*, Études Francisc. 34 (1922) 308–326.

[10] Vgl. Anm. 197, 208, 305, 330

und der Bestimmtheit und Unfehlbarkeit des göttlichen Wollens andrerseits schwer zu erklären. Noch schwieriger ist ihre Kompatibilität in der Gnadenordnung zu verstehen beim übernatürlichen Handeln Gottes an dem zu erlösenden und erlösten Menschen. Doch sind diese Schwierigkeiten gering zu nennen gegenüber denen, die sich in der Christologie ergeben infolge der Einheit der göttlichen Person, die sich in einer wahren und vollen menschlichen Natur und damit auch in einer wahren und vollen menschlichen Freiheit betätigt.

In der Theologie der Neuzeit ist darum kein bedeutenderer Theologe an dieser Frage vorbeigegangen. Erwähnt seien hier nur die Jesuiten FRANCISCO DE SUÁREZ (1590), GREGOR DE VALENCIA (1597), GABRIEL VÁZQUEZ (1615), ADAM TANNER (1626), FRANCISCO AMICO (1632), die Dominikaner JOHANNES A S. THOMA (1643) und JEAN–BAPTISTE GONET (1659), die SALMANTIZENSER KARMELITER (1701) und schließlich M. J. SCHEEBEN.

Auch in der Gegenwart gehört diese Frage zu den häufiger diskutierten[11]. Das zeigen etwa die Monographien von R. GARRIGOU–LAGRANGE OP[12] (1946), P. GALTIER SJ[13] (1947), A. DURAND SJ[14] (1948), G DE GIER MSC[15]

---

[11] Vgl. MAURICE DE BAETS, *De libera Christi oboedientia*, Löwen 1905; A. MICHEL, *Jésus-Christ. Liberté*, DThC 8 (1924) col. 1297-1309; J. GUMMERSBACH SJ, *Unsündlichkeit und Befestigung in der Gnade nach der Lehre der Scholastik mit besonderer Berücksichtigung des Suarez*, Frankfurt 1933; G. KOPF, *La liberté de l'acte de charité dans le Crist*, Revue Thomiste 39 (1934) 353-369; L. LERCHER SJ, *Institutiones theologiae dogmaticae* III, ⁵Innsbruck 1951, 84-90; J. SOLANO SJ, *De Verbo incarnato* I c. 4 a 1 th. 18, in: Sacrae theologiae summa III, Madrid 1953, 185-204; POHLE-GUMMERSBACH, Dogmatik, ²Paderborn 1956, II, 149-154; F. DIEKAMP-C. JÜSSEN, *Dogmatik*, 11,12Freiburg 1959, 276-279, 254 f.; TH. MULDOON STD, *Theologiae dogmaticae praelectiones IV, De Verbo incarnato redemptore*, Romae 1960, 339-350; J. STÖHR, *Reflexiones teológicas en torno a la libertad de Cristo en su pasión y muerte;* in: L. F. Mateo Seco (Hrsg.), Cristo, Hijo de Dios y redentor del hombre. III Simposio Internacional de Teología de la Universidad de Navarra, Pamplona 1982, 805–849; ferner die im Folgenden zitierte Literatur.

[12] R. GARRIGOU-LAGRANGE OP, *De Christo salvatore*, Paris 1945; *De concordia liberae oboedientiae Christi cum eius impeccabilitate*, Acta Pontificiae Academiae s. Thomae Aquinatis 12 (Turin 1946) 86-105 [Rez.: A. BANDERA, La Ciencia Tomista 79 (1952) 334 f.].

[13] P. GALTIER SJ, *Obéissant jusqu'à la mort*, Revue d'ascétique et de mystique, 1 (1920) 113-149; *De incarnatione ac redemptione*, ³Paris 1962, ²Paris 1947, 296-322; *Les deux Adam*, Paris 1947; DERS., *L'Unité du Christ. Être-Personne-Conscience*, Paris 1939

[14] A. DURAND SJ, *La liberté du Christ dans son rapport à l'impeccabilité*, Nouvelle Revue théologique 70 (1948) 811-822 [Rez: A. MICHEL, L'Ami du clergé 59 (1949) 677-678]

[15] G. DE GIER MSC, *Ret probleem van Christus' onzondigbare vrijheid*, in: Werkgenootschap van katholieke Theologen in Nederland, Jaarboek 1950, 57-77

(1950), B. Xiberta OCarm[16] (1954) F. Velasquez[17] (1957), F Malmberg[18] (1958), E. Gutwenger SJ[19] (1960), E. Laje SJ (1961)[20], J. F. Walvoord[21] (1961) und E. Bailleux[22] (1967), H. Santiago Otero[23] (1969), A. C. Chacon[24] (1982), G. Essen[25] (2001), LL. Clavell (2001)[26] sowie die entsprechenden Ausführungen in den verbreiteten Handbüchern (z. B. J. Pohle/J. Gummersbach SJ[27], J. H. Nicolas[28], F. Ocáriz Braña[29]). Unser Problem wurde ferner aktuell im Zusammenhang mit den neueren Diskussionen um das Ichbewußtsein Jesu[30] und seine Gottesschau[31].

16 B. M. Xiberta OCarm, *Libertat, indefectibilitat i merit en Jesucnst,* Criterion 7 (1931) 411-416; *De Verbo incarnato* I, Madrid 1954, 390-400, 443-445

17 F. Velasquez SJ, *De valore argumenti patristici in theoria praecepti non rigorosi circa mortem Christi,* Ecclesiastica Xaveriana 7 (Bogota 1957) 99-158

18 F. Malmberg SJ, *Über den Gottmenschen,* Freiburg 1960 [Rez.: C. Zimora SMB, Freiburger Zeitschr. f. Phil. u. Theol. 8 (1961) 201-205]

19 E. Gutwenger SJ, *Bewußtsein und Wissen Christi,* Innsbruck 1960 (S. 156-164) [Rez: J. Ratzinger, Münchener theol. Zeitschr. 12 (1961) 78-81; A. Turrado, Augustianum 1 (1961) 136-145; M. Löhrer OSB, Freiburger Zeitschr. f. Phil. u. Theol. 8 (1961) 205-207]; *Das Wissen Christi,* Conc 2 (1966) 45-52

20 E. Laje SJ, *Libertad, impecabilidad y merito en la obediencia de Cristo,* Ciencia y Fe (San Miguel, Republica Argentina) 17 (1961) 43-56

21 J. F. Walvoord, *The impeccability of Christ,* Bibliotheca Sacra 118 (Dallas USA, 1961) 195-202

22 E. Bailleux, *L'impeccable liberté du Christ,* RevThom 67 (1967) 5-27

23 H. Santiago-Otero, *La libertad de Cristo a la luz de la doctrina de S. Tomás,* Divinitas 13 (1969) 403-415; Ders., *La libertad de Cristo, según las enseñanzas de San Buenaventura,* RevEspTeol 36 (1976) 29-37; Ders., *La ciencia beatífica de Cristo hombre según Pedro Abelardo y su escuela,* in: "Miscellanea A. Combes", II, Roma 1967, p. 491–543; Ders., [Anm. 7].

24 Alfonso Carlos Chacon, [Anm. 1]

25 G. Essen, *Die Freiheit Jesu. Der neuchalkedonische Enhypostasiebegriff im Horizont neuzeitlicher Subjekt- und Personphilosophie,* Regensburg 2001

26 LL. Clavell, *La libertad ganada pro Cristo en la cruz. Aproximación teológica a alguans enseñanzas del Beato Josemaría Escrivá sobre la libertad,* Romana (2001) 242-271

27 J. Pohle, J. Gummersbach, *Lehrbuch der Dogmatik,* II, [10]Paderborn 1956, 141-163; 184-206

28 J.-H. Nicolas, *Sintesi dogmatica,* I, Roma 1991, 354-598; 638-699

29 F. Ocáriz Braña; L. F. Mateo-Seco; J. A. Riestra, *El misterio de Jesucristo. Lecciones de cristología y soteriología,* EUNSA, Pamplona 1991, 452 pp.; [2]1993 (it.: *Il mistero di Cristo. Manuale di cristologia,* Roma 2000)

30 R. Haubst, *Welches Ich spricht in Christus?,* TrThZ 66 (1957) 1-20; 91 (1982) 1-17. Vgl. die folgenden Anm.

Eine Analyse des Problems hat zu beachten, dass es aus drei Komponenten besteht:

1. dem **Sterbegebot** des Vaters, seinem Erlösungsratschluss, dass die Erlösung der Menschheit nur in Form einer vollen stellvertretenden Genugtuung erfolgen solle, und zwar durch Christi **Gehorsam** bis zum Tode – einem Heilsratschluss, der eine eigentliche Verpflichtung des Willens Christi bedeutet;

2. der **Sündenunfähigkeit** Christi, gründend in der hypostatischen Union und in der unmittelbaren Gottesschau der menschlichen Seele Christi;

3. einer ernst zu nehmenden wahren und vollen **Freiheit** des menschlichen Willens Christi, und zwar der spezifischen Freiheit des Pilgerstandes (*status viae*), die gefordert ist durch die Integrität der menschlichen Natur Christi und die eine unabdingbare Notwendigkeit für jedes Verdienst sein dürfte.

Diese drei Komponenten, die alle drei zum Kern des Glaubens gehören, scheint man nicht ohne Widerspruch zusammen denken zu können: Sündenunfähigkeit und Gehorsam schließen dem Anschein nach Freiheit aus, Unsündlichkeit und Freiheit schließen Gehorsam aus – denn es besteht ja bereits eine freie Bindung an das Gute –, und Freiheit und Gehorsam schließen Sündenunfähigkeit aus.

Wenn nun ein näheres Verständnis der Freiheit Christi im Laufe der Geschichte auch ganz hervorragenden Theologen große Schwierigkeiten gemacht hat, – wie können wir dann von Jesus her unsere eigene Freiheit besser verstehen? Heißt das nicht, ein schwieriges Problem durch ein noch komplizierteres erklären wollen? Mit der Gefahr, sich mit paradox und widersprüchlich scheinenden Formeln zu begnügen?

Das *erste vatikanische Konzil* hat erklärt, dass die Vernunft im Lichte des Glaubens auch bei ihrem Bemühen um die Mysterien im eigentlichen Sinne (*mysteria stricte dicta*) sehr gewinnbringende Erkenntnisse erlangen kann[32]. Schließlich sind uns die Glaubensgeheimnisse nicht geoffenbart worden, um Verwirrung oder richtungslose Impulse zu bringen, sondern um uns zu erleuchten. Bei einem Mysterium hat nun die Theologie nicht die Aufgabe, es durchschaubar zu manchen; wohl aber hat sie die Aufgabe, es als innerlich

---

[31] Vgl. die *Literaturhinweise* am Ende dieses Beitrages: S. 84

[32] Vaticanum I, *sessio* 3 c. 4 (DS 3016)

widerspruchsfrei zu verteidigen und im Ganzen des Glaubens fruchtbar zu machen. Gott verlangt im Glauben zwar ein *sacrificium intellectus* in dem Sinne, dass dieser Unerkanntes in sich aufnimmt, aber nicht in dem Sinne, dass er innerlich Widersprechendes gegen besseres Wissen bejaht. Durch die Glaubensanalogie kann jede Offenbarung der Mysterien des inneren Lebens Gottes auch Licht in unserem Erkennen aufstrahlen lassen. Das Geheimnis des Erlöserleidens Jesu und seiner Freiheit kann dabei keine Ausnahme bilden; es bedeutet keine Verdunkelung unseres Erkennens, sondern bringt Licht für viele neue Aspekte auch unseres Lebens.

Bei der vorliegenden Frage hatten also die Theologen zunächst nachzuweisen, dass die drei Glaubenswahrheiten: Sündenunfähigkeit Christi, Gehorsamscharakter seiner Erlösungstat und die aktive Freiheit seines Leidens und Sterbens widerspruchsfrei gedacht werden können. Vor allem mussten sie sich bemühen, deutlich zu machen, dass die Freiheit Christi trotz ihrer außerordentlichen und besonderen Natur eine wahre verdienstliche menschliche Freiheit sein konnte, wie sie zum Pilgerstand gehört, und deshalb wirklich Beispiel und Grundlage unserer Freiheit bildet.

Diese Aufgabe suchte man bisher auf vielfache Weise zu lösen: ADAM TANNER SJ[33] kennt 1626 bereits 8 Lösungen, FRANCESCO AMICO SJ[34] kurz darauf 11 und davon wieder weitere Differenzierungen; CHRISTIAN PESCH SJ[35] erwähnt 20 Lösungsversuche. Manche sind allerdings kaum mehr als Notlösungen oder Kompromisse. Die bemerkenswerteren Lösungsversuche lassen sich auf drei Typen zurückführen[36]:

eine erste Gruppe neigt dazu, das Sterbegebot des Vaters und damit Jesu Todesgehorsam im weiteren Sinne zu verstehen, um so die Freiheit besser wahren zu können;

eine zweite Gruppe interpretiert die Unsündlichkeit und Gottesschau Jesu in abgeschwächten Sinne zugunsten der Freiheit und des Gehorsams;

---

[33] A. TANNER SJ, *Universa theologia scholastica*, t. IV, *De incarnatione* disp 1 q 6 dub. 4 (ed. Ingolstadt 1627, 423)

[34] F. AMICO SJ, *De incarnatione,* disp. 25 sectio 3 n. 52-103 (ed. Antw. 1650, t. VI, 245-252)

[35] C. PESCH SJ, *Praelectiones dogmaticae*, IV, Freiburg 1922, 192 s.

[36] Im Folgenden der Versuch einer vorwiegend systematischen Übersicht; eine detailliertere historisch-chronologische Auflistung würde viele weitere Differenzierungen und Wiederholungen ergeben.

ein dritter Typus schränkt die menschliche Entscheidungsfreiheit Christi ein, um die Sündenunfähigkeit des vollkommenen Gehorsams Jesu aufrechtzuerhalten.

Zweifellos kommen dem Menschen Jesus auf Grund der Idiomenkommunikation alle unendlichen göttlichen Vollkommenheiten zu, auch die des Erkennens und Wollens. Doch wie ist die Vollkommenheit Jesu beschaffen insofern er Mensch ist – bei aller mit der Kreatürlichkeit notwendig verbundenen Begrenztheit?

Gehorsam im strengen Sinne

Eine nicht unbedeutende Gruppe von Erklärungsversuchen sieht im **Gehorsam** Jesu die größte Schwierigkeit. Deshalb neigt sie zu der Annahme, dass Christus gar keinem Sterbegebot im strengen Sinne unterlag oder versucht zumindest dessen Reichweite einzuschränken.

Ohne Zweifel war Christus gehorsam auch gegenüber menschlichen Gesetzen und allgemeinen Anordnungen des positiven göttlichen Rechtes, die keinen naturrechtlichen Charakter haben. Dieser Gehorsam des Gottessohnes setzt keine strenge Verpflichtung voraus, sondern war sicher eine freiwillige Unterwerfung. Gilt nicht dasselbe für den Gehorsam Christi überhaupt? Kann Gott dem Gottmenschen Jesus Christus überhaupt *ex iustitia* ein Gebot auferlegen? Jedes Gebot hat eine innerlich bindende Kraft. Aber konnte Christus innerlich gezwungen werden? Ein Gebot schließt die Drohung ein: Wenn Du das nicht tust, bist Du mein Feind; kann also sinnvollerweise nur den betreffen, der sich wirklich gegen Gott auflehnen und strafwürdig machen kann. Bei Christus ist dies ausgeschlossen. Somit scheint eine strenge Verpflichtung bei Christus unmöglich; zumal er als der höchste Herr auch von allen Geboten dispensieren kann.

So bietet sich eine einfache Lösung unseres Problems an: Christus unterstand gar keinem eigentlichen Gebot, auch keinem Sterbegebot des Vaters. Unsündlichkeit und Wahlfreiheit kämen dann nicht miteinander in Konflikt, sondern blieben beide gewahrt: einem uneigentlichen Gebot könnte sich Christus nämlich versagen, ohne zu sündigen. Die Annahme einer weniger festen Bindung ließe Raum für die Freiheit.

Wie wäre aber nun bei dieser Gruppe von Lösungen, die ein *mandatum strictum moriendi* leugnen oder zumindest seine Tragweite einschränken, der Gehorsam Jesu näherhin zu denken?

1. Genügt es vielleicht, bei Christus nur eine *allgemeine Gehorsamsverpflichtung* anzunehmen, so dass eine Einzelverpflichtung unter Sünde nicht gegeben wäre? Diese Interpretation würde jedoch auch die Verpflichtung der Gebote des natürlichen Sittengesetzes bei Christus ignorieren. Der menschliche Wille Christi ist geschöpflich und untersteht somit auch allen naturrechtlichen Einzelbindungen. Man kann daher nicht einfach mit PETRUS DE PALUDE[37] von dem Prinzip ausgehen, dass der Herrscher nicht an die Gesetze gebunden ist, oder dass Christus nichts geboten werden konnte, weil er Gott ist. **2.** Doch geht es vielleicht nur um ein *Gebot im weiteren Sinn*, d. h. um einen Wunsch, um eine Anregung des Vaters, die keine strenge Gehorsamsverpflichtung einschließt und deshalb die Freiheit nicht einengt? Um einen Auftrag, den der Vater dem liebenden Sohne ganz anders gibt, als er ihn einem Knechte erteilen würde? Vollkommener Gehorsam wird doch gerade dann geleistet, wenn man auch die Wünsche des Oberen zu erfüllen bereit ist; und dieser besondere Gehorsam ist auch derjenige Christi nach Joh 8, 29: *„Ich tue allzeit, was Ihm wohlgefällig ist"*. Überzeugt von dieser einleuchtend scheinenden Lösung waren ANSELM VON CANTERBURY[38], FRANCISCO DE VICTORIA[39], DIONYSIUS DE MONTINA OESA[40], ALFONSO SALMERON[41], PEDRO DE LOR-

---

[37] PIERRE DE LA PALU OP, *Scriptum super III Sententiarum* d. 12 q 2 a 3 (ed. Paris 1517 f. 67 vb). Für dieselbe Auffassung wird auch DIONYSIUS CISTERCIENSIS (= DIONYSIUS VON MONTINA OESA) genannt (*in III Sent.* q 3 a 2); vgl. Anm. 40

[38] ANSELMUS, *Meditatio de redemptione humana* 11 c. 5 (PL 158, 766 BC); *Cur Deus Homo*, I c. 8, c. 9 (PL 158, 369-374; ed. F. Schmitt OSB (1938) p. 60-65). SCOTUS, SUAREZ, GODOY und die SALMANTIZENSER KARMELITER haben Anselm im Sinne der allgemeinen Lehre interpretiert; er unterscheide sich nur in der Ausdrucksweise, bzw. habe nur ein Gebot des Selbstmordes ablehnen wollen. Doch diese Interpretation läßt sich kaum aufrechterhalten: vgl. F. VELASQUEZ SJ, [Anm. 17], S. 146-154

[39] FRANCISCO DE VITORIA OP, nach Bartholomaeus de Medina, in III q 47 a 2

[40] DIONYSIUS CISTERCIENSIS (= DIONYSIUS VON MONTINA OESA), *in III Sent.* q 3 a 2 concl. 6, ed. Joh. de Maceriis, Paris 1511, f. 104v; q 2 a 2 concl. 6 (ed. cit., f. 103 rb); lehrte, dass die Verpflichtung eines Gebotes nicht mit dem meritum de condigno zu vereinen sei: „Christus non tenebatur aliqualiter agere secundum naturam aliquam. Probatur: Quia si detur oppositum, sequitur, quod Christus non meruit de condigno, nec quodlibet suum operari elective fuisset de condigno acceptabile ad praemium; . . . quia teneri ad taliter operari est conditio repugnans ei quod est mereri de condigno; . . . quia propter unionem naturae humanae ista persona, puta Christus, non tenebatur aliqualiter operari ad extra plus quam ante unionem tenetur (loc. cit., f. 104v).

[41] A. SALMERON SJ, *Commentarii in evangelicam historiam*, t. 10 tract. 2 (ed. Köln 1613, X, 18)

CA OCIST[42], JOHANNES ANTONIUS VELASQUEZ[43], MARTIN DE ESPARZA ARTIEDA SJ[44], NICOLAUS RAYE SJ[45], DIONYSIUS PETAVIUS[46], J. KLEUTGEN[47], C. MAZELLA SJ[48], J. B. FRANZELIN SJ[49], M. J. SCHEEBEN[50], F. A. STENTRUP

---

[42] PEDRO DE LORCA OCIST: „Verumtamen quamvis sententia haec (mandati rigorosi moriendi) hoc tempore sit communis, cum ego publice in Academia Complutensi dictarem hanc disputationem a. D. 1608 re undequaque considerata, docui, Christum Dominum non habuisse praeceptum strictum et rigorosum obligans in conscientia, ut nos redimeret morte et passione sua, sed solum habuisse notitiam et insinuationem voluntatis et decreti divini, quod ipse libere curavit implere, non obligatione, sed ferventi caritate et oboedientia, quod largiori appellatione vocatur mandatum et praeceptum. Hanc sententiam tenuit etiam Paludanus . . . Dionysius Cisterciensis ... et referri potest Albertus Magnus cap. 3 de virtutibus, ubi sic ait: „Verus oboediens numquam praeceptum exspectat, sed solum voluntatem praelati sciens vel credens ferventer exequitur pro praecepto, exemplo Domini Jesu Christi, cui voluntas Patris summum praeceptum fuit" (*in III s. th.* q 19 a 4 disp. 73; ed. Alcalá 1616, p. 544b n. 11).

[43] J. A. VELASQUEZ SJ, *In Ep. Pauli ad Phil.* 2, 8 n. 15-17 (ed. Ven. 1646, 371 s.)

[44] MARTIN DE ESPARZA ARTIEDA SJ: „Quapropter nomine praecepti et quod perinde est, mandati, dum sermo est de Christo Domino, intelligenda sunt consilia et praedefinitiones" (*Quaestiones de incarnatione Verbi divini*, q 32; ed. Rom 1655, 270). Ein eigentliches Gebot bedeute Verpflichtung unter Sünde und Abschreckung vom Bösen durch Androhung von Strafe; es schließe den Willen ein, evtl. auch die ewige Seligkeit zu versagen. „Dicendum igitur est nomine praeceptorum ac legis, dum sermo est de Christo Domino, intelligi specialem mox explicandam maiorem Dei approbationem de aliquo actu quam de opposito, aeternamque Dei praedefinitionem ac praeordinationem; non vero voluntatem obligandi in conscientia (*Cursus theologicus 9, De mysterio incarnationis*, q 32 a 9; ed. Lyon 1666, II, 270b). Christus könnte nicht indifferent sein gegenüber einem Akt, dessen Unterlassung wegen eines strikten Gebotes sündhaft wäre (ebd. q 36).

[45] NICOLAUS RAYE verteidigte am 18. 7. 1714 im Löwener Kolleg elf gegen ein praeceptum rigorosum gerichtete Thesen und veröffentlichte ein opusculum mit acht Thesen, in dem er sich besonders auf die Kirchenväter berief (ed. ZACCARIA, *Socius Academiarum Ecclesiasticarum, Thesaurus theologicus*, t. IX, controv. 3, opusculum 18; ed. Ven. 1762, p. 699-718): „Herculanus nodus videtur esse sola rigorosi mandati negatione dissecandus" (ib. p. 701).

[46] D. PETAVIUS SJ: „Ex his igitur et aliis innumeris rationibus, quas in arcana Patris mente latentes intuebatur ut quam mallet optaret, integrum fecit illi divina bonitas, adeo ut quamcumque capesseret, gratam esse sciret et acceptam ac voluntati suae consentaneam". (*Dogmata catholica, de incarnatione Verbi* IX, c 8 n. 6-13; ed. Vivès, Paris 1867, 335-339). Ähnlich B. JUNGMANN, *Institutiones theologiae dogmaticae speciales*, Regensburg 1872, S. 274-279.

[47] J. KLEUTGEN SJ, *Theologie der Vorzeit*, III, Münster 1870, 515-518

[48] C. MAZELLA SJ, *De Verbo incarnato*, n. 143 ss.

[49] J. B. FRANZELIN SJ, *Tract. de Verbo incarnato*, th. 44; ³Rom 1881, 443-450

[50] M. J. SCHEEBEN, *Dogmatik* III Buch 5 § 250 n. 1016 s. (Bd. VI, 2, Freiburg 1954, 45 f.); *Mysterien des Christentums*, ed. Freiburg 1951, 372

SJ[51], L. BILLOT SJ[52] und andere[53]; sie beriefen sich vor allem auf die Patristik. Einige erklären außerdem, es gehe nur um ein *Pönalgesetz im weiteren Sinne*, dessen Nichtbefolgung nicht Missfallen Gottes, Schuld und Strafe zur Folge hätte, sondern nur das Nichterreichen einer höheren Glorie mit sich bringen würde (D. VIVA SJ[54], P. HOLTZCLAU SJ[55], J. MUNCUNILL SJ[56]). Bei all diesen Autoren liegt die Annahme zugrunde, Christus hätte keinen eigentlichen Sterbebefehl erhalten können, ohne gleichzeitig die Ausführungs– bzw. Unterlassungsfreiheit dazu einzubüssen.

Dieser Lösungsversuch fand nun aber von Anfang an viele Gegner. Denn er lässt immer noch die Frage offen: Müsste die vollkommene Heiligkeit nicht auch ein *beneplacitum* des Vaters notwendig erfüllen? Der Würde Christi widerspricht die Verpflichtung durch ein Gebot ebenso wenig wie die Annahme eines Rates. Zum Guten verpflichtet sein heißt auch noch keineswegs sündenfähig sein. Ohne eigentliches Gebot könnte Christus nicht Vorbild des vollkommensten Gehorsams sein[57]. Eine implizite Strafdrohung ist einfach kondi-

---

[51] F. A. STENTRUP SJ, *Praelectiones dogmaticae de Verbo incarnato*, th. 76 (ed. Innsbruck 1882 vol. 1, 2 p. 1189-1212)

[52] L. BILLOT SJ, *De Verbo incarnato*, th. 29, 30 (⁶Rom 1922, 310-322)

[53] PETRUS DE PALUDE erklärt sogar: „... Omne peccatum omissionis est contra legem dispensabilem, cui non subiacet humanitas assumpta. Nihil enim est magis debitum Deo quam amare; cuius tamen omissio est dispensabilis ad tempus et pari ratione in perpetuum, unde omittendo non peccaret natura nec suppositum" (*in Sent.* III d. 12 q. 2 a 3; ed. Paris 1517, f. 68ra).

[54] D. VIVA SJ: „Dico primo Christum Dominum ratione impeccabilitatis fuisse incapacem praecepti rigorosi obligantis in conscientia, et comminativi odii ac poenae aeternae in hypothesi transgressionis" ... „Dico ultimo praeceptum mortis Christo impositum non fuit proprie poenale, sed instar legis poenalis seu consilii onerosi, quatenus si noluisset mori, non solum non incurreret culpam aut imperfectionem moralem, sed neque etiam poenam stricte dictam, seu carentiam boni debiti; caruisset tamen aliqua gloria accidentali indebita, videlicet speciali praerogativa redemptoris hominum et simu! caruisset glorificatione corporis et exaltationis nominis ut collata ex merito". (*Cursus theol.*, p. 6 disp. 2 q 2; ed. Padua 1626, 47-50, n. 1, n. 7).

[55] P. HOLTZCLAU SJ, *De Verbo incarnato,* in: Theologia Wirceburgensis, t. 2, Paris 1853, diss. 4 sect. 2 a 3 n. 412, 5; 413 s. (p. 282 s.).

[56] J. MUNCUNILL SJ, *Tractatus de Verbi divini incarnatione*, Madrid 1905, n. 727-738, 774.

[57] Denn wahrer Gehorsam setzt innerlich notwendig ein Gebot im strengen Sinne voraus: „Oboedientia est specialis virtus, et eius speciale obiectum est praeceptum tacitum vel expressum. ... Quaedam quandoque sub praecepto cadunt, quae ad nullam aliam virtutem pertinent; ut patet in his, quae non sunt mala, nisi quia prohibita. Sic ergo si oboedientia proprie accipiatur, secundum quod respicit per intentionem formalem rationem praecepti, erit

Die unsündliche Freiheit des Erlösergehorsams Jesu

tional mit dem Gebot gegeben und bezieht sich nicht notwendig auf eine reale
und konkrete Möglichkeit der Übertretung. Schließlich ist auch der negative
Zweck einer Abschreckung vom Bösen nicht der einzige oder notwendige
Sinn jedes Gebotes.

3. Ein dritter ähnlicher Lösungsversuch: Der Sterbebefehl sei nur ein bedingtes Gebot des Vaters, das in Voraussicht der Zustimmung Christi gegeben
wurde; abhängig vom Ja des menschlichen Willens Christi. Christus selbst
wünschte das Gebot; es hatte also nur eine necessitas consequens, und von
einer voluntas absoluta antecedens Gottes in Bezug auf Christi Tod könne
nicht die Rede sein (J. VINCENTIUS OP[58], P. de CABRERA OSHier[59], P. HUR-
TADO DE MENDOZA[60], L. ATZBERGER[61], M. DE LA TAILLE SJ[62], F. PRAT
SJ[63]).

---

specialis virtus, et inoboedientia speciale peccatum. Secundum hoc ad oboedientiam re-
quiretur, quod impleat aliquis actum iustitiae, vel alterius virtutis intendens implere praeceptum". (THOMAS, *s th.* II, II q 104 a 2 c, ad 1).

[58] J. VINCENTIUS ASTURICENSIS OP, *Relectio de habituali Christi salvatoris nostri sanctificante gratia,*
Romae 1691, 430. Jedoch bejaht er ein wirkliches Gebot des göttlichen Willens (imperium
implicitum et efficax) (ib. q 5; ed. Neapel 1625, 180, 189).

[59] PEDRO DE CABRERA OSHier vertritt die genannte Ansicht in gemilderter Form: „In prae-
senti ergo sic Deus Christo pro hominibus mori praecepit, ut liberam ei acceptandi vel non
acceptandi mortem facultatem relinqueret neque aliter illum ad mortem acceptandam obli-
gare intendit, nisi dependenter ab eius voluntate, si ipse obligari voluisset . . . itaque divina
voluntas decrevit ac praecepit Christo, ut nos moriendo redimeret, dummodo ipse cum tali
praecepto conformari vellet". (n. 84; p. 395a): „Ex dictis ergo colligitur libertatem Christi
recte posse salvari cum praecepto actus in particulari determinatis omnibus circumstantiis,
quia supposito tali praecepto potuit Christus illud acceptare vel non acceptare, facere actum
praeceptum vel non facere, ac si nullum habuisset praeceptum, si consideretur voluntas in
sensu diviso et quantum ad modum operandi sibi naturalem secundum statum quem habuit;
semper enim retinuit indifferentiam in actu primo et fuit determinata ad actum secundum
cum potentia ad oppositum". ... (*in III p. d. Thomae commentarii ac disputationes,* tom. 2 (q 10-
26), q 18 a 4 disp. 4 § 3 n. 114 s.; ed. Corduba 1602, 398 a).

[60] P. HURTADO DE MENDOZA SJ: „Deduco Christum potuisse facillime non mori, quia licet in
eius potestate non fuit impositio praecepti, recusatio tamen illius fuit in eius potestate: quia
cognovit Patri aeque placituram acceptionem praecepti ac recusationem, illi tamen revelavit
se non accepturum aliud satisfactionis genus, si ipse vellet auferre praeceptum, obtulit ei Pater nostram redemptionem; si autem recusaret praeceptum, omnes damnarentur. Christus
cognita hac voluntate Patris, voluit oboedire, praeceptum non recusans" (*De incarn.* disp. 77
sectio 7 § 109; ed. Antw. 1634, 545 s.). Cf. ib., § 110-112; sectio 5 subs. 5 § 80 ss.; ed. Antw.
1634, 540 ss.). „ Cum igitur actiones externae sint Christo tam liberae quam in nobis, quia
voluntas non recusandi praeceptum facit illas liberas, dum libere vult non auferre conditio-
nem, ex qua necessario consequuntur: ostendo etiam actus extrinsecos voluntatis exequentis
praeceptum illi esse liberos omnino, non solum ratione circumstantiarum et accidentium,

19

Was würde aber daraus folgen? Das Erlösungswerk, die höchste Tat göttlicher Liebe, hätte allein beim menschlichen Willen Christi seinen Anfang genommen und wäre völlig davon abhängig; der Gehorsam Christi würde abgeschwächt und auch seine Freiheit auf eine bloße *libertas in causa* reduziert. Aber Gott bestimmte nicht in seiner Vorsehung die Erlösung durch den Kreuzestod, weil Christus dies so wollte, sondern Christus wollte den Tod wegen des auferlegten Gebotes. Wie sollte man sonst den Ernst der Ölbergstunde verstehen? Die Tatsache, dass der Vater den eingeborenen Sohn nicht schonte (Röm 8, 32)? Der menschliche Wille Christi folgt dem Willen Gottes; nicht umgekehrt. Ein bedingtes Gebot des Vaters wäre nicht mehr als ein Wunsch; auch bliebe der Gehorsam Jesu gegenüber den unbedingten Geboten des Sittengesetzes unerklärt. Wenn von Christi Freiheit die Rede ist, meinen wir in keiner Weise absolute Unabhängigkeit und sittliche Autonomie des menschlichen Wollens.

Die genannten Lösungen werden sämtlich dem Wortlaut der Hl. Schrift nicht gerecht. Sie bringt immer wieder zum Ausdruck, dass Christus sein Leben vom Muss des göttlichen Willens bestimmt weiß[64]: *„Musste nicht Christus dieses leiden?"* (Lk 24, 26). Der menschliche Wille Jesu war nicht selbst Regel für seine Akte, sondern konnte auch in formellem Gehorsam die göttliche Autorität als Beweggrund haben. Schon in dem wohl vorpaulinischen Hymnus Phil 2, 6–11 wird Jesu Leben und besonders sein Sterben als eigentlicher Gehorsam gedeutet, *„gehorsam bis zum Tode, ja bis zum Tode am Kreuze"*. *„Hypekoos"*

---

sed etiam ratione essentiae et obiecti formalis, quia in oppetenda morte nullus actus fuit Christo praeceptus, sed omnes commissi eius arbitrio". (*ib.*, disp. 62 s. 6 § 123; ed. Antw. 1634, 473).

[61] L. ATZBERGER, *Die Unsündlichkeit Christi historisch-dogmatisch dargestellt*, München 1883, 286-289

[62] M. DE LA TAILLE SJ, *Mysterium fidei*, elucid. 8 (³Paris 1931, 99)

[63] FERD. PRAT SJ, *La théologie de S. Paul*, 2me partie, lib. 4 c. 2 (¹⁸Paris 1941, 224)

[64] Mt. 26, 54: *„Quomodo ergo implebuntur Scripturae, quia sic oportet fieri?"*; Lc 22, 22: „*Filius hominis secundum quod definitum est vadit"*; Joh 10, 18: „*Hoc mandatum accepi a Patre meo"*; Joh 14, 31: „*Sicut mandatum dedit mihi Pater, sic facio"*; Joh 17, 4: *„Opus consummavi, quod dedisti mihi, ut faciam"*; Act 4, 27: *„Convenerunt ... adversus sanctum puerum tuum Jesum, quem unxisti, Herodes et Pontius Pilatus ... facere, quae manus tua et consilium tuum decreverunt fieri"*; Rom 5, 19: *„Sicut per inoboedientiam unius hominis peccatores constituti sunt multi, ita et per unius oboeditionem iusti constituentur multi"*; Phil 2, 8: „*Humiliavit semetipsum factus oboediens usque ad mortem, mortem autem crucis"*; Ps 40, 8, Hebr. 10, 6: *„In capite libri scriptum est de me, ut facerem voluntatem tuam"*; Hebr 10, 5: *„Ingrediens mundum dicit . . . Ecce venio, ut faciam Deus, voluntatem tuam"*. Vgl. auch die Leidensankündigungen: Mt 16, 21; Mk 8, 31; Lk 9, 22.

bedeutet im NT immer Gehorsam gegen ein Gebot im strengen Sinne[65]. Im Johannesevangelium sagt Jesus: *„Ich handle so, wie mir der Vater aufgetragen hat"* (Joh 14, 31); *„Wenn ihr meine Gebote haltet, so bleibt ihr in meiner Liebe, wie ich meines Vaters Gebote gehalten habe und in seiner Liebe bleibe"* (Joh 15, 10). Jesu Gehorsam ist *die* Antithese zum Ungehorsam Adams gegen ein göttliches Gebot. Der häufig gebrauchte Terminus ‚εντολη[66]' spricht für eine strenge Verpflichtung auf Grund eines Sterbegebotes. Denn der lexikographische Befund zeigt, dass alle Bedeutungen von ‚*Entole'* im profanen Sprachgebrauch, im Alten und Neuen Testament diesen Verpflichtungscharakter einschließen[67].

Die abschwächende Interpretation suchte ihre Begründung oft in Äußerungen der Kirchenväter (BASILIUS[68], GREGOR VON NAZIANZ[69], CYRILL VON ALEXANDRIEN[70], THEODORET[71], OECUMENIUS[72], AMBROSIUS[73], AUGUSTI-

---

[65] Das Wort findet sich auch noch an zwei Stellen im Neuen Testament: Apg 7, 39; 2 Kor 2, 9.

[66] Während die Gnosis antinomistisch eingestellt war, ist nach Johannes die wahre Gnosis nicht zu erreichen ohne *Entole* (1 Joh 2, 3). Joh 15, 10 stellt die Verplichtung Jesu durch die Gebote des Vaters gleich mit derjenigen der Jünger durch seine Gebote. [ταυτην την εντολην ελαβον παρα του πατρος μου (Joh 10, 16)]. Die göttliche *Entole* an Christus stammt aus väterlicher Liebe; trotzdem schliesst dies eine strenge Verpflichtung nicht aus. (Vgl. E. GUTWENGER [Anm. 19], S. 158 f.)

[67] Schon im Griechentum bedeutet *„Entole"* einen göttlichen Befehl oder das strenge Gebot eines Mächtigen (Herodot). Nach Philo hat „εντολη" die Verpflichtungskraft von elementaren Sittengesetzen. Auch im Alten Testament wird der Ausdruck für Einzelgebote gebraucht, für das hebräische *„Miswah"*. Im Neuen Testament werden damit sowohl Gebote des Vaters für Christus als auch die Vorschriften Christi selbst bezeichnet. Sie verpflichten unter Sünde wie der Dekalog (Mt. 19, 17 ff.). Weiterhin bezeichnet *„Entole"* überhaupt das Gesetz des Alten Bundes oder auch behördliche Anordnungen (Joh. 11, 57); schließlich gilt auch das ganze neue Gesetz des Christentums als *„Entole"* (2 Petr 2, 21). (Vgl. W. BAUER, *Wörterbuch zum NT,* Berlin 1952, 486 f.; G. KITTEL, *Theologisches Wörterbuch zum NT,* II, Stuttgart 1935, 542-553: SCHRENK; F. ZORELL SJ, *Lexicon Graecum Novi Testamenti,* Paris 1911, 191)

[68] BASILIUS, *De Spiritu sancto* 8, 20 (PG 32, 103)

[69] GREGOR VON NAZIANZ, *Oratio theol.* 3 (PG 36, 98); *Or.* 45 c. 22 (PG 36, 654)

[70] CYRILLUS ALEXANDRINUS, *in Joh.* lib. 12 c. 19 (PG 74, 642 s.); *in Joh.,* lib. 7 c. 10 v. 8 (PG 74, 11 et 14); *in Joh.* 15, 9-10 (PG 74, 373)

[71] THEODORETUS, *in Phil.* 8, 8 (PG 82, 570); *in Hebr.* 12, 2 (PG 82, 770)

[72] OECUMENIUS, *in Phil.* 2, 5 (PG 118, 1283); *in Hebr.* 12, 2 (PG 119, 423-426)

[73] AMBROSIUS, *De fide* 4, 10 (PL 16, 666).

NUS[74], LEO DER GROSSE[75]), zitierte diese jedoch – abgesehen von CHRYSOS-
TOMUS[76] – zu Unrecht[77]. Denn zunächst missverständliche Aussagen erklären
sich aus dem Gesamtzusammenhang der Lehre und aus der geschichtlichen
Situation: Die Väter wenden sich gegen die Leugner der hypostatischen Union
und haben oft weniger den menschlichen Willen Christi als seine göttliche
Person im Auge; es geht ihnen nicht um das Problem Freiheit–Sündenunfähigkeit, sondern um Zurückweisung der Arianer, welche den Begriff ,*Entole*' missbraucht hatten als Argument gegen die Gleichwesentlichkeit des Sohnes. Auch wollten die Väter gegenüber zu anthropomorphen Vorstellungen
hervorheben, es handle sich um keinen mit Worten ausgesprochenen Befehl
und um keinerlei Zwang oder Drohung.

Somit müssen wir für Christus ein streng verbindliches Gebot des Vaters
annehmen. Wollte man es ablehnen als unvereinbar mit der Freiheit und Verdienstlichkeit des Sterbens Christi, dann müsste man konsequent auch Freiheit
und Verdienst Jesu ablehnen in den Fällen, wo er absolut verbindliche natur-
rechtliche Gesetze beobachtet (z. B. bei den Akten der Gottesverehrung, die
von jeder geschöpflichen Vernunftnatur zu leisten sind).

Manche Theologen haben sich zwar bemüht, dem Wortsinn von ,*Entole*'
gerecht zu werden und ein eigentliches Sterbegebot zu bejahen, wollten aber
durch eine gewisse *Einschränkung der Verpflichtung* einen Raum der Freiheit
wahren:

4. So erklärten sie z. B., es handle sich um ein *Gebot mit Dispensmöglichkeit.*
Jedes positive Gebot sei dispensierbar. Christus hätte jederzeit eine Zurück-
nahme seines Auftrages bewirken können – entsprechend Mt 26, 53 („*Oder
meinst Du, ich könnte den Vater nicht bitten, und er wird mir sofort mehr als zwölf Legio-
nen Engel zur Verfügung stellen?*") (vgl. JUAN DE LUGO SJ[78], S. PALLAVICINI[79], P.

[74] LEO MAGNUS, *Sermo* 58 c. 3 (PL 54, 333, 335)
[75] AUGUSTINUS, *in Joh. tract.* 31 c. 6 (PL 35, 1639; CC 36, 296 s.); *Sermo* 5 n. 3 (PL 38, 54).
[76] CHRYSOSTOMUS, *in Joh.* Hom. 60 n. 2-3 (PG 59, 330-331); *in Phil.* Hom. 7 n. 3 (PG 62, 232); *in Hebr.* 12, 2 (PG 63, 193).
[77] Vgl. zum Ganzen die sorgfältige Untersuchung von F. VELASQUEZ SJ [Anm. 17]; ferner: E. LAJE SJ, *La voluntad del Padre en la soteriologia de s. Tomas de Aquino*, Ciencia y Fe 20 (1964) 3-33.
[78] JUAN DE LUGO SJ erklärt, die Verpflichtung des Sterbegebotes lasse Raum für eine Bitte um Dispens und lasse die Wahl des Zeitpunktes des Todes frei (*De incarnatione*, disp. 26 sect. 8 n. 102 ss.; ed. Vives, t. 3, Paris 1892, 17 ss.).

WADDING SJ[80], A. BERNAL SJ[81], G. DE RHODES SJ[82], S. MAURO SJ[83], TH. COMPTON CARLETON SJ[84], J. B. GORMAZ SJ[85], H. TOURNELY[86], der Sorbon-

---

[79] S. PALLAVICINI: „Probabilissimum est Christo iniunctum esse a Patre rigorosum praeceptum de subeunda morte . . . Poterat Christus mortis executionem valde differre; quare, sicut mors martyrum etiam quoad substantiam meritoria est, licet ipsi mortem absolute vitare non possint, cum omnes homines tandem sint morituri, ita, quamvis Christus, ut praeceptum Patris servaret, non posset aliquando non mori, meruit tamen etiam quoad substantiam mortis ob magnam promptitudinem et celeritatem, quam in oboediendo praestitit, cum posset hoc absque violatione praecepti valde protrahere . . . Alio etiam modo Christi libertatem explicare satius existimamus. Asserimus ergo Christum fuisse liberum, quia poterat petere dispensationem a Deo, quam certe sciebat se impetraturum; et tamen . . . illam non petiit, et ideo libere mortuus est; quia non poterat quidem connectere negationem mortis cum praecepto, sed tamen in ipso erat praeceptum tollere impetrative". *{De universa theologia*, lib. 7, *De incarnatione*, n. 50 ss.; ed. Romae 1628, 117 s.).

[80] P. WADDING SJ: „Notandum . . . imposito praecepto fuisse necessitatam voluntatem Christi ad acceptandam mortem tempore praestituto; sed illa necessitas, quia tantum erat in sensu composito et ex hypothesi, non vera absoluta, non tollebat libertatem. ... Fuisse autem praeceptum, sive illam hypothesim, ex qua sequebatur necessitas moriendi, in potestate Christi, tum quoad primam eius acceptationem, cum quoad eius continuationem, probatur" ... . *(Tractatus de incarnatione*, disp. 9 dub. 5 n. 34-39 (n. 35); ed. Antw. 1636, 398).

[81] A. BERNAL SJ, *Disputationes de divini Verbi incarnatione*, disp. 52 sect. 1 n. 15 ss.; Caesaraugustae 1639, 370 ss.

[82] G. DE RHODES SJ, *Disputationes theologicae*, tract. 7, *De incarn.* disp. 3 q 3 sect. 2 § 5 (ed. Lyon 1661, 135 s.).

[83] SILV. MAURO SJ, *Opus theologicum in tres tomos distributum*, lib. 9, *De incarnatione*, tract. 5 q 45 n. 35) (ed. Romae 1687, 104 s.), hält das Sterbegebot auch für ein reines Pönalgesetz, ohne Verpflichtung unter Sünde.

[84] THOMAS COMPTON CARLETON SJ, *Cursus theologici tomus posterior*, disp. 55 Sectio 2 n. 15 (Leodii 1664, 331)

[85] J. B. GORMAZ SJ, *De incarnatione* disp. 20 Sectio 3, 4, n. 874-886 (Cursus theologicus II, Wien 1707, 398-401).

[86] H. TOURNELY, *Praelectiones theologicae de incarnatione Verbi divini*, Ven. 1739, t. IV, 371-373: ein zunächst bedingtes Gebot, von der Annahme Christi abhängig.

nist L. LEGRAND[87], A. MAYR SJ[88], A. BERLAGE[89], THOMAS EX CHARMES OCap[90], G. B. TEPE[91]).

Aus dieser formaljuristisch verengten Interpretation folgt aber, dass Christus die Erlösung allein durch den Verzicht auf Dispens verdient hätte, dass seine Freiheit nur die Freiheit des Gebetes um Dispens wäre und dass das Sterbegebot abhängig von der Annahme durch Christus, also gar kein eigentliches Gebot wäre. Wie sollte ferner eine Dispens möglich sein bei einem persönlichen Auftrag an Christus, erteilt vom himmlischen Vater, der doch niemandem etwas Unangemessenes auferlegt? Auch versagt der Harmonisierungsversuch bei den Geboten des natürlichen Sittengesetzes: da sie nicht dispensierbar sind, wäre Christus ihnen gegenüber unfrei gewesen.

5. Eine andere Theorie erklärt, der strenge Befehl des Vaters beziehe sich *nur auf die Substanz* des Kreuzestodes, dagegen sei die Art und Weise der Ausführung frei geblieben; d. h. Ort, Zeit, Todesart, Umstände, Motiv oder Intensität der Hingabe blieb dem Ermessen Christi überlassen, und dadurch sei das ganze konkrete Geschehen des Sterbens Christi freiwillig gewesen[92]. (F. ALBERTINI SJ[93], LUIS DE LEON OESA[94], P. DE FONSECA SJ[95], G. DE VALENCIA

---

[87]   L. LEGRAND, *Tractatus de incarnatione Verbi divini,* diss. 9 a 3, in: J. P. MIGNE, *Theologiae cursus completus,* IX, Paris 1839, col. 767 s.: Das Gebot sei zwar nicht in dem Sinne bedingt gewesen, dass es von der freien Annahme Christi abhing, war jedoch dispensierbar.

[88]   A. MAYR SJ, *Theologia scholastica* II, tract. 9 disp. 4 q 1 a 3-5 (ed. Ingolstadt 1732, II, 125-135).

[89]   THOMAS EX CHARMES OCAP, *Theologia universa,* t. 3, *de incarnatione et gratia,* Augsburg 1774, 176.

[90]   A. BERLAGE, *System der katholischen Dogmatik,* Münster 1858, 278

[91]   G. B. TEPE, *Institutiones theologicae, De Verbo incarnato,* n. 986-988 (ed. Paris 1896, II, 599-602); OTTEN SJ, *Institutiones dogmaticae, De Verbo incarnato,* Chicago 1922, 248

[92]   Für diese Erklärung berief man sich auch gern auf THOMAS VON AQUIN, *S. th.* III q 18 a 4 ad 3 (vgl. unten).

[93]   FRANCISCO ALBERTINI SJ, *Corrolaria seu quaestiones theologicae,* t. 1 princ. 5 q 3 corr. 3 dub. 2 n. 24 s. (ed. Lyon 1529, 311): Christus war frei in der Wahl des Motivs – nicht aber des Zeitpunktes – für den Kreuzestod; das Gebot beziehe sich nur auf die *substantia actus.*

[94]   PRUDENCIO DE MONTEMAYOR behauptete am 20. 1. 1582 in Salamanca in einer Disputation unter dem Vorsitz *von* F. ZUMEL OMerc: Wenn Christus von seinem Vater ein Sterbegebot erhalten hätte, wäre er nicht frei gestorben und hätte infolgedessen keine Verdienste erworben. Luis DE LEON unterstützte ihn – als einziger – gegen BAÑEZ. Auf einer weiteren Disputation am 27.1. kam es zum Skandal. Am 5. 2. brachte JOHANNES DE SANTA CRUZ OHIER die Angelegenheit vor die Inquisition. Am 3. 2. 1584 verhängte die Inquisition ein Lehrverbot für 16 Sätze des Luis DE LEÓN [vgl. Amm. 116]; DictTheolCath II, 143: „Bannez"; La Ciudad de Dios 1896.

SJ[96], G. VAZQUEZ SJ[97], F. SUAREZ SJ[98], J. RAGUSA SJ[99], PH. MONCE SJ (MONCAEUS)[100], V. DE HERICE SJ[101], TANNER SJ[102], J. PRAEPOSITUS SJ[103], M. KELLISON[104], L. LE MAIRAT SJ (MAERATIUS)[105], J. DE ARAUJO SJ[106], F. DE ARAVIO OP[107], L. LESSIUS SJ[108], N. YSAMBERT D'ORLEANS[109] († 1642), F.

---

[95]   P. DE FONSECA SJ, *Metaph.* 6 c. 2 q 5 lectio 12 (ed. Köln 1604, t. 3, p. 158-164).

[96]   G. DE VALENCIA SJ, *in III s. th.* disp. 1 q 19 puncto 2 (ed. Ingolstadt 1597, IV, 378).

[97]   GABRIEL VÁSQUEZ SJ, *Commentaria et disputationes in III s. th.* disp. 74 q 19 c. 5 n. 30 ss. (ed. Alcalá 1609, 786).

[98]   F. SUAREZ SJ, *De incarnatione*, d. 37 s. 4 n. 9-11 (ed. Vives, t.18, Paris 1860, 296 s.).

[99]   J. RAGUSA SJ, *Commentaria ac disquisitiones in III p. d. Thomae*, p. 2 disp. 2; Lyon 1620

[100]   PHIL. MONCE SJ: „... libere (se morti obiecit), . . . quia fuit in eius potestate ex hoc vel illo motivo facere, itemque intensiori minusve intenso affectu interno". *(Disputationes theologicae in aliquot quaestiones selectas d. Thomae*, d. 9 c, 10; ed. Paris 1622, 790 (787-791).

[101]   VAL. DE HERICE SJ, *Tractatus quattuor in I p. s. Thomae*, tract. 3 cap. 3 disp. 24 n. 40 (ed. Pampilone 1623, 487).

[102]   ADAM TANNER SJ: „Considerando Christum prout reipsa et de facto beatus erat, impeccabilitas eius recte et convenienter conciliatur dicendo, Christo datum quidem fuisse praeceptum de moriendo aut aliis eiusmodi actibus execrandis, sed solum quoad ipsam veluti substantiam et speciem actus, non autem quoad omnes circumstantias temporis, motivi, intensionis etc., sic enim libertas in Christo obtemperante consistere potuisset. ... Considerando Christum ut praecise viatorem, sic non obstante impeccabilitate, quae ipsi ut sic conveniret, ipse liber etiam esse potuisset in executione praecepti, quantumvis secundum omnes circumstantias determinati" *(in III s. th.* q 19 a 3 disp. 1 q 6 dub. 4 assert. 5 et 6; ed. Ingolstadt 1627, IV, 425 s.).

[103]   JOH. PRAEPOSITUS SJ, *in III s. th., De incarnatione* q 18 a 4 n. 16-20 (ed. Douai 1629, 130 s.)

[104]   MATTH. KELLISON, *Commentarii ac disputationes in III p. d. Thomae*, q 19 a 3 dub. 2 § 'Responsio igitur ultima' (ed. Douai 1633, 166) beruft sich auf CURIEL, *in III p.* q 26 n. 2 a 3 dub. 1

[105]   LOUIS LE MAIRAT SJ, *Disputationes in Summam s. Thomae, De incarn.* disp. 44 sect. 2 (ed. Paris 1633, tom. II, 841).

[106]   JOS. DE ARAUJO SJ: „Praeceptum de facto impositum Christo de morte, etiam violenta, subeunda, fuit omnino liberum ab omnibus circumstantiis supra numeratis, ita ut ex vi illius solum esset vage necessitatus ad aliquam mortem subeundam; liber tamen ad hanc vel illam vestitam actibus intrinsece variantibus; quod sufficit, ut mors, quam determinate acceptavit et subiit, dici possit libera simpliciter et absolute etiam quoad substantiam ...". *(Cursus theologicus* I disp. 9 a 9; ed. Lissabon 1734, tom. I, 2; p. 244).

[107]   FRANCISCUS DE ARAVIO OP (ARAUJO) : „... . dicendum est propterea Christum meruisse et libertatem habuisse eius humanam voluntatem in acceptanda morte sibi praecepta, quia liberum fuit ei isto aut illo affectu in singulari illam acceptare vel non acceptare, utpote quia actus sive affectus in singulari non determinatus fuit per praeceptum". *(in III s. d. Thomae cornmentaria* q 19 a 4 dub. 4 n. 24; ed. Salamanca 1636, 627).

AMICO SJ[110], M. BECANUS SJ[111], C. RUIZ SJ[112], Th. RAYNAUD SJ[113], J. PLATEL SJ[114]).

Diese Erklärung wird dem Vollsinn der angeführten Schrifttexte nicht gerecht. Sie muss gegen alle Tradition schließlich doch folgern, dass Christus zum Tode selbst gezwungen war, und dass sein Verdienst nicht vom Tode selbst, sondern nur von den Umständen und der Art des Todes abhing. Christus hätte uns nicht eigentlich deshalb erlöst, weil er für uns starb, sondern primär, weil er zu diesem bestimmten Zeitpunkt und unter diesen konkreten grausamen Umständen starb. Wir können dagegen heute mit Gewissheit feststellen, dass im strengen Auftrag des Vaters sowohl der Tod als solcher wie auch die Umstände des Sterbens eingeschlossen waren[115]. (Dafür spricht u. a.

---

[108] LUD. LESSIUS SJ, *De summo bono* II c. 23 n. 185 s. (ed. Paris 1637, 360 s.); *De praedestinatione Christi,* sect. 3 n. 38 (ed. Paris 1637, 606); cf. *De incarnatione Verbi praelectiones posthumae,* q 18 a 4 n. 9 (ed. Löwen 1645, 106 s.).

[109] N. YSAMBERT D'ORLEANS, *Disputationes in III p. s. Thomae,* q 18 disp. 2 a 6 (ed. Paris 1639, I, 444).

[110] FRANC. AMICO SJ: „Nam potuit Christo imponi praeceptum mortis relicta illi plena potestate eligendi sibi tempus moriendi; . . . Haec via omnium probabilissime iuxta communem sententiam conciliat in Christo cum physica impeccabilitate libertatem, non modo ad circumstantias, verum etiam ad substantiam ipsam mortis praeceptae, idque ex formali motivo praecepti". *(De incarn.,* disp. 25 sect. 3 n. 98 s.; ed. Douai 1640, t. VI, 380).

[111] M. BECANUS SJ: „Hinc sequitur illum actum voluntatis, quo Christus acceptavit mortem, omnino fuisse liberum, tum quia processit ex libero motivo, tum quia per alium actum poterat acceptare; fuisse tamen circa rem praeceptam et non liberam. Vel, quod idem est, actum fuisse liberum ratione motivi et exercitii, sed obiectum actus fuisse necessarium ratione praecepti. ... Nec incertum est, Christo non fuisse impositum praeceptum operandi cum omnibus circumstantiis, cum quibus de facto operatus est, quia nulla alia praecepta divina obligant cum omnibus circumstantiis, cum quibus impleri possunt". (*Summa theologiae scholasticae,* in III p. c. 13 q 2 n. 8 (ed. Lyon 1644, V, 217).

[112] CASPAR RUIZ SJ, *Quaestiones selectae in s. th.* III, Valladolid 1652 (nach J. Platel).

[113] TH. RAYNAUD SJ, *Christus Deus homo,* lib. IV s. 1. c. 6 n. 402 ss. (Opera omnia I, Lyon 1665, 555-558).

[114] JAC. PLATEL SJ, *Synopsis cursus theologici, De divini Verbi incarnatione* c. 6 n. 318-325 (ed. Douai 1706, 448-450)

[115] Diese Auffassung wird z. B. vertreten von: FRANCISCUS ZUMEL OMerc. (*in I p.* q 22 a 4 q. un. dub. 2 disp. 4 sect. 4; ed. Lyon 1609, t. III, 315); DOMINICUS BAÑEZ OP (*in 1 p. d. Thomae* q 19 a 10 dub. 1 circa finem; ed. Douai 1614, 256); BARTH, DE MEDINA OP (*in III s. th.* q 47 a 2; ed. Köln 1618, 914 s.); DIDACUS ALVAREZ OP *(De incarnatione divini Verbi disputationes LXXX,* disp. 46 n. 7-12; ed. Köln 1622, 257 s.; *De auxiliis,* disp. 22 n. 18; ed. Köln 1622, 187); FRANC. TOLETUS (*in Joh.* 10 annot. 14; ed. Romae 1598, 886-892); JOHANNES A S.

auch das Lehrverbot der spanischen Inquisition für die Thesen des LUIS DE LEON[116]). Der Hl. Schrift ist eine Einschränkung der *'Entole'* auf die bloße Sachsubstanz fremd. Isaias schildert prophetisch die Einzelheiten des Leidens (Is 52, 13–53, 12; vgl. Ps 22, 16–18), und Christus sagt, dass dies so geschehen müsse (Mt 26, 56; vgl. Heb 5, 8). Phil 2, 8 spricht ausdrücklich vom Tode am Kreuze und Joh. 13, 1 von der vorherbestimmten Stunde des Leidens. Die genannte Theorie muss den Raum der Freiheit Christi sehr einengen. Wie weit ist ein zum Tode Verurteilter frei, wenn er sich den Platz an der Hinrichtungsmauer aussuchen darf?

Alle Erklärungsversuche, die den Verpflichtungscharakter des Sterbeauftrages Christi herabmindern, führen somit nicht weiter; ja sie bedeuten auch eine Einschränkung der Freiheit und Verdienstlichkeit des Handelns Christi, da sie für diese bei strikt Gebotenem keine Möglichkeit mehr sehen – insbesondere also auch nicht beim Sühnetod Christi selbst. Doch tatsächlich widersprechen sich nur Freiheit und Nötigung, nicht aber Freiheit und sittliche Verpflichtung. Gehorsam ist sittliches Tun und setzt Freiheit voraus, sonst kann er gar nicht zustande kommen. Ein Gebot hat keine physische Wirkkraft zur Determination des Willens; es bewegt ihn vom Objekt und nicht von der Fähigkeit her. Missachtet man die Strenge des Sterbegebotes, so

---

THOMA *(Cursus theologici de incarnatione Verbi Dei, in III s. th.* q 19 disp. 17 a 4 § 'Ad primam vero'; ed. Lyon 1663, p. 304 n. 9); PETRUS DE GODOY OP *(Disputationes theologicae in III p. s. Thomae,* III q 19 tract. 12 disp. 49 § 2-6; ed. Ven. 1696, t. 3, p. 181-197); J. GONET OP, *(Clypeus theologiae thomisticae,* disp. 21 a 2-3; ed. Paris 1876, V, 791-802); SALMANTICENSES *(De incarnat.* disp. 27 dub. 4 et 5; ed. Paris 1881, t. 16, p. 69 ss., 76 ss.); PAULUS A CONCEPTIONE OCARM, *(Tract. theologici,* t. 4, tract. 19 disp. 2 dub. 2 dub. 3; ed. Augsburg 1726, 375-378); A. SEBILLE OP *(Divi Augustini et ss. Patrum de libero arbitrio interpres thomisticus adversus Cornelii Jansenii episcopi Yprensis doctrinam prout defensatam in Theriaca Vincentii Lenis theologi Arausicani,* Mainz 1652, lib. 4 c. 12; ed. cit. p. 294) weicht hier von seinem Lehrer ARAUJO [Anm. 107] ab.

[116] So wurden folgende Thesen verurteilt (vgl. Anm. 94):
„Si Christus habuit praeceptum moriendi impositum a Patre, necessitabatur quoad impletionem eius, sic adeo, ut nihil libertatis haberet in substantia operis moriendi, et consequenter non meruit in substantia operis".
„Christus mereri potuit in opere moriendi propter motivum quod habere potuit, et itidem ratione intensionis in qua liber erat".
„Si praeceptum moriendi Christo impositum determinavit non tantum substantiam operis sed etiam intensionis motiva. et reliquas circumstantias, tolleret omnino meriti rationem, quia tolleret libertatem".

verkennt man auch die Grösse des Gehorsams Jesu[117] – und damit die Eigenart seines Erlösungsopfers und seiner stellvertretenden Genugtuung.

Die biblischen Schriftsteller heben immer wieder den freiwilligen Gehorsam Jesu hervor, wenn sie sein Leben und Wirken charakterisieren und seine besondere Beziehung zum himmlischen Vater zum Ausdruck bringen wollen in: (Heb 5, 8; Rom 5, 19; Phil 2, 8). *„Ja ich komme, so steht es über mich in der Schriftrolle, um Deinen Willen o Gott zu erfüllen"* (Heb 10, 7). Das Johannesevangelium erinnert ständig daran, dass Jesus in jedem Augenblick der Anordnung seines Vaters Folge leistet, und dass er sich allein an das halten will, was der Vater ihm gesagt und vorgeschrieben hat. Der Wille des Vaters gilt ihm mehr als das eigene Leben. *„Deshalb liebt mich der Vater, weil ich mein Leben hingebe* (Joh 10, 17).

Unser Gehorsam gegenüber Jesus soll seinem Gehorsam entsprechen: *„Obwohl er der Sohn war, hat er durch sein Leiden den Gehorsam gelernt; zur Vollendung gelangt ist er für alle, die Ihm gehorchen, der Urheber des ewigen Heiles geworden"* (Heb 5, 8-9). „Nichts ist irriger als die Freiheit in Widerspruch zur Hingabe zu stellen. Denn die Hingabe ist ja gerade eine Folge der Freiheit. Wenn eine Mutter sich aus Liebe zu ihren Kindern aufopfert, hat sie gewählt; und an dieser Liebe wird man ihre Freiheit messen. Wenn diese Liebe groß ist, wird sich die Freiheit als fruchtbar erweisen: das Wohl der Kinder hat seine Wurzel gerade in dieser gesegneten Freiheit, die die Hingabe wählt, und erwächst aus dieser gesegneten Hingabe, die die Freiheit ist"[118]. Die Aussage, dass Freiheit und Opferhingabe kein Widerspruch sind, ist kein bloßes Wortspiel. „In der frei gewählten Hingabe erneuert die Freiheit immer wieder die Liebe; und sich erneuern heisst immer jung sein, mit einem weiten Herzen, zu hohen Idealen und grossen Opfern fähig". „Aus Liebe zur Freiheit binden wir uns. Einzig und allein der Hochmut betrachtet solche Bande als bleierne Fessel"[119].

In diesem Zusammenhang können auch noch einige grundsätzlich verfehlte neuere Versuche genannt werden, welche den freiwilligen Gehorsam Jesu falsch interpretieren in seiner konkreten Bestimmung, seinem personalen Cha-

---

[117] BERNHARD VON CLAIRVAUX: „Qui tanti habuit oboedientiam, ut vitam quam ipsam perdere maluerit, factus oboediens Patri usque ad mortem" *(De laude novae militae,* c. 13; Opera III, ed. Leclercq-Rochais, Romae 1963, 239; PL 182, 939).

[118] J. ESCRIVÁ DE BALAGUER, *Amigos de Dios,* Madrid 1977, n. 30 *(Freunde Gottes,* Köln 1979, S. 71)

[119] J. ESCRIVÁ DE BALAGUER, ebd., n. 31

rakter und seiner Vorbildlichkeit. Sie kommen allerdings weniger von einer ernsten Auseinandersetzung mit unserem Problem, als vielmehr von ideologischen Vorurteilen, die auch heute noch nicht ganz überwunden sind. C. FLORISTAN[120] und T. GOFFI[121] möchten hervorheben, dass der Gehorsam Jesu „unnachahmbar" sei wegen seines „unmittelbaren Kontaktes mit seinem Vater". Die entscheidende Bedeutung für uns hätten die verschiedenen Weisen und Umstände des Gehorsams: „In der gegenwärtigen Kultur erweist sich der Gehorsam als Beitrag zur Selbstverwirklichung und Entfaltung der menschlichen Person, in dem Maße in dem diese ein schöpferisches Subjekt ist"[122]. Als Kriterium des Gehorsams wird hier der Grad der Anpassung an den soziokulturellen Kontext jeder Epoche betrachtet. Bei E. SCHILLEBEECKX[123] kommt es zudem recht deutlich zu einer *Depersonalisierung* des Gehorsams: der christliche Gehorsam sei „vor allem eine hörbereite Aufgeschlossenheit vor dem Kairos, vor den eigenen, dringenden Forderungen unserer Zeit, vor den ‚Zeichen der Zeit'. Der christliche Gehorsam öffnet sich dem lauten Ruf von zwei Dritteln der Weltbevölkerung nach Erlösung und Befreiung ...". Infolgedessen wird jede Manifestation von Gehorsam gegenüber einzelnen Personen als totalitär und paternalistisch verworfen (T. GOFFI); was bleibt, ist schließlich nur der Gehorsam gegenüber hegelianischen Personifikationen oder gegenüber dem sogenannten „Geist, der weht, wo er will". Aber das bedeutet zugleich, dass „der Protest sowie der Ungehorsam, der aus ihm folgt, für eine Gemeinschaft oder eine Gesellschaft lebenswichtig sind. ... Das gilt auch für die Kirche, will sie nicht, dass die Kreativität in ihr verkümmert oder gar abstirbt" (P. DE LOCHT[124]). Bekanntlich gipfelt diese dialektische Konfusion schließlich in der Behauptung, es gebe ein Recht zu Ungehorsam und Untreue, oder in den verschiedenen Ausprägungen der so genannten autonomen bzw. kreativen Moral[125].

---

[120] C. FLORISTAN, *Der christliche Gehorsam*, Concilium 16 (1980) 604

[121] T. GOFFI, *Umwege und Irrwege christlichen Gehorsams*, Concilium 16 (1980) 607

[122] Ebd.

[123] E. SCHILLEBEECKX, *Kritik des christlichen Gehorsamns und christliche* Antwort, Concilium 16 (1980) 612-622 [621]

[124] P. de LOCHT, *Gibt es in der Kirche die Freiheit zum Gehorsam gegen den Hl. Geist?*, Concilium 16 (1980) 635, 637

[125] Vgl. E. LIO, *„Morale perenne" e „morale nuova" nella formazione ed educazione della coszienza*, Roma 1979; F. CITTERIO, *Morale autonoma e fede Cristiana*, La Scuola Cattolica 108 (1980) 3-29, 509-561; R. GARCÍA DE HARO, *Cuestiones fundamentales de Teología Moral*, Pamplona 1980, in: J. L.

Ohne Zweifel erweist sich jedoch der Gehorsam im Leben Jesu nicht als ein Faktor, der die Freiheit einengt, sondern als geeigneter Ausdruck und als Frucht seiner Freiheit – eingeschlossen auch der konkrete Gehorsam gegenüber seinen Eltern (vgl. Lk 2, 51). Das ewige Wort Gottes ist vom Himmel herabgekommen und hat Fleisch angenommen, um sich frei hinzugeben: (Heb 10, 7). Sein freiwilliges Opfer mit Leiden und Blutschweiß (vgl. Lk 22, 44) war eine freiwillige Hingabe, die der Vater wollte, ein Sichunterwerfen unter das Sterbegebot: *„Wie ein Lamm, das zur Schlachtbank geführt wird und vor seinen Schlächtern verstummt"* (Is 53, 7).

Heutzutage wollten nicht wenige es vermeiden, ein vorbehaltloses Ja gegenüber dem konkreten menschgewordenen Christus zu sprechen, indem sie eine autonome und schöpferische Konstruktion eines neuen Christusbildes vorstellten. Hier haben sich besonders einige Repräsentanten der sogenannten „Neuen Moral" hervorgetan: Christus habe nicht bestimmte Unterscheidungen zwischen gut und böse lehren wollen, sondern er habe sich darauf beschränkt, das Reich Gottes und die Erlösung zu predigen (J. FUCHS SJ, B. HÄRING[126]). Die Nachfolge Christi bedeute keine bestimmte Kategorie eines Verhaltens, sondern eine transzendentale Disposition des eigenen Ich (J. FUCHS SJ). Christus sei gewiss ein Beispiel für uns, aber er gebe keine Antworten, sondern nur Inspirationen (B. HÄRING). Das Christentum habe der allgemeinen humanitären Moral der Menschen nichts inhaltlich Neues hinzugefügt, sondern Christus habe sich darauf beschränkt, den Sinn der traditionellen Moral gegenüber dem früheren Legalismus zu verändern. Christliche Moral sei nichts anderes als allgemeine Ethik, aber motiviert durch eine neue Entscheidung: zum Glauben, zur Öffnung usw.; das heißt, die Veränderung sei nicht inhaltlich zu verstehen, sondern nur in Bezug auf ihren formalen Aspekt. Die kategorialen Normen, d.h. die konkreten moralischen Dispositionen seien völlig variabel, abhängig von Zeit, Ort und Umgebung; die Bergpredigt und

---

Illanes (ed.), Ética y Teología ante la crisis contemporanea, Pamplona 1980; R. GARCIA DE HARO; I. DE CELAYA, *La Moral Cristiana*, Madrid 1975, 17-106; C. FABRO, *La aventura de la Teología progressista*, Milano 1974, 181-232.

[126] B. HÄRING, *Frei in Christus. Moraltheologie für die Praxis des Christlichen*, vol. 1, Freiburg 1979, möchte möglichst alles aus dem Bereich der Moraltheologie ausmerzen, was irgend eine Beziehung mit den Begriffen der Autorität im soziologischen Sinne hat. Praktisch schließt er jeden positiven Rekurs auf die Autorität aus und lehnt alles ab, was irgendwie eine Begrenzung bedeuten könnte: die Kardinaltugenden (S. 100), das kirchliche Recht und das natürliche Moralgesetz als System (vgl. S. 95, 83). Vgl. die Rezension von J. RIEF, Münchener theologische Zeitschrift 32 (1981) 73-76.

die Seligpreisungen seien nur im Sinne von transzendentalen Normen zu verstehen und könnten infolgedessen in jeder konkreten Situation etwas völlig Verschiedenes bedeuten.

Offensichtlich sind derartige Ideen nicht weit entfernt vom Relativismus oder vom Pelagianismus, der in Christus nicht mehr gesehen hat als ein Beispiel oder Vorbild, aber nicht als denjenigen, der konkret für mich die Erlösung darstellt und verursacht. Auch die von den Päpsten wiederholt verurteilte Situationsethik versteckt sich hier hinter vagen und konfusen Begriffen, so dass sich die Beispielhaftigkeit des Lebens und Handelns Christi zu etwas Unbestimmtem verflüchtigt.

Unsündlichkeit und Gottesschau

Eine andere Gruppe von Lösungsversuchen geht davon aus, dass die **Sündenunfähigkeit** Christi neu interpretiert werden müsse, und zwar in eingeschränktem Sinne, um seinen Gehorsam und seine Freiheit wahren zu können:

1. *Unsündlichkeit als faktische Sündenlosigkeit.* Ein erster Erklärungsversuch simplifiziert die Problematik und besagt: Gott sah voraus, Christus werde tatsächlich immer den rechten Gebrauch von seiner Freiheit machen. Unsündlichkeit bedeute also lediglich die Tatsache, dass Christus nicht gesündigt habe, zusammen gesehen mit dem Vorherwissen Gottes. Somit habe er de facto dem Gebot des Vaters in voller Freiheit gehorcht, doch hätte er sich auch anders entscheiden können, da er wie der erste Adam wirklich der Versuchung ausgesetzt war. So etwa dachten ANTON GÜNTHER[127] oder F. W. FARRAR[128] die Unsündlichkeit.

Dieser Weg opfert also die Sündenunfähigkeit Christi, um Gehorsam und Freiheit zu retten. Diese Komponente des Problems darf aber nicht eliminiert werden; denn die Sündenunfähigkeit Jesu, und zwar als *impeccabilitas* und nicht nur als *impeccantia*, gehört zum Bestand des Glaubens[129].

---

[127] A. GÜNTHER: „Wie die Schuld des ersten Adam, so muss auch die Aufhebung derselben vom zweiten Adam verstanden werden. Wird vorausgesetzt, dass die Freiheitsprobe des ersten so oder auch anders ausfallen konnte, dann muss dasselbe Dilemma auch seine Anwendung auf die Person des zweiten finden. Wie die Verschuldung, so die Rechtfertigung für den Sünder, so die Genugtuung für Gott selber". (*Vorschule zur spekulativen Theologie*, ²Wien 1848, II, 441; vgl. ebd. S. 255, 332; *Süd- und Nordlichter*, 236 f.

[128] F. W. FARRAR, *The life of Christ*, London 1909, 98

[129] Vgl. Die Kirchenvätertexte bei M. J. ROUËT DE JOURNEL SJ, *Enchiridion patristicum*, ¹¹Freiburg 1956, ser. 399. THOMAS, *In Sent. III* d 12 q 2 a 1

2. *Unsündlichkeit allein auf Grund der wirksamen Gnade Gottes.* Ein anderer Erklärungsversuch leugnet die Sündenunfähigkeit zwar nicht, schränkt sie jedoch ein: Gott habe in seiner ewigen Vorherbestimmung der menschlichen Seele Christi all die wirksamen Gnaden zur Verfügung gestellt, die ihn vor jeder Sünde bewahrten und seinen sicheren Gehorsam bewirkten.

Diese Erklärung geht aber an der Grundtatsache vorbei, dass die Seele Christi unsündlich war kraft der hypostatischen Union und kraft der Gottesschau, und nicht nur moralisch kraft der von Gott zugedachten Gnaden. Sie stellt die Unsündlichkeit Christi gleich mit der Befestigung in der Gnade bei heiligmäßigen Menschen; kennt also nur eine dem Willen ‚äußere' Unsündlichkeit und keine *impeccabilitas antecedens gratiae* (CH. KRISPER[130]; PH. FABRI[131]). Es ist kein Zufall, dass diese Ansicht bei denjenigen auftritt, die es für möglich halten, dass Gott auch mit einer sündhaften Kreatur eine hypostatische Einigung hätte eingehen können (DURANDUS DE S. PORCIANO OP[132], WILHELM VON OCKHAM[133], GABRIEL BIEL[134], MARSILIUS VON INGHEN[135] und andere Skotisten und Nominalisten[136]).

---

[130] Vgl. CRESC. KRISPER, *Theologia scholae Scotisticae*, tract. 8 d. 6 q 2 n. 10; (ed. Wien 1748, 332 ff.).

[131] PHIL. FABRI OMCONV, *in Sent.* III d. 12 disp. 27 n. 10 (ed. Paris 1620, 138 b).

[132] DURANDUS: „Aliis autem videtur, […] quod si Christus assumpsisset naturam humanam in puris naturalibus, potuisset peccare … Huic tamen opinioni magis obsistunt verba devota quam ratio efficax. […] actiones sunt suppositorum tamquam eorum, quae denominantur agere, quia substantificantur naturam, quae est principium actionis; et hoc modo posset dici, quod Filius Dei secundum quod homo peccare potuit; et licet ista denominatio secundum nomen videatur inconveniens … secundum rem tamen non est inconveniens. … Item si suppositum divinum assumpsisset naturam ignis, non teneretur prohibere aut in aliquo regulare actionem eius, quin indifferenter comburered domum boni pauperis sicut mali divitis, et similiter assumendo naturam humanam non tenetur regulare modum liberi arbitrii quin flectatur in malum, sicut in bonum" (*in Sent.* III d. 12 q 2 n. 7-9; ed. Ven. 1586 fol. 234).

[133] GUILELMUS OCCAM: „Dico quod potest concedi, quod Christus est filius adoptivus, sed propter haereticos negatur, ne detur occasio errandi. Eodem modo dico: Deus potest peccare, si assumeret naturam humanam sine aliquibus donis et natura esset sibi derelicta potest peccare; nec hoc est maius inconveniens quam quod Christus patitur, verberatur, moritur; quia tamen illud abhorret homo audire et male sonat, ideo negatur" (*in Sent.* III q 9 ad 7).

[134] GABRIEL BIEL meint, diese Ansicht sei nicht widerlegbar. (*in Sent.* III d. 1 q 2 a 1 finis, a 2 post resp. ad 9)

[135] MARSILIUS: „Videtur mihi, quod de lege Dei absoluta humanitas Christi sive suppositata a Verbo sive dimissa possit peccare. Ratio est, quia de lege absoluta Dei potest Deus ab ea tollere omnem gratiam et gloriam et eam dimittere statui puri viatoris et sic ad illum restituere in quo posset peccare" (*in Sent.* III q 9 a 3 concl. 5; ed. Strassburg 1501 f. 405 vb).

„stat naturam esse assumptam et tamen esse liberam libertate oppositionis, ad peccandum et non peccandum". „Videtur mihi, quod absolute possibile esset naturam rationalem esse assumptam et peccare". „Videor mihi … quod quamvis natura assumpta stante sua assumptione peccaret, tamen persona assumens non debet dici peccator" (*in Sent.* III q 3 a 2, ad rationes opp. concl. 3-4; f. 371 ra).

[136] Cf. SCOTUS: „Natura, quam assumpsit, erat de se possibilis peccare, quia non erat beata ex vi unionis et habuit liberum arbitrium, et ita vertibile ad utrumlibet; sed per beatitudinem est confirmatum a primo instanti, ut sit impeccabile, sicut beati sunt impeccabiles". (*Oxon.* III d. 12 q un. n. 3 'Ad secundum dico'; ed. Vives 14, 441). „… Sicut habens lumen gloriae et caritatem consummatam non potest peccare, non quia ista formaliter repugnent peccato, sicut nec actus primus repugnat opposito actus secundi contingenter causabilis; sed quia de potentia ordinata Deus non potest non coagere ad actus secundos perpetuae visionis et fruitionis, qui actus repugnant peccato, sic Deus naturae unitae sibi personaliter non potest de potentia ordinata non dare summam caritatem et ulterius summam fruitionem, quae excludit peccatum; et sic ex hac unione est impeccabilis non formaliter, sed virtualiter dispositive dispositione remota, licet necessario respectu Dei agentis, sicut necessarium est aliquem beatum non peccare". (*Oxon.* III d. 2 q 1 n. 12; ed. Vivès 14, 122).

JOHANNES DE BASSOLIS: „Videtur igitur mihi dicendum, quod absolute loquendo non obstante aliqua contradictione Christus existens verus Deus et homo potuit peccare secundum naturam humanam peccabilem assumptam et per consequens secundum eam damnari" (*in Sent.* III d. 12 q 1 a 1; ed. Paris 1517 f. 48 vb).

FRANCISCUS DE MAYRONIS: „Item dubium est: Si Deus possit assumere naturam peccabilem? Dico quod sic, et de facto assumpsit, quia peccabilitas est naturalis aptitudo humanae naturae; sed subiectae eiusdem rationis habent proprietates et passiones eiusdem rationis; igitur etc. - Item dubium est: Si posset assumere naturam peccatricem? Dicendum quod sic de potentia sua absoluta, sed non de potentia ordinata, quia natura peccatrix nullam habet incompossibilitatem ad assumptionem" (*in Sent.* III d. 5 q 1; ed. Ven. 1520 f. 167 vb).

JUAN DE OVANDO OFM, *in Sent.* III Scoti, d. 13 q. un.; ed. Valentiae 1957, 339 s.

C. FRASSEN: „Voluntas humana Christi ex se tam est indifferens et libera ad bonum ac malum quam nostra; ergo aeque poterit peccare ac nostra, nisi per aliquid aliud determinetur ad non peccandum; sed non potest ita determinari ad non peccandum per unionem hypostaticam, quin si Deus vellet, posita tali unione, peccare posset". „Quamvis Christus ut homo ex hypothesi de facto peccaret, peccatum illud non redundaret, nec in Deum, nec in personam Verbi". „Sicut de potentia absoluta Deus potest conservare simul gratiam cum peccato, ita per eandem potentiam posset Deus permittere, ut Christi humanitas in peccatum aliquod laberetur, perseverante tamen in eo unione hypostatica". „ Si humanitas peccaret, dumtaxat peccatum in ipsam refunderetur, tamquam in principium elicitivum illius actionis peccaminosae, non vero in ipsum Verbum, nisi forte dumtaxat denominative, in quo certe nulla maior apparet repugnantia, quam quod idem Verbum divinum dicatur mortuum et crucifixum; … tam enim mors repugnat vitae, quam peccatum sanctitati; immo magis, quia mors opponitur physice vitae, peccatum vero solum moraliter sanctitati". (*Scotus Academicus, De divini Verbi incarnatione*, tr. 1 disp. 2 a 3 q 3 concl. 2, ad 2; ed. Romae 1901, t. 7, 541, 543 s., 548). Vgl. J. GUMMERSBACH, *Unsündlichkeit und Befestigung in der Gnade*, Frankfurt 1933, 64-68.

Demgegenüber müssen wir daran festhalten, dass die hypostatische Union die Seele Christi unmittelbar und direkt heiligte und dass Christus auch *de potentia absoluta* nicht sündigen konnte. Bei Christus wählt Gott nicht wie bei den anderen Prädestinierten diejenigen Gnaden, von denen er voraussieht, dass sie wirksam sein werden; sondern jede Gnade ist bei Christus unfehlbar auch *gratia efficax,* wirksame Gnade. Bei ihm müssen wir im Unterschied zu allen anderen Menschen von einer *sanctitas substantialis*[137] sprechen. Die Heiligkeit des ewigen Hohenpriesters ist inkompatibel mit jeder Sünde; er hat somit nicht für eigene, sondern für die Sünden des Volkes gesühnt; hätte er gesündigt, wäre dies gleichbedeutend mit einem Sündigen Gottes.

3. *Sündenunfähigkeit durch die göttliche scientia media.* Ein weiterer Versuch desselben Typus stellt folgende Überlegung an: Gott wisse durch die *scientia media* unfehlbar, dass die Seele Christi sich freiwillig seinem Sterbegebot unterwerfen würde, und mit diesem Wissen erschaffe er diese Seele und vereine sich hypostatisch mit ihr. So konnte Gottes Vorsehung dafür sorgen, dass Christus nicht sündigte (LUIS DE MOLINA SJ[138]).

Diese Lösung scheint zunächst bestechend. Aber bei genauerem Zusehen ist hier die Sündenunfähigkeit nicht mehr ontologisch bedingt in hypostatischer Union und Gottesschau, sondern nur noch logisch bedingt, da diese der scientia media nachfolgen. Außerdem ist der Inhalt dieser *scientia media* nur eine faktische Sündenlosigkeit des Pilgerwillens Christi. Die Logisierung des Problems hilft nicht über die ontologische Schwierigkeit hinweg. Die

---

[137] Vgl. J. A. RIESTRA, *Historicidad y santidad en Cristo según santo Tomas,* in: Cristo, hijo de Dios y redentor del hombre. III Simposio Internacional de Teologia, Pamplona 1982, 893-907; J. ROHOF SCJ, *La sainteté substantielle du Christ dans la théologie scolastique,* Fribourg 1952 (Studia Friburgensia, Nouv. Serie, fasc. 5); B. LEEMING SJ, *The Holiness of Christ,* The Irish Theological Quarterly 18 (1951) 238-253; A. MORAN SJ, *La sainteté substantial de la humanidad de Cristo en la teologia de los ss. XVI y XVII,* EstEcl 25 (1951) 33-62; A. VUGHTS, *La grâce d'union d'après S. Thomas d'Aquin,* Tilburg 1946; G. PHILIPS, *De sanctitate Christi ex gratia unionis,* Revue ecclésiastiaque, Liège 29 (1937/38) 118-125; *DictTheolCath* 8, *1276 s.*

[138] L. MOLINA: „...contradictionem implicat Christum peccare, non quod Christo, quatenus viator erat, facultas deesset ad transgredienda praecepta, sed quia Deo repugnat id permittere. ... Quare ad divinam providentiam pertinebit ita res disponere, ut servata in Christo libertate, quae ad meritum et fines explicatos necessaria erat, omnino non peccaret. ... Quo fit, ut mors Christi non solum spontanea, sed et liberrima fuerit libertate contradictionis aut etiam contrarietatis simulque fuerit illi praecepta neque unum cum altero pugnet". (*Concordia,* pars 4 q 14 disp. 53 membr. 4 n. 23; ed. Rabeneck, Madrid 1953, 403 s.). *in I s.th.*q.14 a 13 disp. 18 membr. 4 (ed. Ven. 1594, 252-254). Ähnlich z. B. JOS. MONSCHEIN SJ, *Theologia dogmatico-speculativa,* tract. 6 p. 3 n. 674 (ed. Augsburg 1764, 416)

Menschheit Christi hätte nur eine ‚äußere' Unsündlichkeit und das ganze Problem wird verkürzt auf die bekannte Frage der Gnadentheologie: göttliches Vorauswissen – menschliche Freiheit, die man schliesslich auch einseitig im Sinne des Molinismus beantworten möchte..

4. *Sündenunfähigkeit zusammen mit eingeschränkter Gottesschau*[139]. Verbreitet ist auch eine Meinung, welche die Unsündlichkeit direkt mit der visio verknüpft sieht, jedoch den Zusammenhang der Unsündlichkeit mit der hypostatischen Union ganz außer Betracht lässt. Sie stellt das Problem folgendermaßen dar: Wer die Gottesschau hat, kann physisch nicht mehr sündigen. Deshalb müsse man die visio Christi neu interpretieren: Sie sei erst nach der Auferstehung oder Himmelfahrt eingetreten oder sei während des irdischen Lebens Jesu zumindest gelegentlich aufgehoben worden bzw. unwirksam gewesen, denn nur so könne man noch eine physische Freiheit Christi annehmen (MELCHIOR CANO[140], GREGOR VON VALENCIA SJ[141], ALFONSO SALMERON SJ[142], JUAN MALDONADO SJ[143], M. DOBMAYER[144], A. GÜNTHER[145], G. HERMES[146], H. KLEE[147], J. B. BALTZER[148], P. KNOODT[149], F. X. DIERINGER[150], H. SCHELL[151],

---

[139] Literaturhinweise am Ende dieses Beitrages: S. 84. O. GRABER, *Die Gottschauung Christi im irdischen Leben und ihre Bestreitung*, Graz 1920, 33-45

[140] MELCHIOR CANO OP: „Gaudium fateor, ex Deo viso in voluntate necessario nasci, non secus atque ex sole lumen, calorem ex igne. Sed retraxit aliquando sol radios suos, et ne calefaceret, comprehensus est etiam ignis; quare nihil mirum videri cuipiam debet, si in hominum redemptione per hominis unius dolores explenda voluptas omnis reprimeretur, quam alias ex visione Dei proficisci naturae ratio demonstrat". *(De locis,* 12 c. 13 finis; ed. Ven. 1739, 447). Nach CANO wird also zumindest die natürliche Wirkung der visio durch ein Wunder aufgehoben. „Sicut per totam vitam Dominus gloriam animae quasi premebat, ne in corpus efflueret, sic saltem in cruce retinuit gaudium, quod suapte natura ex clara Dei notitia prodiret". *(De locis,* 12, c. 13)

[141] GREGOR VON VALENCIA SJ, *De incarnatione,* disp. 1 q 9 p. 2 (ed. Ingolstadt 1597, IV, 293): Pater prohibuit redundantiam beatificae delectationis.

[142] A. SALMERON, *Commentarii in evangelicam historiam,* tom X, tr. 11 ratio 9 (ed. Köln 1604, 112)

[143] J. MALDONATUS SJ, *in Matth.* 26, 37; ed. Paris 1651, col. 600

[144] M. DOBMAYER, *Systema theologiae catholicae,* opus posthumum ed. Theod. Pant. Senestrey, Bd. 6, Solisbaci 1818, 233 (vgl. E. GUTWENGER, [Anm. 19], S. 81)

[145] A. GÜNTHER, *Vorschule zur spekulativen Theologie des positiven Christentums.* Zweite Abteilung: *Die Inkarnationstheorie,* Wien 1829, 251, 220 ff.

[146] G. HERMES, *Christkatholische Dogmatik,* Teil 3, Münster 1834, S. 383, 390

[147] H. KLEE, *Katholische Dogmatik,* Bd. 3, Mainz 1835, 429-434

[148] J. B. BALTZER, *Neue theologische Briefe an Dr. A. Günther,* 2. Serie, Breslau 1855, S. 210

P. SCHANZ[152], K. ADAM[153]). Auch hat man schon behauptet, ein Nichtwissen Jesu um sein zukünftiges persönliches Schicksal würde mehr Gehorsam und Hingabe bedeuten (H. URS VON BALTHASAR[154]).

Wir müssen daran festhalten, dass die Gottesschau es dem Willen der Seligen physisch unmöglich macht, etwas zu wollen, das sich dem höchsten Gut entgegenstellt; sie bedeutet auch für den menschlichen Willen des irdischen Jesus die Unmöglichkeit, etwas nicht zu erfüllen, was aus Gehorsam geboten ist, und zwar kraft seines eigenen menschlichen Willens und nicht nur auf Grund der Einheit mit der göttlichen Person.

Doch gegen eine „Evolutionstheorie" in Bezug auf die Heiligkeit und Gottesschau Christi spricht schon die Verurteilung des THEODOR VON MOPSUESTIA im CONSTANTINOPOLITANUM II (553): „Wer behauptet Christus sei erst nach seiner Auferstehung ganz unsündlich geworden, sei im Banne"[155]. Denn damit lehnt das Konzil eine Entwicklung zur ungeschmälerten Heiligkeit und Sündenunfähigkeit bei Christus ab. Die einschränkende These lässt

---

[149] P. KNOODT, *Günther und Clemens*, Bd, 2, Wien 1854, S. 474; F. TH. LAURENT, *Das heilige Evangelium unseres Herrn Jesu Christi*, Freiburg 1878, S. 359 f.

[150] F. X. DIERINGER, *Lehrbuch der kathol. Dogmatik*, ⁵Mainz 1865, S. 441 f.; E. BOUGAUD, *Le christianisme et les temps présents*, Paris 1878, § 77, S. 445 ff.

[151] H. SCHELL, *Katholische Dogmatik*, III/1, Paderborn 1892, 113-117, 140-144, 159, 165 (vgl. O. GRABER [Anm. 139], S. 50-61); F. X. KIEFL, *Die Stellung der Kirche zur Theologie von Hermann Schell*, Paderborn 1908, S. 56 f.

[152] P. SCHANZ, *Apologie des Christentums*, Bd. 2, ³Freiburg 1905, 822 f.

[153] K. ADAM nimmt nur eine visio partialis bei Christus an: vgl. *Der Christus des Glaubens*, Düsseldorf 1954, 291, 355; DERS., *Jesu menschliches Wissen im Lichte der urchristlichen Verkündigung*, WissWeish (1929), 111 ff.

[154] Vgl. I. PLAZA GARCÍA, *La autoconciencia de Cristo: el pensamiento de H. Urs von Balthasar en el contexto de la teología contemporánea*, Revista Agustiniana 45 (2004) 383–424; [422]; H. DONNEAUD, *Hans Urs von Balthasar contre saint Thomas sur la foi du Christ*, Revue Thomiste 97 (1997) 335-354

[155] „Si quis defendit impium Theodorum Mopsuestenum, qui dixit alium esse Deum Verbum, et alium Christum a passionibus animae et desideriis carnis molestias patientem et a deterioribus paulatim recedentem et sic ex profectu operum melioratum et a conversatione immaculatum factum ... et post resurrectionem immutabilem cogitationibus et impeccabilem omnino factum fuisse, A. S". (DS 434). Papst LEO I schrieb am 13. Juni 449 an *Flavian*: „Non enim possemus superare peccati et mortis auctorem, nisi naturam nostram ille susciperet et suam faceret, quem nec peccatum contaminare nec mors potuit detinere". (DS 291). Vgl. Anm. 156-158.

sich zudem insbesondere nach den Enzykliken *Mystici Corporis*[156] und *Haurietis Aquas*[157] nicht mehr aufrechterhalten und ignoriert die übereinstimmende Tradition vieler Jahrhunderte[158]. Auch *Johannes Paul II* hat gelehrt, dass Christus in seinem irdischen Leben auch schon *comprehensor* war[159].

Führt nun aber diese heute allgemein anerkannte tiefere Begründung der Sündenunfähigkeit schon zum innersten Kern der Schwierigkeit? Wenn der göttliche Logos die Menschheit Christi und damit seinen menschlichen Willen in die Einheit der Person aufnahm, so blieb doch die innere Eigenart dieses Willens unangetastet. Auch die metaphysisch begründete Unsündlichkeit bringt also – nach Ansicht vieler Theologen – nicht wesentlich mehr Schwie-

---

156 *Mystici Corporis* (29. 6. 1943) (DS 3812). Vgl. das DEKRET DES HL. OFFIZIUMS vom 5. 6. 1918 (DS 3645-3647). Ferner das Dekret *Lamentabili* vom 3. 7. 1907 (DS 3432).

157 *Haurietis Aquas* (15. 5. 1956); (AAS 48 (1956) 327 s.; DS 3924)

158 Vgl. die Traditionszeugnisse zu Joh 1, 14. 16-18; Joh 3, 11. 13. 32; 1 Kor. 13, 9-12; Kol. 1, 19; 2, 3. Folgende Väterzeugnisse werden vor allem angeführt: AUGUSTINUS (*De quaestionibus LXXXIII*, q 65; PL 40, 60), LEONTIUS VON BYZANZ (PG 86, 1336 s., 1352A, 1321D), EULOGIUS VON ALEXANDRIEN (cf. PHOTIUS, PG 103, 1081A, 1084B), HESYCHIUS [= PS.-CHRYSOSTOMUS] (PG 55, 781), EUSEBIUS CAES. (PG 22, 775C), SOPHRONIUS (*Ep. ad Sergium*, PG 87, 3192-3193), MAXIMUS CONFESSOR (*Quaestiones et dubia*, q 66; PG 90, 840), JOHANNES DAMASCENUS (*De fide orthod.*, III, c. 21, 22; PG 94, 1083-1088), PHOTIUS (PG 101, 509), LEPORIUS (PL 31, 1227); FULGENTIUS: „…durum est et a sanitate fidei penitus alienum, ut dicamus animam Christi non plenam suae deitatis habere notitiam, cum qua naturaliter unam creditur habere personam". (*Epistulae* 14, 3, 26; PL 65, 416; cf. *Epp.* 14, 3, 31; PL 65, 420; Rouët, n. 2239). Vgl. O. GRABER, [Anm. 139], S. 68-104.

Noch deutlicher wird der Konsens in späterer Zeit. Vgl. die Kommentare zu *Sent.* III, d 13, 14, THOMAS, *s. th.*, III *s. th.*, q 9 a 2 ; q 10; q 11 a 5 ad 1; q 34 a 4; *Comp. theol.*, 216, 224.

J. TERNUS SJ erklärt: „Dass Christus in seinem sterblichen Leben schon im Genuß der unmittelbaren Gottesschau war, gilt heute unter katholischen Theologen so gewiß, dass die gegenteilige Ansicht zwar nicht als häretisch, aber doch als theologischer Irrtum zu betrachten wäre". *(Das Seelen- und Bewusstseinsleben Jesu*, Würzburg 1954, in: Das Konzil von Chalkedon III, 227). B. DE MARGERIE SJ, *De la Science du Christ. Science, préscience et conscience, même prépascales du Christ Rédempteur*, Doctor communis 36 (1983) 158-179; DERS., *Über das Wissen Christi*, in: Bökmann, J. (Hrsg.), *Das Licht der Augen des Gotteslammes*, Verlag J. Kral, Abensberg 1985 (Respondeo, Nr. 5), 41-72. A. PATFOORT OP [*Vision béatifique et théologie de l'ame du Christ*, Revue Thomiste 93 (1993) 635-639] nimmt Stellung zu einem Buch von C. SARRASIN, *Pleine de grace et de vérité. Théologie de l'ame du Christ selon s. Thomas d'Aquin*, Vénasque 1992. Literaturübersicht am Ende dieses Abschnittes, S. 84

159 JOHANNES PAUL II, Ansprache vom 4. 5. 1980 beim Treffen mit Priestern in Kinshasa; (Insegnamenti di Giovanni Paolo II (1980) III/1, 1128): „Jésus a pu complire sa mission grâce à son union totale avec le Père, parce qu'il ne faisait qu'un avec Lui: dans sa condition de pélerin sous les routes de notre terre (*viator*), Il était déjà en possession du but (comprehensor), auquel il devait conduire les autres".

rigkeiten, als schon bei der allgemeinen Frage nach dem Verhältnis von Freiheit und wirksamer Gnade auftauchen; denn auch die so verstandene Unsündlichkeit ist für den menschlichen Willen eine 'äußere'. Das größere Problem bedeutet vielmehr die *Gottesschau* Christi. Denn diese berührt das Handlungsprinzip selbst, sie bewirkt, dass der Wille innerlich notwendig dem letzten Gut anhängt. Die Gottesschau macht es dem Willen der Seligen physisch unmöglich, etwas zu wollen, was dem summum bonum entgegensteht; sie macht es auch dem menschlichen Willen Christi von ihm selbst her und nicht nur von der hypostatischen Union her unmöglich, etwas im Gehorsam Gebotenes zu unterlassen.

Ein weiterer Lösungsvorschlag will einen Ausweg aus diesen Schwierigkeiten zeigen:

5. *Unsündlichkeit mit entfernter Sündenmöglichkeit.*

Nicht wenige Skotisten[160], aber auch einige Jesuitentheologen[161] und Thomisten bezweifeln zwar nicht die Sündenunfähigkeit Christi, möchten aber zugleich eine gewisse Sündenmöglichkeit nicht ganz ausschließen: Beim menschlichen Willen Christi sei wenigstens eine *peccabilitas remota* zu finden. Denn dieser Wille für sich betrachtet, losgelöst von der *gratia unionis*, von der Gottesschau und den wirksamen Gnaden konnte sündigen, da die Möglichkeit zum Versagen in der Natur jedes geschaffenen Geistes wurzele. In *sensu composito*

---

[160] SCOTUS erklärt die Unsündlichkeit der Seligen folgendermaßen: „Sed per causam extrinsecam est impossibilis potentia illa propinqua ad peccandum, videlicet per voluntatem Dei praevenientem illam voluntatem, ut semper continuet actum fruendi, et ita numquam possit potentiam suam remotam non fruendi vel peccandi reducere ad actum. … Concedo ergo, quod . . . Michael beatus et sit peccabilis in sensu divisionis loquendo de potentia remota". (*in Sent.* IV d. 49 q 6 n. 11; ed. Vives, 14, 229). Dasselbe gelte von Christus: vgl. Anm. 136. HIERONYMUS DE MONTEFORTINO, *Joh. Duns Scoti summa theologica,* III q 15 post a 1, ad 1; 5Rom 1903, tom. 5, 178, 179). C. KRISPER: Anm. 130.

[161] P. HURTADO DE MENDOZA bringt eine gemilderte Auffassung: „Unio hypostatica et peccatum habituale opponuntur moraliter et non physice". (*Disputationes de Deo homine,* d. 59 sectio 6 § 75; ed. Antw. 1634, 436). „De potentia absoluta non repugnat unionem per peccatum amitti". (*ibid.,* d. 60 s. subsectio 1 § 19; ed. cit., p. 443). „Humanitas Christi potest divinitas amittere unionem, quod attinet ad potentiam peccandi. . . quia licet unio non componeretur cum peccato, componeretur tamen cum potentia peccandi". (ibid., subs. 2 § 22). D. VIVA SJ] (ähnlich ROD. DE ARRIAGA) erklärt, dass zwar nicht Christus *in sensu diviso ab unione* sündigen konnte (so behauptet TIRSO GONZALES, *Selectae disputationes,* d. 30 n. 16) wohl aber die angenommene Menschheit, wodurch unio bzw. visio unmöglich gemacht oder aufgehoben würden (*Cursus theol.,* p. 6 disp. 2 q 1, q 4; ed. Padua 1726, 46, 55 ss.). Vgl. F. SUAREZ SJ, *De incarn.,* disp. 37 sectio 3 (ed. Vivès, t. 18, 291 f.).

hatte daher der menschliche Wille Christi keine Möglichkeit zum Ungehorsam, wohl aber *in sensu diviso visionis* (bzw. in sensu diviso *unionis*). Auch J. AUER[162] hält daran fest, dass die hypostatische Union der entscheidende Grund für Unsündlichkeit ist, meint aber, dass die menschliche Natur als solche sündenfähig sei. Tatsächlich jedoch existiert die menschliche Natur in abstracto gar nicht. Als solche (natura pura) ist sie weder sündig noch nicht sündig, denn Sünde gehört zur Person[163].

Dieser Lösungsversuch will die Menschlichkeit Christi und deren Eigenständigkeit hervorheben und wagt sich dabei recht weit vor. Doch scheint er für unser Problem etwas zu abstrakt konstruiert: Christi menschlicher Wille hatte in concreto ja gar keine Möglichkeit, die 'compositio' mit der Gottesschau oder der hypostatisch vereinten göttlichen Person aufzugeben. „Entfernte Sündenmöglichkeit" als Einschränkung der Unsündlichkeit Christi verstanden hilft hier also kaum zu einem besseren Verständnis der Freiheit und Verdienstlichkeit des tatsächlichen Handelns Christi.

Alle genannten Versuche haben das Gemeinsame, dass sie die Sündenunfähigkeit Christi irgendwie einschränken. Gegenüber diesen Abschwächungen müssen wir daran festhalten, dass Christus nicht nur moralisch unsündlich war wegen der Vorsehung und Gnadenführung Gottes, nicht nur physisch unsündlich war wegen der visio, sondern dass bei ihm wegen der hypostatischen Union die Sünde metaphysisch unmöglich war. Die Gnaden für die Befestigung im Guten sind bei Christus vom Wesen seiner personalen Existenz her gefordert, nicht nur von seiner Aufgabe[164]. Für ein rechtes Verständnis der Freiheit Jesu müssen also andere Wege gesucht werden.

---

[162] J. AUER, *Kleine katholische Dogmatik* IV, 1, Regensburg 1986, 387

[163] F. OCARIZ, L. F. MATEO-SECO, J. A. RIESTRA, *El misterio di Jesucristo: lecciones de cristología y soteriología*, EUNSA, Pamplona 1991, ²1993; *Il mistero di Cristo. Manuale di Cristologia*, Apollinare Studi: Roma 2000, p. 270, Anm. 197.

[164] ORIGENES (*Peri archon* 2, 6, 5-6; PG 11, 213C, 214A; *Rouët de Journel* 461). CYRILLUS ALEXANDRINUS (PG 76, 1120; Rouët 2141). LEO MAGNUS [Anm. 155]. JOHANNES DAMASCENUS (PG 95, 157; Rouët 2386). – HILARIUS (*De trin.* X, n. 25; PL 10, 365C-366A). – AUGUSTINUS: „... sic in naturae humanae susceptione fieret quodammodo ipsa gratia illi homini naturalis, quae nullum peccatum posset admittere". (*Enchir.* c. 40, 12: PL 40, 252). Vgl. Anm. 137. A. M. LANDGRAF, *Die Unsündbarkeit Christi in der Frühscholastik*, Schol 13 (1938) 367-391, 14 (1939) 188-214.

Wahre verdienstliche Freiheit

Wenn wir den Ernst und den Umfang des göttlichen Auftrages an Christus und seine Unsündlichkeit ungeschmälert gelten lassen wollen, dann wird allerdings seine *Freiheit* nicht leicht zu erklären sein.

Wer wirklich frei ist, scheint doch auch stark zu sein und mächtig, ohne Einschränkungen zu handeln. Im Gegensatz dazu hält man den Schwachen auch für unfrei. Deshalb scheint es uns wie eine schmerzliche Paradoxie, wenn der Glaube uns lehrt: Wir können keinen Zugang zur wahren Freiheit haben, wenn wir nicht zum ohnmächtigen und dem Leiden überlieferten Heiland gehen, zu ihm, der auch jetzt noch hilflos und verlassen scheint im heiligsten Sakrament der Eucharistie, in dem er ja unter uns lebt, dem Missbrauch und der Verachtung ausgesetzt.

In diesem Zusammenhang ergeben sich manche *grundlegende Verständnisschwierigkeiten* für diejenigen, welche in irgendeiner Form dem Einfluss des Relativismus, Rationalismus, des Skeptizismus oder des Pelagianismus nachgegeben haben oder in die alten Häresien des Arianismus oder Pelagianismus zurückfallen. Wer ähnlich wie Pilatus die eindeutige und verbindliche Wahrheit für problematisch hält, auch wenn sie in Person und sichtbarer Gestalt vor ihm steht, kann auch die Freiheit nur für zweifelhaft und fraglich halten; überall entdeckt er Willkür, Scheinwahrheit, Illusionen oder ein trauriges Dazu-Verurteiltsein, in der Freiheit zu leben.

Wenn das Licht des Glaubens unser Erkennen erleuchtet, werden wir auch dahin gelangen, die Freiheit Christi zu verstehen, indem wir von den Wahrheiten der Offenbarung ausgehen. Infolgedessen können wir nicht autonom aus uns selbst von unten den objektiven Begriff der Freiheit gestalten. Wir sahen bereits: Einen Widerspruch zwischen Gehorsam und Freiheit zu behaupten, beweist eine defiziente ja erbärmliche Vorstellung von Freiheit, als bloßer Wahlmöglichkeit ohne Sinn und Zielbestimmung, als orientierungslose Selbstbestimmung. Der autonome Punkt des Ich hat keine Richtung.

Somit besteht die erste Aufgabe der Theologie darin, die Freiheit Christi von der Offenbarung her zu verstehen, und sie nicht als Projektion von Ideologien zu konstruieren. Die Theologie wird sich immer wieder gegen solche Versuchungen wehren müssen.

Aber die grundlegenden Schwierigkeiten für ein Verständnis dieses Mysteriums gehen noch weiter zurück: Wenn man nicht im Glauben das Geheimnis des Gottmenschen annimmt, ist es ebenso unmöglich, den Tod des Erlösers am Kreuz in seiner Erlösungsbedeutung zu verstehen. Nach der Pelagianischen Irrlehre hat Jesus keinerlei objektive übernatürliche Erlösungstat verwirklicht, sondern sich darauf beschränkt, durch sein Leiden und Sterben ein Beispiel zu geben. Dasselbe behauptet auch H. KÜNG[165], wenn er meint, dass der Tod und das Kreuz sich zurückführen lasse auf einen Ruf zum Glauben an alle Menschen und dass seine Wirkung „im Beispiel Jesu" gründe, das „in unserem Gedächtnis" fortlebe[166]. Küng sagt, Jesus selbst habe seinen Tod mit keinerlei Sinn verbunden; wir wissen angeblich nicht, was Jesus in seinem Tod dachte und fühlte[167] – dieser sei ein profaner Akt gewesen, und Jesus selbst habe nicht an die Erlösung der Menschheit gedacht. Das Kreuz sei nichts anderes – auch für Jesus selbst – als ein Zeichen des Sieges, der Befreiung und der Erlösung, eine Einladung, ein vom Egoismus geprägtes Leben aufzugeben[168].

P. J. LABARRIÈRE SJ[169] meint, wir sollten uns Christus nicht wie einer starren Realität nähern, sondern wie einem Akt, einer Bewegung, einem Übergang, einer Verwirklichung. Das funktionale Christusbild, das wir in einer Erfahrung einer Bewegung, die uns und ihm gemeinsam ist, gewinnen, müsse den Pantokrator- Christus ontologischer Art ersetzen. Der wahre Christus sei immer in Bewegung; die hauptsächlichen Vorstellungen, die die Menschen in Bezug auf Christus entwickelt haben, seien vorübergehend; man dürfe ihnen keine dauernde Bedeutung zuschreiben. So müsse man jede Versachlichung (*chosificacion*) vermeiden und Christus helfen, seine Funktion zu erfüllen[170]. Wir haben die Freiheit zu verstehen als Aufgabe, die wir zu verwirklichen haben, wenn wir Christus helfen, seine Aufgabe als Mittler zu erfüllen. Man müsse jede Christolatrie verwerfen und dürfe nicht vorgeben, Christus als solchen anzubeten. Christus sei nicht in einem wahren Sinne allgemeiner Erlöser, Heiland oder Begründer einer Religion; doch indem er uns seine Christus-Funktionen übertrage, habe er es möglich gemacht, dass jeder sein eigener Erlöser sei.

---

[165] H. KÜNG, *Christsein*, München 1975, 416

[166] Dazu L. SCHEFFCZYK, *Kursänderung des Glaubens?*, Stein a. Rhein 1980, 65; DERS., *Glaube als Lebensinspiration*, Einsiedeln 1980, 247-253.

[167] H. KÜNG, *Christsein*, 330

[168] H. KÜNG, *Existiert Gott?*, Mü 1978, 755; vgl. L. SCHEFFCZYK, *Kursänderung*, ebd., 66

[169] P. J. LABARRIERE SJ, *Dieu sans Christ et Dieu du Christ*, in: Christus, 97 tom. 25 (1978) 146-158

[170] "Faire fonctionner Jésus le Christ" (Ebd., 155)

Bei dieser Konzeption wird infolgedessen Jesus nicht mehr als wahrer Gott anerkannt[171]. Das Endziel unserer Existenz definiert sich dann ausdrücklich als „Gott ohne Christus". Insofern ist Christus nichts anderes als eine Quelle menschlicher Erfahrung, in höchstem Grade authentischer, einmaliger oder wenigstens privilegierter menschlicher Erfahrung. Daher ist Christus ein bloßes Beispiel der „Christus-Funktion", die jedes menschliche Sein in sich verwirklichen müsse. Die „Fundamentalerfahrung" sei die Erfahrung des eigenen Ich und der Menschen, die die Welt erlösen[172]. Deshalb bestehe die Bedeutung Christi allein darin, dass er uns hilft, unserer menschlichen und autonomen Erlösungsfunktion bewusst zu werden, und dass er ein ideales Beispiel für unsere menschliche Erfahrung ist (so auch E. SCHILLEBEECKX[173]).

Offensichtlich dient die Gestalt Christi in dieser Konzeption nur noch dazu, einer pelagianischen Theorie von Selbsterlösung ein frommes Gesicht zu geben.

Einige Exegeten sehen in den biblischen Prophezeiungen vom Erlöserleiden nicht mehr als Konstrukte der ursprünglichen Christengemeinde. Der wahre historische Jesus von Nazareth habe nicht an seinen Tod gedacht und ihn höchstens als eine sinnlose Tragödie betrachtet. Die Hinrichtung Jesu sei auf einen Irrtum über seine Verhaltensweise zurückzuführen, die man als rein politisch angesehen habe; man könne die Möglichkeit nicht übersehen, dass diese Tat einen Zusammenbruch bedeutet habe[174].

Solche Behauptungen sind gleichbedeutend mit einer Leugnung des freiwillentlichen Charakters des Todes Jesu ebenso wie jeder objektiven Erlösung und Heilsbedeutung seines Todes. H. KESSLER irrt offensichtlich mit der These: „Es ist nicht sicher, dass Jesus seinen Tod wollte"[175]. „Nach der Meinung Jesu hing die Erlösung der Menschen tatsächlich davon ab, ob sie bereit waren, ihren Gott anzunehmen und ob sie sich den andern gegenüber so ver-

---

[171] "Dieu demeure une certitude sans visage et c'est Jésus qui nous le dit en refusant que notre regard s'arrête jamais sur lui … ". (Ebd.. 157)

[172] "C'est chacun de nous qui devient alors rédempteur de lui-même et du monde". (Ebd., 158)

[173] E. SCHILLEBEECKX, *Godsdienst van en voor mensen,* Tijdschrift voor Theologie 18 (1978) 157. Im Einzelnen dazu J. GALOT, *Christologie et expérience,* Esprit et vie 90 (1980) 2-12

[174] R. BULTMANN, *Das Verhältnis der urchristlichen Christusbotschaft zum historischen Jesus,* ²Heidelberg 1961, 12

[175] H. KESSLER, *Erlösung als Befreiung,* Düsseldorf 1972, 24-25

hielten, wie er sich verhielt". Nach E. SCHILLEBEECKX[176] sind wir nicht erlöst worden „dank des Todes Jesu, sondern trotz seines Todes. Gott will nicht, dass die menschlichen Geschöpfe leiden". Natürlich sind derartige unkirchlichen Aufstellungen schon längst widerlegt, auch im Bereich der Exegese.

Soweit die summarische Darstellung einiger recht konfuser ideologischer Vorentscheidungen, die den Zugang zum Geheimnis der Freiheit Christi und damit auch zu unserer Freiheit versperren.

Kommen wir nun näher zum heute wohl interessantesten Ausgangspunkt für eine Überwindung unserer Schwierigkeit. Die entscheidenden Fragen sind hier: Welche Art von Freiheit ist überhaupt zum verdienstlichen Handeln nötig? Welche Freiheit kommt dem unsündlichen menschlichen Willen Christi zu, insbesondere unter dem Einfluss der Gottesschau?

Nach ihrer allgemeinen Bedeutung bezeichnet Freiheit den Spielraum, innerhalb dessen sich ein Wesen bewegen und entfalten kann. Lässt ein Gebot überhaupt noch einen derartigen Spielraum? Und besagt, abgesehen davon, nicht auch bereits Sündenunfähigkeit Determination zum Guten und damit Unfreiheit? Der Tod war für Christus doch völlig unvermeidbar, da er ihn ohne Sünde nicht hätte ablehnen können; für verdienstliches und freies Handeln scheint also kein Raum mehr zu bleiben. Ein echter Erklärungsversuch wird sich hier nicht auf emphatische Behauptungen und allgemeine Deklarationen beschränken können – wie z. B.: Christus war umso freier, je unsündlicher er war.

Die Überlegungen der neueren Theologie unterstreichen den besonderen und geheimnisvollen Charakter der Freiheit Christi. Aber seine Freiheit ist nicht nur die Freiheit des eingeborenen Sohnes Gottes, sondern auch eine wahre menschliche Freiheit und Beispiel für die Freiheit der Adoptivkinder Gottes. Allein seine Freiheit macht ja die unsere möglich: „*Wenn der Sohn euch frei macht, werdet ihr wahrhaft frei sein*" (Joh 8, 36). „Die einzige Freiheit, die den Menschen erlöst, ist die christliche". (J. ESCRIVÁ DE BALAGUER). Deshalb werden wir in dem Maße frei sein, in dem wir uns wandeln zu Sklaven Christi (1 Kor 7, 22).

Halten wir zunächst daran fest: *Non datur praeceptum de necessariis*; ein Gebot ist nur sinnvoll, wenn ihm die freie sittliche Entscheidung zum Gehorsam

---

[176] E. SCHILLEBEECKX, *Christus und die Christen. Die Geschichte einer neuen Lebenspraxis*, Freiburg 1977, 710. Dazu P. C. LANDUCCI, *Teología y Cristología de Edward Schillebeeckx*, Scripta Theologica 11 (1979) 231-249

entspricht. Es hebt die '*libertas moralis*' auf, setzt aber die psychologische Freiheit voraus. Ohne Zweifel können wir für Christus ebenso wenig wie für uns eine „Freiheit" postulieren, die jedes Gebot ausschließt; wir müssen ihm sogar den ganzen Umfang derjenigen Freiheit zusprechen, die Wurzel jeder verdienstlichen Tat ist. Auch bei Christus ist die Tatsache dieser Freiheit einleuchtend: er hat die ganze menschliche Natur angenommen, somit auch den Willen erlöst und befreit von der Knechtschaft des Todes und der Sünde. Sein freiwilliger Gehorsam sollte den freiwilligen Ungehorsam Adams sühnen. Es wäre absurd, den Verdienst- und Erlösungscharakter des Todes Jesu festzuhalten, gleichzeitig aber seine volle Freiheit gegenüber diesem Geschehen zu leugnen. Die feierliche Erklärung des *Trienter Konzils*[177] müsste fallen gelassen werden, dass Christus Verdienstursache unserer Rechtfertigung ist, und zwar besonders durch sein Leiden; denn ohne Freiheit gibt es kein Verdienst[178]. Leiden und Sterben Christi wären ohne echte Freiheit bloße Naturereignisse, ungeeignet dazu, den gerechten und heiligen Zorn Gottes über die Sünde zu versöhnen. Die Tatsache dieser Freiheit Christi ist daher in der Kirche von Anfang an ausdrücklich bejaht worden[179], wenn man auch die Frage nach dem Wie verschieden beantwortet hat.

Es geht nicht an, Freiheit und Verdienst einfach auf den *göttlichen Willen* Christi zu beziehen[180]. Richtig ist dagegen: Das *instrumentum salutis* ist die Menschheit Jesu. Verdienst und freiwillige Annahme des Kreuzestodes würden sonst allen drei göttlichen Personen in gleicher Weise zukommen.

Unhaltbar ist auch die *kalvinistische* Auffassung, eine kraft innerer Nötigung gesetzte Willensentscheidung sei auch zugleich frei. Denn sie wird mitbetroffen von der Verurteilung des BAIUS, der erklärte: „Quod voluntarie fit, etiamsi necessario fiat, libere tamen fit"[181].

Es wäre auch nichts anderes als eine allzu simple Scheinlösung des Problems, würde man ausschließlich auf die *Freiheit des verklärten Auferstandenen* ach-

---

[177] So z. B. ALB. A BULSANO OC, *Instit. theol. dogm. comp.*, vol. 1, § 267

[178] TRIDENTINUM, sess. 6, c. 7 (DS 1529; DS. 1513, 1523). Cf. FLORENTINUM (DS 1347)

[179] Vgl. DS 2003

[180] So bei ANSELM, *Cur Deus Homo*, I c. 8-10; II c. 17, 18 (PL 158, 419 ss.); P. GLORIEUX, *Christologie de s. Anselme*, in: Spicilegium Beccense, Paris 1959, 345 s.

[181] Verurteilt im Jahre 1567 (DS 1939); vgl. THOMAS WALDENSIS, *Doctrinale antiquitatum fidei* I a 1, c. 25, n. 9-10 (ed. Ven. 1571, I, 77), A. SEBILLE OP, ebd., lib. 2, c. 14 (ed. Mainz 1652, 161-172) interpretiert ausführlich.

ten, den nichts und niemand daran hindert, auch die Wände zu durchdringen, und unsere Aufmerksamkeit ausschließlich auf die Macht des verherrlichten Christus zu richten, für den nichts unmöglich ist. Diese majestätische Freiheit ist aber Frucht der verdienstlichen Freiheit Jesu. Zweifellos ist es leichter, die umfassende Freiheit des auferstandenen Weltheilandes zu verstehen. Aber diese ist nicht dasselbe wie verdienstliche Freiheit, sondern der Lohn, der dem freien Tun entspricht. Ursprung der Erlösungstat ist die Freiheit des sterbenden Christus; von dieser grundlegenden Tatsache können wir nicht einfach absehen. Es wäre ein trauriger Irrtum, wenn man den gekreuzigten Christus in nestorianischem Sinne zu einer menschlichen Person machen würde und ihn vom verherrlichten Erlöser trennte, um ausschließlich letzterem die Erlösung zuzuschreiben.

So musste im Laufe der Theologiegeschichte eine Reihe von *restriktiven Auffassungen* der Freiheit Christi überwunden werden.

1. Genügt vielleicht einfachhin die *Freiheit von äußerem Zwang?* (G. BIEL)[182]

Die verneinende Antwort ist klar; sie folgt aus der Verurteilung einer entsprechenden Behauptung des JANSENIUS als Häresie, der meinte, dass im Zustand der gefallenen Natur keine innere Freiheit zum verdienstlichen Handlen nötigt sei, sondern die Zwangsfreiheit genüge[183]. Wenn also sogar beim

---

[182] GABRIEL BIEL erklärt: „... producere libere quantum ad genus potest sic describi: Est producere voluntarie complacenter et non coacte". „ Erit ergo idem principium naturale et necessarium et principium contingenter agens et liberum. Et sic accipiendo terminos: Sicut Filius et Spiritus sanctus producitur naturaliter et non libere, quia necessario et non contingenter. Similiter inter principium liberum et contingens dicentes quodlibet esse principium naturale et necessarium, sed non e converso. Sed quamvis omne principium contingenter agens agat libere, non tamen e converso. Quid ergo est agere naturaliter et quid libere? Licet multi anguli quaerantur, tamen finaliter dicere oportet, quod agere libere est agere per voluntatem. Et ita omnis actio voluntatis sive sit necessaria sive contingens dicitur libera; et ita libertas compatitur necessitatem. Et agere naturaliter est agere non per voluntatem; et ita nihil aliud est dicere 'Filius producitur naturaliter et Spiritus sanctus libere' quam 'Spiritus sanctus producitur per modum voluntatis, Filius non'. Primus modus est magis conformis communibus terminorum acceptionibus, secundum quem quidquid necessario producitur, producitur naturaliter et non producitur libere, quia non sponte, quia non potest non produci". (*Super Sent*. I d. 10 q 2; cf. *in Sent*. III d. 18 q 1 a 3 dub. 1 ad 1). Nach den Nominalisten ist der *actus fruitionis* der Seligen deshalb kein notwendiger Akt, weil ihr Wille nicht genötigt ist.

[183] „In statu naturae lapsae non requiritur in homine libertas a necessitate, sed sufficit libertas a coactione" (DS 2003); vgl. J. CARREYRE, DThC VIII, 485-491.
C. JANSENIUS: „Opus esse laude vel vituperio dignum, meritorium vel demeritorium ex hoc quod est voluntarium, spontaneum, non coactum, tametsi sit determinatum ad unum" „...

erbsündlichen Menschen die *libertas a necessitate* für verdienstliches Handeln gefordert wird, dann folgt dasselbe a fortiori für den Menschen ohne Sünde, oder für den Menschen als solchen; d. h. also auch für Christus, der ja wahrer Mensch ist. Schon *Pius V* verwarf den Satz von *Baius*: „Sola violentia repugnat libertati hominis naturali[184]". Auch Christi Freiheit ist mehr als Fehlen von Zwang; andernfalls hätte es keinen Sinn, bei Christus von einer besonders großen Freiheit zu sprechen, denn bloße Freiheit von Zwang lässt kein mehr oder weniger zu[185]. Auch wenn keinerlei Zwang vorliegt, könnte die Freiheit des Menschen z. B. durch Leidenschaften oder Unwissenheit beeinträchtigt sein. Freisein eines Menschen besagt mehr als 'Freisein' eines Vogels, wenn dieser nicht im Käfig ist.

2. Genügt dann etwa das Nichtsetzen eines Widerstandes gegen Gottes Gebot für verdienstliches Handeln Christi[186]? Oder eine *hypothetische Freiheit,* die Freiheit, die er gehabt hätte, wenn er nicht unter dem Gebot des Vaters gestanden wäre? Oder der *konditionate* Wille, den Tod zu wollen auch dann, wenn er nicht geboten wäre?

Diese Auffassung ist offensichtlich unhaltbar. Nicht der Gehorsamswille, sondern ein anderer Willensentschluss wäre für unsere Erlösung entscheidend. Wie bereits gezeigt[187], sind auch die Einschränkungen der Freiheit Christi auf die bloße *libertas in causa*, oder die Freiheit der Dispenserbittung, oder auf eine bloße Freiheit in Bezug auf nicht gebotene Dinge, oder auf eine Freiheit nur in Bezug auf die Umstände des Todesleidens keine hinreichenden Erklärungen.

3. War aber Christus vielleicht *dispensiert* von der allgemeinen Voraussetzung für verdienstliches Handeln, der libertas a necessitate, und hatte er das

---

Libertatem voluntatis prorsus esse inamissibilem, cum fieri non possit quin voluntas semper velit si velit: ipsum autem velle hoc ipso est liberum quo est velle voluntatis" „... iuxta doctrinam (Augustini) . . . voluntas seu volitio et libera voluntas idem sunt, sicut velle et libere velle, et impossibile sit ut velle non sit liberum". (AUGUSTINUS, *de gratia salvatoris*, lib. 6 c. 24 § 6, c. 17 § 6, c. 5 § 'Hinc ergo'; ed. Rothomagi 1652, p. 294 B, 286 B, 263 D). Cf. *Indiculus locorum Augustini Cornelii Jansenii, Iprensis episcopi, in quibus propositiones ab Innocentio X damnatae continentur,* Paris 1656, p. 3..

[184] DS 1966; cf. DS 1939

[185] THOMAS, *De verit,* q 24 a 10 ad 7

[186] RICHARD VON ST. VICTOR sieht die Freiheit vor allem in ihrem negativen Aspekt, als Möglichkeit, Widerstand zu leisten oder nein zu sagen *(De statu interioris hominis,* tract. 1 c. 13; PL 196, 1125 s.).

[187] Vgl. S. 19 ff. (oben Abschnitt I, 3 f.)

Privileg, auch durch notwendige Akte Verdienste erwerben zu können? (so L. THOMASSIN[188]).

Diese Annahme macht von vornherein den Eindruck einer kaum zu beweisenden und nur ad hoc konstruierten Hypothese; sie stellt letztlich die wahre Menschheit Christi in Frage.

4. Einige Thomisten lehrten: Christus hatte zwar nicht die potestas ad non moriendum *in sensu composito praecepti*, wohl aber war er frei *in sensu diviso,* praecisive a praecepto; er hatte also zwar keine *potestas consequens non moriendi*, wohl aber eine *potestas antecedens.*

Aber müsste man nicht in diesem selben Sinn auch die Gottesliebe der Seligen frei nennen, die nicht mehr in verdienstlicher Freiheit geschieht? Ist eine *potentia in sensu diviso praecepti* überhaupt noch Freiheit, wenn das Gebot unabhängig von der Selbstbestimmung Christi unausweichlich gegeben ist und damit der *'sensus compositus'*? Wenn die *'compositio'* notwendig und unvermeidbar aus Gottesschau und hypostatischer Union folgt, welche unverrückbar gegeben sind? Jedenfalls darf man die thomistische Unterscheidung von *sensus divisus* und *sensus compositus* nicht so verstehen, als ob ein Nichtsterbenkönnen nicht zusammen bestehen könnte mit einem vom Vater erlassenen Gebot, sondern durch die Tatsache des Gebotes aufgehoben würde; – das wäre im Grunde nur eine *hypothetische* Sterbefreiheit (so B. R. LUMBIER OCARM , B. DE MEDINA OP)[189].

5. Noch eine originelle Erklärung sei erwähnt: Christus sei nicht frei gewesen wegen einer Unbestimmtheit seines Willensvermögens, sondern nur deshalb, weil es sich um ein *kontingentes Objekt* seines Willens handelte (J. ZAGAGILIA OCARM)[190].

Macht aber tatsächlich schon allein der Gegenstand der Freiheit die Freiheit selbst aus? Ist sie nicht auch in der Potenz des Willens zu suchen?

---

[188] L. THOMASSIN: „Meretur Christus, etsi boni necessitate constringatur". *(De incarnatione Verbi Dei,* V c. 17; ed. Vives, Paris 1866, t. 3, p. 618 ss.). BARTH. MASTRIUS DE MELDULA erklärt, für verdienstliches Handeln genüge bei Christus durch ein besonderes Privileg eine *libertas remota* ad agendum et non observandum praecepta, die aber bei uns unzureichend sei *(Disputationes theologicae in Sent. III,* disp. 3 q 9 a 4, n. 391, 389; ed. Ven. 1719, 187).

[189] RAIM. LUMBIER OCARM soll Freiheit Christi im Sinne einer potestas hypothetica gelehrt haben *(Quaestiones in I p. s. Thomae,* Caesaraugustae 1680, q 33 a 2 § 2, n. 1765) (nach AMICUS). BARTH. DE MEDINA OP wird von AMICUS so interpretiert. F. STENTRUP (ebd. [Anm. 51], S. 1191 f.) versteht den *sensus divisus* in diesem Sinne und lehnt ihn daher ab.

[190] J. ZAGAGLIA OCARM, *Cursus theologicus,* VI, 572, n. 63

Gegenüber allen Abschwächungen werden wir Christus die höchste Form der Freiheit zusprechen wollen. Wie aber ist diese näher zu bestimmen? Stellen wir einmal gegenüber: die Entscheidungsgewalt über die Existenz des Aktes (*libertas exercitii vel contradictionis*), d. h. etwas wollen oder nicht wollen, die Entscheidungsgewalt über die Art des Aktes (*libertas specificationis*), d. h. etwas mehr wollen als etwas anderes, und die Entscheidungsgewalt über den sittlichen Charakter des Aktes, d. h. die Freiheit, gut oder böse zu handeln (*libertas contrarietatis*). Die letzte schließt die beiden anderen ein, die mittlere wenigstens die erste Art, nicht aber umgekehrt. Folgt daraus, dass die Freiheit, zwischen Gut und Böse zu wählen, die höchste Freiheit ist, die auch Christus zukommt? Sicher nicht, denn die Freiheit zum Bösen ist in Wahrheit ein Mangel der Freiheit des Willens, der dem Guten, d. h. dem eigenen Sein entsprechenden Tun zugeordnet ist. Freiheit ist die ungehinderte Kraft zum Guten; denn *wer sündigt, ist Sklave der Sünde* (Joh 5, 34)[191]. Das Schlechte als solches kann nie für die Möglichkeit einer freien Willensbetätigung konstitutiv sein. Die im sündigen Menschen gegebenen Unvollkommenheiten der Wahlfreiheit sind nicht Wesensbestandteile der Freiheit schlechthin; K. RAHNERS diesbezügliche Ausführungen[192] dürften einen Rückfall in längst überwundene Irrtümer bedeuten.

---

[191] Cf. THOMAS, in Joh. c. 8, lectio 4, n. 3 (cd. Torino-Roma 1952, 225); LEO XIII, Encyclica 'Libertas', ASS 20 (1887) 596. Das Konzil von TRIENT spricht detailliert über die Schwächung der Freiheit durch die Sünde (*Decr. de iustif.* vom 13. 1.1547; DS 152).

[192] Mit zumindest missverständlichen Formulierungen will K. RAHNER die libertas contrarietatis als für das Wesen der Freiheit konstitutiv darstellen: „Dass aber die Freiheit eine solche gegenüber ihrem tragenden Grund selbst ist, dass sie also schuldhaft die Bedingung ihrer eigenen Möglichkeit selbst verneinen kann in einem Akt, der diese Bedingung notwendig noch einmal bejaht, das ist die extreme Aussage über das Wesen der kreatürlichen Freiheit, die in ihrer Radikalität den üblichen kategorialen Indeterminismus weit hinter sich lässt. Für die christliche Lehre von der Freiheit ist es entscheidend, dass diese Freiheit die Möglichkeit eines Ja oder Nein gegenüber ihrem eigenen Horizont impliziert, ja dadurch erst eigentlich konstituiert wird". „Aber gerade insofern diese Freiheit für die christliche Offenbarung absolute" Heil oder Unheil begründet, und zwar endgültig und vor Gott, kommt erst ihr eigentliches Wesen zur Erscheinung". *(Schriften zur Theologie* VI, Einsiedeln 1965, 218, 222).

Schon AUGUSTINUS[193], ANSELM[194] und ebenso THOMAS[195] lehren dies ganz unzweideutig; sie weisen darauf hin, dass die Freiheit der Seligen und Engel größer ist als unsere, und dass die Fähigkeit zu sündigen für die Freiheit nicht konstitutiv ist. Sündigenkönnen ist nur eine unvollkommene Form der Freiheit. Die Möglichkeit der Sünde gründet ja darin, dass dem Willen ein Scheingut als wahres Gut erscheint, ein Teilgut als das höchste Gut, oder umgekehrt. Sündigenwollen schließt immer einen Irrtum des praktischen Erkennens ein. Sündigen bedeutet deshalb einen Missbrauch der Freiheit und nicht ihre volle Verwirklichung.

Es wäre absurd anzunehmen, dass die Freiheit ihr Wesen verliert, wenn sie auf das Gute gerichtet ist. Diese Freiheitsvorstellung wäre gleichbedeutend mit Indifferenz, was verhängnisvolle Konsequenzen hat. Erkennen und Willen müssen sich immer auf das Wahre und Gute beziehen, das ihnen vorgegeben ist. Gott als höchstes Gut ist nicht einfach indifferent für den Willen; der Wille des Menschen ist nicht grundsätzlich neutral und ist auch nicht derselben Anziehungskraft vom Guten und vom Bösen unterworfen – wie der Esel des Buridan, der von zwei Heuhaufen gleichzeitig angezogen wird und von sich

---

[193] AUGUSTINUS: „Nec ideo liberum arbitrium non habebunt [beati], quia peccata eos delectare non poterunt. Magis quippe erit liberum a delectatione peccandi usque ad delectationem non peccandi indeclinabilem liberatum". (*De civitate Dei*, lib. 22 c. 30; PL 41, 802; CC 48, 863). *De correptione et gratia*, c. 11 n. 32, 12 n. 33 (PL 44, 936). „Multo quippe liberius erit arbitrium, quod omnino non poterit servire peccato". *(Enchiridium*, c. 105; PL 40, 281). Cf. *De praedest. sanctorum*, I, c. 15; PL 44, 982.
Auf letzteren Text berief sich auch JANSENIUS *(Augustinus*, ed. Rothomagi 1652, tom. 3: de gratia Christi salvatoris, lib. 6 c. 9) für seine These: „Christus fuit liber formaliter in non peccando". Dagegen erklärt A. SEBILLE OP [Anm. 10]: „Fuit tamen liber in non peccando, si per non peccare intelligatur hoc positivum, quod est bene operari, vel etiam ipsa negatio peccati, quatenus erat per actum positivum complacentiae volita" (lib. 5 c. 2; ed. Mainz 1652, 323). „Christus . . . potuit facere et non facere omnia et singula quae sub praecepto cadebant . . . secundum indifferentiam contradictionis, licet non potuerit facere et non facere secundum indifferentiam contrarietatis, prout scilicet praecepta erant formaliter et reduplicative: nam potestas ad non faciendum illa prout est potestas ad malum seu potestas peccandi". (lib. 4, c. 12; ed. cit., 297).

[194] ANSELM: „Potestas ergo peccandi, quae addita voluntati minuit eius libertatem et si dematur auget, nec libertas est nec pars libertatis". (*Dialogus de libero arbitrio*, c. 1; ed. Madrid 1952, 550).

[195] THOMAS: „Maior libertas arbitrii est in angelis, qui peccare non possunt, quam in nobis, qui peccare possumus". (I *s. th.*, q 62 a 8 ad 3; cf. II, II *s. th.*, q 88 a 4 ad 1). Vgl. Anm. 196, 307.

aus indifferent ist[196]. Freiheit muss verstanden werden als hingeordnet auf eine qualitative Entfaltung (*liberté de qualité*), als Hinordnung auf das Gute. Was frei sein heißt, kann also nicht einfach am Bild des Herkules am Scheidewege abgelesen werden; sonst wäre die Entscheidung zu einem bestimmten Verhalten nur dann frei, wenn man auch die praktische Möglichkeit konträr entgegengesetzten Tuns vor sich hat und sich dagegen entscheidet; sonst wäre ein Liebender nur dann ganz frei in seinem Treuewillen, wenn ihm eine konkrete Möglichkeit der Untreue gegeben ist, die ihn noch schwankend machen könnte. Doch mit Leichtigkeit bewirkte Tugendakte eines Heiligen sind nicht weniger frei und verdienstlich als mühsame Selbstüberwindung eines Anfängers, der mit größten Versuchungen zu kämpfen hat. Die Möglichkeit, das Böse wählen zu können ist also nicht entscheidend. Hängt dann aber nicht die Verdienstlichkeit von der Festigkeit der Willensentscheidung ab, während die Fähigkeit zu wählen überhaupt zurücktreten kann?

Inwiefern ist also die Wahlfreiheit Christi für unser Problem überhaupt wichtig? *Thomas* stellt fest: Christus konnte, obwohl er zum Guten determiniert war, zwischen verschiedenen geschaffenen Gütern wählen, weil keines in seiner Begrenztheit die auf das Unendliche hingeordnete Liebeskraft zu erfüllen vermochte[197]. Es bleibt also Wahlfreiheit gegenüber mehreren bona particularia, Freiheit in der Wahl der Mittel und Motive; Freiheit und Unsündlichkeit können in Einklang gebracht werden. Nach vielen Theologen[198] genügt dies auch zur Erklärung der Sterbefreiheit Jesu.

Betrifft aber die zitierte Antwort des hl. Thomas wirklich auch unser eigentliches Problem, dass nämlich durch das Gebot sogar die Unterlassungsfreiheit zerstört scheint? Dass zumindest der Sterbewille Christi zu einem einzigen Akt determiniert scheint? Ist also nicht auch die Wahlfreiheit – wenn sie beim Kreuzesopfer fehlte – eine unwesentliche Form der Freiheit? Gewiss, Christus war frei gegenüber begrenzten Werten, die mit dem höchsten Ziel nicht notwendig verknüpft sind; wie aber, wenn durch ein Gebot

---

[196] THOMAS: „…Ad rationem liberi arbitrii non pertinet, ut indeterminate se habeat ad bonum vel ad malum …; et ideo ubi perfectissimum est liberum arbitrium, ibi in malum tendere non potest. … Sed hoc ad libertatem arbitrii pertinet, ut actionem aliquam facere vel non facere possit, et hoc Deo convenit; bona enim quae facit potest non facere, nec tamen malum facere potest". (*In Sent.* II d 25 q 1 a 1 ad 2; ed. L. Vivès, t. 8, 338)

[197] THOMAS: „Voluntas Christi, licet sit determinata ad bonum, non tamen est determinata ad hoc vel illud bonum. Et ideo pertinebat ad Christum eligere per liberum arbitrium in bono, sicut ad beatos". (III *s. th.*, q 18 a 4 ad 3). Cf. *De veritate*, q 29 a 6 ad 1.

[198] Z. B. A. D'ALÈS, *De Verbo incarnato*, Paris 1930, 377.

diese Verbindung zwingend wird? Fällt dann nicht die *libertas exercitii* mit der *libertas contrarietatis* zusammen?

6. In diesem Zusammenhang bietet sich zunächst eine bestechende Lösung an: Freiheit gleichzusetzen mit der *ungehinderten geistigen Spontaneität,* mit welcher der Wille einem Gut anhängt (MICHAEL MARCELLI OESA[199]). Viele Philosophen wären dieser Lösung günstig: Nach DESCARTES[200] gehört es nicht zum Wesen der Willensfreiheit, sich nach verschiedenen Seiten wenden zu können, da die Neigung des Willens der klaren Erkenntnis folgt; nach LEIBNIZ[201] ist Freiheit Spontaneität, die mit dem vernunftgemäßen Handeln wächst und von ihm bestimmt wird; nach FEUERBACH[202] ist jedes Wesen frei, wo es sich in Übereinstimmung mit seinem Wesen befindet und handelt.

Doch folgt daraus nicht, dass man auch die innergöttliche Aktivität einfachhin frei nennen müsste, weil sie höchste Geistigkeit bedeutet und ganz seinem Wesen entspricht? Dass man deshalb die Terminologie des VATICANUM I aufzugeben hätte, wo wie beim hl. Thomas die Selbstliebe Gottes 'notwendig' und nicht frei genanant wird[203]? Dass man schließlich, wie *Fichte,* eine Identität von Geist, Leben, Freiheit und Notwendigkeit will und endliche Freiheit in Identität mit der göttlichen Freiheit denkt? Offensichtlich droht hier ein terminologisches Chaos. Daher müssen wir die Frage genauer stellen, nach der für *verdienstliches* Handeln nötigen Freiheit, die mehr besagt als das

---

[199] MICH. MARCELLI OESA: „Christi voluntas in eliciendis caritatis actibus erga Deum libera erat dumtaxat a coactione". „Christi voluntas in subeunda morte libera fuit libertate a necessitate comparate ad mortem in se inspectam, non prout connexa erat cum decreto aut praecepto Patris". *(Institutiones theologicae,* lib. 23, c. 9, concl. 3, 4; zitiert nach B. M. Xiberta). Vgl. auch den Begriff der Freiheit bei LEONTIUS VON JERUSALEM (PG 86, 1464A, 1484C-1485A; Ch. MOELLER, in: A. Grillmeier H. Bacht, Das Konzil von Chalzedon I, Würzburg 1951, 714). Vgl. Anm. 182 [G. BIEL].

A. BANDERA OP meint, das ganze Problem sei eigentlich nur ein Scheinproblem, denn wenn die Möglichkeit des Ungehorsams nicht zum Wesen der vollkommenen Freiheit gehöre, dann gehöre sie auch nicht zur Freiheit Christi (Ciencia Tomista, 79 (1952), 335).

[200] DESCARTES, *Médit.,* 4, 13 (67) (ed. A. Bridoux, Bruges 1952, 305); E GILSON, *La liberté chez Descartes et et la théogie,* Paris 1913

[201] Vgl. LEIBNIZ, *Théodicée, Essai sur la bonté de Dieu etc.,* p. I, § 45 s., 52 (ed. in: Opera philosophica 1840 (1959, S. 516 f.); C. DAUDIN, *La liberté de la volonté. Signification des doctrines classiques,* Paris 1950, S. 171-184.

Zu H. BERGSON vgl. J. MARITAIN, *La Philosophie bergsonienne,* Paris 1948, 279.

[202] Vgl. L. FEUERBACH, Rez. zu K. BAYER, *Die Idee der Freiheit* (Sämtl. Werke, ed. W. Bolin-F. Jodl, Bd. II, 111-130).

[203] VATICANUM I, sess. 3 can. 5 (DS 3025)

naturhafte Willensstreben zum Guten; wir müssen auch versuchen, die Unmöglichkeit des Verdienstes bei den Seligen vom Wesen der Freiheit her zu verstehen, und dafür nicht nur auf positive Anordnungen Gottes rekurrieren. Dies wird nicht gelingen, wenn man auf Differenzierungen verzichtet oder die Wahlfreiheit ganz aus der Wesensbestimmung der menschlichen Freiheit ausklammert.

Zur Gleichsetzung von Freiheit mit geistiger Spontaneität neigen auch manche moderne Theologen (L. JANSSENS STD[204], M. DE BAETS[205], F. MALMBERG[206], J. A. DURAND SJ[207]). Sie berufen sich dabei auf keinen Geringeren als den hl. THOMAS: „Si etiam esset [liberum arbitrium Christi] determinatum ad unum numero, scilicet ad diligendum Deum, quod non facere non potest, tamen ex hoc non amittit libertatem aut rationem laudis sive meriti, quia in illud non coacte sed sponte tendit, et ita est actus sui dominus"[208]. So lautet es im Sentenzenkommentar – aber nicht mehr in den späteren Thomastexten, wie schon SUAREZ bemerkt[209]. Auch der *Jansenismus* berief sich gern auf diesen Text[210].

---

[204] L. JANSSENS STD: „Si impossibilitas ab actu declinandi provenit a perfectione caritatis obiectum tota cognitione et spontaneo affectu amplectentis, nedum tollat veram libertatem, eam auget, ac ita meritum … ". *(Summa theologica, tract. de Deo homine,* p. 2 s. 3 m. 1 c. 1 q 47 (ed. Freiburg 1902, t. 5, p. 731 s.).

[205] M. DE BAETS: „Attamen libertatis veritas ultra indifferentiam sese extendit, vigetque ubi talis habetur spontaneitas, qua operationis determinatio tota a supposito operante oriatur; et ubi talis habetur libertas, plena nempe spontaneitas, quamvis impossibile sit eam spontaneitatem aliter terminari, habetur ratio laudis, quae, si ceterae meriti conditiones verificentur, ad meritum sufficiat". „ Libertas est ipse spontaneus motus voluntatis ut ratio ..." *(De libera oboedientia Christi,* Louvain 1905, 18 f., 21).

[206] F. MALMBERG, *Über den Gottmenschen,* Freiburg i. Br. 1960, 117-121

[207] J. A. DURAND SJ, [Anm. 14]

[208] THOMAS, *in Sent.* III d. 18 q 1 a 2 ad 5. Cf. *in Rom.* 8, 32 lectio (ed. Vivès 20, 503)

[209] THOMAS erklärt ausdrücklich, zum Verdienst gehöre auch die *libertas a necessitate*; das Gegenteil sei nicht nur häretisch, sondern auch philosophisch grundfalsch. *(De malo,* q 6 a un., c., initio). Vgl. auch SUAREZ, *De incarn.,* disp. 37 sect. 2 n. 1 (ed. Vivès, t. 18, 279b)

210   So z. B. L. FROMOND, *Chrysippus, sive de libero arbitrio; epistula circularis ad philosophos peripateticos,* Paris 1644, S. 76; *Vincentii Lenis Theriaca adversus Dionysii Petavii ed Antonii Ricardi de libero arbitrio libros,* lib. 2 c. 1 sect. 2 (ed. Paris 1650, S. 180). Er will damit seinen Zentralbegriff „libertas spontaneitatis" bzw. „libertas essentialis" begründen: „Necessitas naturalis inclinationis, quam a necessitate coactionis distinguit s. Thomas, est quaedam necessitas voluntaria, ideoque naturalem libertatem non perimit". *(Theriaca,* lib. 1 c. 12; ed. cit., p. 53). Er setzt freiwillentlich und willentlich gleich (ib. c. 3; ed. cit., p. 17; vgl. Anm. 183). Eine Widerlegung findet sich bei A. SEBILLE OP (op. cit., lib. 1 c. 14 sect. 3, lib. 3 c. 1 sect. 1, lib. 4

Die genannten Theologen erklären, Christus habe unter dem Gebote zwar keine aktuelle Wahlmöglichkeit mehr gehabt, wohl aber noch eine *libertas fundamentalis vel radicalis*. Das unfehlbar gute Tun Christi sei von vollkommenster Erkenntnis und Liebe getragen. Eine bewusste und spontane *necessitas appetitionis* hebe nun aber die Herrschaft über den Akt und damit die Freiheit nicht auf; sie sei zu unterscheiden von der verurteilten *'necessitas'* des Jansenius oder Baius, welche aus innerem Zwang und blindem Naturstreben komme. Die Vielzahl der versuchten Lösungen, welche im Endergebnis doch irgendwie an einer der grundlegenden Glaubenswahrheiten rütteln, zeige, dass das Problem bisher gewöhnlich falsch angepackt wurde, dass das traditionelle Begriffsmaterial zu gebrechlich sei und gegen modernes ausgetauscht werden müsse[211]. Bei Christus könne man nicht von einer *libertas indifferentiae* oder Wahlfreiheit im scholastischen Sinne sprechen, wohl aber von einer «*liberté sans option*» (J. A. DURAND SJ[212], E. LAJE SJ)[213].

7. Ein *skotistischer* Ausweg erklärt, Christus habe nur eine *mittelbare Freiheit* besessen, insofern er sich von der zur Gottesliebe zwingenden Gottesschau abwenden konnte. Ebenso seien auch die Seligen zur Gottesliebe nicht genötigt. Christi beseligende Gottesliebe sei selbst formell meritorisch und frei.

Aber bei dieser Voraussetzung bestünde Christi Verdienst darin, dass er seinen Blick nicht von Gott ablenkte, um nicht in die Gefahr des Bösen zu geraten, welche in den tieferen Dimensionen seiner Freiheit doch gegeben wäre.

8. Viele Skotisten betonen besonders auch die *außerordentliche* Situation des Verdiensterwerbs Christi, bei der die gewöhnlichen Bedingungen für verdienstliches Handeln nicht gegeben zu sein brauchen und die als privilegierte

---

c. 12; ed. cit., p. 48-54, 194-197, 298). L. FROMOND beruft sich auch auf PROSPERS Erklärung: „liberum arbitrium, id est rei sibi placitae spontaneus appetitus ...". (*Theriaca*, I. c. 20; p. 83; PROSPER, *lib. c. Collat.* c. 19; PL 51, 238A). Biographisches bei L CEYSSENS OFM, *Le Janseniste Libert Froidmont* (1587-1653), Liège 1964 (Jansenistica Minora, t. 8). Zu JANSENIUS selbst vgl. Anm. 183.

[211] Ähnlich argumentiert auch JANSENIUS: „Difficultatem illam ineluctabilem esse scholasticis satis perspicue probat, quod illae ipsae solutiones, quas tamquam probabiliores amplectuntur, ita difficultati satisfaciant, ut nec attingant quidem, vel auctores sub ea succumbere manifestum sit". (AUGUSTINUS, t. 3: *de gratia Christi salvatoris*, lib. 7 c. 15 ; ed. Rothomagi 1652, p. 338).

[212] J. A, DURAND SJ, [Anm. 14], S. 818

[213] E. LAJE SJ, ebd. [Anm. 20], S. 52-56.

Ausnahmesituation besonders zu beurteilen sei (B. MASTRIUS DE MELDULA[214], J.F. FEVRE (FABER[215]), C. KRISPER OFM[216]). Gott habe durch ein besonderes *Wunder* bei Christus die Wirkungen der visio abgeschwächt (TH. MUL-DOON[217]) und die Seligkeitsfreude so auf die Seelenspitze eingeengt, dass sie von dort nicht weiterströmte[218].

Dies würde jedoch bedeuten, dass Christus auf völlig andere Weise als wir Verdienste erwarb; denn bei uns ist die vollkommene Gotteserkenntnis und – liebe im Himmel nicht mehr verdienstlich. Ja müsste man nicht folgern, dass sich Christus auf Erden ständig in einem gewissermaßen unnatürlichen Zustand befand? Und ist die Berufung auf ein Wunder nicht oft eher eine Ausflucht oder ein Verzicht auf eine theologische Antwort, die das *'scibile in credito'* aufzuspüren hätte?

9. Andere Theologen lehren: Christus war frei in der Annahme des Todes, weil er nicht *nur* notwendige, sondern *auch freie Motive* hatte, nicht nur Gottesliebe, sondern z. B. auch Seeleneifer. Der Akt des Gehorsams Jesu war wenigstens unter einer Rücksicht auch frei, denn er wurde auch durch ein nicht notwendiges Formalobjekt spezifiziert[219]. Derselbe Akt war teils Akt eines *viators*, teils Akt eines *comprehensors*. Die Gottesschau bedinge notwendige Gottesliebe bei Christus als comprehensor, beeinflusse aber den von der nichtin-

---

214 BARTH. MASTRIUS DE MELDULA: „Dicendum igitur pro resolutione totius difficultatis Christum Dominum quoad actus praeceptos fuisse utique liberum, non libertate proxima, ut potuerit non elicere, quia tunc etiam peccare potuisset praeceptum omittendo, sed libertate remota et intrinseca indifferentia ad agendum et non agendum; quantum enim erat ex parte ipsius voluntatis creatae, poterat non observare praecepta, sed a Deo praeservante denegatus fuit concursus paratus ad transgressionem eorum; et quamvis haec libertas in nobis ad meritum non sufficiat, sed requiritur proxima supponens concursum Dei paratum ad utrumlibet; ex speciali tamen dispensatione sufficiens fuit in Christo". (*in Sent.* III, disp. 3 q 9 a 3 n. 391; ed. Ven. 1719, 187). Vgl. ebd., n. 389-391, S. 186 f.

215 PHILIPPUS FABER (FABRI) FAVENTINUS OMCONV: „Vel dicas, quod opera Christi speciali privilegio fuerunt meritoria sicut speciali privilegio fuit viator et comprehensor, ideo Deus voluit acceptare opera et actus Christi pro meritoriis, etsi non essent simpliciter et omnino contingentes intrinsece et extrinsece sicut nostri actus, sed satis sibi fuit, quod intrinseci essent contingentes et liberi . . .; ideo non est par ratio de Christi merito et de nostro…" (*in Sent.* III, d. 18 q un. disp. 44 c. 3 n. 26; ed. Paris 1620, 212). Cf. ib., c. 1 n. 8; ed. cit. p. 209.

216 CRESC. KRISPER OFM, *De incarn.* tr. 8 d. 7 q 1 n. 13, p. 2 n. 7 (ed. Wien 1748, 372, 382).

217 TH. MULDOON STD, *Theologiae dogmaticae praelectiones*, t. IV, De Verbo incarnato redemptore, Romae 1960, 348-350

218 Vgl. aber auch THOMAS, III *s. th.*, q 15 a 5 ad 3

219 Vgl. CH. BOYER SJ, *De Verbo incarnato*, ²Romae 1952, 271

tuitiven Erkenntnis geleiteten Willen des viators nur so wie eine äußere wirksame Gnade (Ch. PESCH SJ[220]).

Ist es aber nicht wahrscheinlicher, dass die Motivationskraft einer beseligenden Gottesschau alle anderen nicht unmittelbar gottbezogenen Motive des Aktes absorbiert? Wie kann einundderselbe Willensakt durch die Gottesschau notwendig und zugleich durch das nichtintuitive Wissen frei sein?

10. Viele Dominikaner und Jesuitentheologen nehmen an, bei Christus gebe es *zwei Reihen von Willensakten:* unfreie, nicht verdienstliche unter dem Eindruck der visio, und freie Akte, die aus dem erworbenen Wissen kommen und von wirksamen Gnaden geleitet werden. Auch verschiedene Arten von Gottesliebe seien in Christus lebendig gewesen, eine notwendige durch die visio und eine freie durch die scientia infusa (KAJETAN[221], CAPREOLUS[222], FRANZ SYLVESTER VON FERRARA[223], GREGOR VON VALENCIA[224], DOMINGO DE SOTO[225], BARTHOLOMEO DE MEDINA[226], FRANCISCO SUÁREZ[227], FRANCISCO ZUMEL OMerc[228], MARTINUS BECANUS[229], VINCENTIUS CONTENSON[230]). So glaubten schließlich viele sogar, in der Seele Christi sei ein doppeltes Aktzentrum gegeben.

Aber heißt das nicht, die Einheit des psychischen Lebens Christi in unzulässiger Weise verstümmeln? Man müsste annehmen, dass in der oberen Willensschicht Christi eine Zurückweisung des Sterbeauftrages unmöglich ist, während in der unteren, die nicht dem Einfluss der Gottesschau ausgeliefert

---

[220] C PESCH SJ, *Praelectiones dogmaticae,* t. IV, *De Verbo incarnato,* prop. 26 n. 319-335.(⁴,⁵Freiburg 1922, 193-204).

[221] CAJETAN, III p., q 11 a 1 (ed. Vat., tom. XI, 158).

[222] CAPREOLUS, *in Sent. I,* d. 2, q 1 a 1, concl. 7 (ed. Pabati-Pégues, I (1900), p.123)

[223] FERRARIENSIS, *in III c. gent.,* c. 62 § 'Ad id quod ultimo' (ed. Vat., tom. XIV, p. 175 s. (n. XII, 2).

[224] GREGOR DE VALENCIA, *De incarn.,* disp. 1 q 19 puncto 2 (ed. Ingolstadt 1597, IV, 376 s.)

[225] DOMINGO DE SOTO OP, *De natura et gratia* 3 c. 7; ed. Salamanca 1577, 200a

[226] BARTHOLOMAEUS DE MEDINA OP, *in III p.,* q 19 a 4 ad finem q 2 (ed. Ven. 1602, 262)

[227] FRANCISCO SUÁREZ SJ, *De incarn.,* disp. 39, sect. 2 n. 1-14 (ed. Vivès, t. 18, Paris 1860, 325-329), d. 37, sect. 4 n. 5, 7, 11 (ed. cit., t. 18, 295 s.).

[228] FRANCISCO ZUMEL OMerc, *Commentaria in I p. d. Thomae,* q 22 a 13 dub. 2 annexum; ed.. Ven. 1597, 481

[229] M. BECANUS, *Theologia scholastica,* t. 1, tract. 4, De gratia, c. 5 q 1 dices (ed. Mainz 1619, 2)

[230] VINCENTIUS CONTENSON OP, *Theologia mentis et cordis,* lib. 9, diss. 6 c. 2 (ed. Vivès III, Paris 1875. 136 s.).

ist, eine Reihe freier Akte nebenher läuft[231]. Kann man die Seele Christi denn in Stockwerke mit verschiedenen Bewusstseinszentren einteilen? Träger aller Akte ist doch immer die eine göttliche Person. Ist der Wille Christi durch die immer wirksame Gottesschau fixiert, so wird er nicht dadurch frei, dass ihm die *scientia infusa* als solche Freiheit lässt; wenn von zwei Fesseln eine fällt, ist man immer noch gebunden. Die Theorie erklärt auch nicht, wie die notwendig eine menschliche Gottesliebe Jesu so verschiedene Akte haben könnte.

11. Eine Doppelgleisigkeit und Spaltung der psychischen Akte Christi möchte P. GALTIER SJ zwar vermeiden und lehrt eine einzige ontologische Subsistenz Christi, gilt aber als Protagonist der Theorie vom doppelten psychologischen Ich Christi[232]. Er will an der Einheit des menschlichen Willens Jesu festhalten – das menschliche psychologische Ich subsistiere im göttlichen – und untersucht näher die Grenzen der Motivationskraft der Gottesschau und die besondere Freiheit, die Christus auch als comprehensor hatte. Seine Lösung gipfelt darin, dass der Wille einem Gut gegenüber solange frei bleibt, als es nicht allseitig und in jeder Hinsicht als erstrebenswert erscheint. Die *visio temperata* Christi hindere nicht seine natürliche Freiheit, denn er war viator und comprehensor zugleich und konnte im Unterschied zu den Seligen echten Schmerz erfahren. Das Sterbegebot erscheine ihm zwar in der seit der Menschwerdung gegebenen Gottesschau als allseitiges Gut, nicht aber im eingegossenen und erworbenen Wissen. So sei der Willensakt Christi zugleich notwendig und frei.

Allerdings meinen Theologen wie P. PARENTE[233] oder J. RIESTRA–L. MATEO-SECO–F. OCARIZ[234], dass diese Lehre vom doppelten psychologischen Ich letztlich doch auf eine Spaltung der Person in zwei Subjekte hinauslaufe und der Einheit der biblischen Ich-Aussagen nicht gerecht werde[235]. Insbesondere in Joh 17, 5 erscheint das göttliche und das menschliche Ich Jesu als

---

[231] Vgl. dazu E. GUTWENGER, [Anm. 19], 163 f.

[232] P. GALTIER SJ, *De incarnatione ac redemptione*, ¹Paris 1926, 331; ²Paris 1947, 318 (n. 404, 406); Ders., *L'unité du Chris. Etre, Personne, Conscience*, Paris 1939; DERS., *La conscience humaine du Christ*, Greg 32 (1951) 525-568., 35 (1954) 225-246. Ähnlich J. SOLANO [Anm. 11], n. 472, S. 196.

[233] P. PARENTE, *L'Io di Cristo*, Brescia 1951, ³Rovigo 1981 (Zusätze auf S. 409-460)

[234] F. OCARIZ [Anm. 163]

[235] Vgl. A. FEUILLET, *Les 'ego eimi' christologiques du quatrième Évangile*, RSR 54 (1966) 5-22, 213-240)

identisch. Auch PAUL VI spricht von der einzigen Person, dem einzigen Ich Jesu in der doppelten Natur[236].

12. Um manche Unausgeglichenheiten der Erklärung Galtiers zu überwinden, schlagen J. GALOT SJ[237] und E. GUTWENGER SJ[238] vor, zwar eine Gottesschau Christi, *nicht* aber die *beseligende Gottesschau* zu bejahen. Denn es sei schwer einzusehen, wieso die durch das eingegossene und erworbene Wissen gelieferten Motive nicht einfach von der Motivationskraft absorbiert werden, die aus einer *scientia beatificans* stammen würde. In einer beseligenden Gottesschau würde die Erfüllung des Sterbeauftrages überhaupt als allseitig gut erscheinen. Die visio Christi sei also von anderer Art als die der Seligen und lasse dem Willen die Wahlfreiheit.

Doch diese Konzeption scheint vorauszusetzen, die Gottesschau hebe die Freiheit eines Aktes auf, so dass nur Akte frei sein können, die vom eingegossenen und erworbenen Wissen gelenkt werden – ein Zugeständnis, das zwar die meisten Jesuitentheologen, aber nur eine kleinere Gruppe Thomisten macht. Auch ist der angewandte Freiheitsbegriff wohl etwas zu subjektsbezogen[239].

Nach *Thomas* hat Gott bewirkt, dass sich die visio beatifica noch nicht auf die gesamte sinnenhafte Erfahrung der Menschheit Jesu auswirkte[240]. Als maßgebend gilt bis heute die thomasische Unterscheidung von den vier Arten des Erkennens Jesu, die in ihm miteinander gegeben sind: Das göttliche Wissen des ewigen Wortes (Allwissenheit), die intuitive Gottesschau der Menschheit Jesu von ihrem Beginn an, das eingegossene Wissen wie bei den Engeln, und schließlich das erworbene Erfahrungswissen, das Jesus mit allen Menschen teilt und das daher auch wachsen konnte[241]. Damit hat Thomas die Aussagen der Patristik[242] und des frühen Lehramtes zusammengefasst.

---

[236] PAUL VI, *Ansprache* vom 10. 2. 1971 (Insegnamenti di Paolo VI, IX (1971) 100

[237] J. GALOT SJ, NouvRevTheol 82 (1960), 119

[238] E. GUTWENGER, [Anm. 19], S. 153, 162-164.

[239] Vgl. Anm. 310, 243, 281

[240] THOMAS: „Virtute divinitatis Christi dispensative sic beatitudo in anima continebatur, quod non derivabatur ad corpus, ut eius passibilitas et mortalitas tolleretur; et eadem ratione delectatio contemplationis sic continebatur in mente, quod non derivabatur ad vires sensibiles, ut per hoc dolor sensibilis excluderetur". (III *s.th.* q 15 a 5 ad 3)

[241] Z. B. THOMAS, III *s. th.* q 9 a 2, q 10 a 2, 4; q 14 a 1; q 15 a 8 c

[242] Auch PETRUS LOMBARDUS lehrt die visio der Seele Christi: *Sent.* III d 14 q 9 a 2

Halten wir zunächst daran fest: Die Liebesverbindung Christi mit dem unmittelbar geschauten Gott ist nicht frei im Sinne von aufgebbar; kein Motiv wäre stark genug, ihn zum Eintausch dieses unendlichen Gutes gegen ein endliches Gut zu bewegen. Das aktuelle Erkennen des bonum infinitum bewegt den Willen notwendig (*necessitate infallibilitatis*)[243]. Diese „Notwendigkeit" der Bindung ist vollkommener als Wahlfreiheit, aber nicht verdienstlich. Seine dem Unendlichen zugeordnete Liebeskraft blieb aber frei gegenüber geschaffenen Gütern; nichts Begrenztes konnte den Willen Christi völlig gefangen nehmen. Diese Willensfreiheit hat nichts vom Zögern und Schwanken des erbsündigen Menschen, kennt auch nicht die Wahl zwischen Gut und Böse.

Wird nun aber der Wille Christi nicht auch in Bezug auf ein begrenztes Gut, nämlich das Sterbegebot, determiniert, wenn ihm dieses in seiner beseligenden Gottesschau unwiderruflich mit dem letzten Gut verknüpft erscheint? Ist nicht unter dem Eindruck der Gottesschau freies und meritorisches Handeln unmöglich? Bei den Seligen jedenfalls gibt es keine verdienstliche Freiheit mehr gegenüber Verpflichtungen.

13. Verschiedene Akzentuierungen der Antwort auf unser Problem hängen zusammen mit den verschiedenen modernen Erklärungen des *Bewusstseinslebens* Jesu[244]. Lässt sich vielleicht eine Lösung finden mit Hilfe neuerer Untersuchungen über das Ich Christi[245]? Hat vielleicht der *assumptus homo* seine eigene Freiheit, sein eigenes Bewusstsein (vgl. D. DE BASLY OFM, † 1937)[246]? Liegt die Initiative nicht vor allem beim menschlichen Willen des Sohnes, dessen Entscheidungen der Vater immer approbiert (CH. V. HERIS OP[247])? Dann

---

[243] Damit ist keineswegs ausgeschlossen, dass Christus auch in seiner Gottesliebe zugleich noch frei und verdienstlich handeln konnte, d. h. Gott lieben konnte als Motiv und Ziel der Liebe zu Geschaffenem. THOMAS: „Voluntas videntis Deum per essentiam de necessitate inhaeret Deo, sicut nunc ex necessitate volumus esse beati" (I *s. th.*, q 82 a 2). „Unde si proponatur aliquod obiectum voluntati, quod sit universaliter bonum et secundum omnem considerationem, ex necessitate voluntas in illud tendit, si aliquid velit; non enim poterit velle oppositum. Si autem proponitur sibi aliquod obiectum, quod non secundum quamlibet considerationem sit bonum, non ex necessitate voluntas feretur in illud" (*S. th.*, I, II, q 10 a 2).

[244] Vgl. Anm. 246; Literaturhinweise am Ende dieses Beitrages, S. 84

[245] Zu diesem Thema z. B. B. M. XIBERTA, *El yo de Jesucristo*, Barcelona 1954; R. HAUBST, *Welches Ich spricht in Christus?*, TrThZ 66 (1957) 1-20

[246] H. M. DIEPEN, *Assumptus-Homo-Theorie*, LThK 1 (1957) 948-949

[247] Ch. V. HERIS OP, *A propos de la psychologie humaine du Christ*, Revue Thomiste 51 (1951) 465-468; H. DIEPEN, *La dépendance psychologique de l'humanité du Christ* (ebd, 469-478 [476]).

könnte man dem göttlichen Ich die Sündenunfähigkeit zuschreiben und dem menschlichen Ich die verdienstliche Freiheit, und zwar auch die Unterlassungsfreiheit.

Jedoch: Zur *Freiheit* des Ich gehört das *'esse sui iuris'* und eine Autonomie, welche dem menschlichen Ich Christi nicht zukommen kann. Denn nur der Logos, die göttliche Person, setzt die Handlungen als verantwortlicher Träger (PIUS XII, Enzyklika *Sempiternus Rex*[248]).

14. Manche wollten einen nur *beschränkten Einfluss der Gottesschau* auf den menschlichen Willen Christi anzunehmen, um so einen restlichen Raum für selbstmächtige Entfaltung zu wahren und Unterlassungsfreiheit und Verdienstlichkeit aufrechtzuerhalten.

Der einfachste Ausweg wäre, die Gottesschau Jesu vor seiner Auferstehung oder Himmelfahrt überhaupt zu *leugnen* (wie u. a. A. GÜNTHER, G. HERMES, H. KLEE, H. SCHELL[249], E. SCHILLEBEECKX[250]), wegzuinterpretieren (K. RAHNER[251]) oder wenigstens beim Leiden des Gottmenschen ihre Suspension oder Abschwächung zu behaupten (MELCHIOR CANO[252], GREGOR VON VALENCIA SJ[253], ALFONSO SALMERON SJ[254], JUAN MALDONADO SJ[255], K.

---

[248] Enz. *Sempiternus Rex* (13. 9. 1951) (DS 3905)

[249] Vgl. oben bei Anm. 140-153

[250] E. SCHILLEBEECKX OP, *Het bewustzijnsleven van Christus*, Zijdschr. voor Theologie 1 (1961) 227–251

[251] A. GALLI OP, *Perchè Karl Rahner nega la visione beatifica in Cristo*, Divinitas 13 (1969) 417-455. K-Rahner scheint Gottesschau und hypostatische Union gleichzusetzen (*Grundkurs des Glaubens*, ⁴Freiburg 1976, 294-296), spricht nur von einem "Tiefenbewusstsein unreflexer Art von einer radikalen und einmaligen Nähe zu Gott" (ebd., S. 246) und deutet auch eine Art Irrtumsfähigkeit und Unwissenheit Jesu über sien Schicksl an.

[252] MELCHIOR CANO OP: „Gaudium fateor, ex Deo viso in voluntate necessario nasci, non secus atque ex sole lumen, calorem ex igne. Sed retraxit aliquando sol radios suos, et ne calefaceret, comprehensus est etiam ignis; quare nihil mirum videri cuipiam debet, si in hominum redemptione per hominis unius dolores explenda voluptas omnis reprimeretur, quam alias ex visione Dei proficisci naturae ratio demonstrat". *(De locis,* 12 c. 13 finis; ed. Ven. 1739, 447). Nach CANO wird also zumindest die natürliche Wirkung der visio durch ein Wunder aufgehoben. „Sicut per totam vitam Dominus gloriam animae quasi premebat, ne in corpus efflueret, sic saltem in cruce retinuit gaudium, quod suapte natura ex clara Dei notitia prodiret". (*De locis,* 12, c. 13)

[253] GREGOR VON VALENCIA SJ, *De incarnatione*, disp. 1 q 9 p. 2 (ed. Ingolstadt 1597, IV, 293): Pater prohibuit redundantiam beatificae delectationis.

[254] A. SALMERON, *Commentarii in evangelicam historiam*, tom X, tr. 11 ratio 9 (ed. Köln 1604, 112)

[255] J. MALDONATUS SJ, *in Matth.* 26, 37; ed. Paris 1651, col. 600

ADAM[256]). K. RAHNER SJ wollte die Gottesschau als eine ursprüngliche und ungegenständliche, unthematische, radikale Grundbefindlichkeit, ein „unreflexes, vielleicht gar nicht reflektiertes Wissen" der kreatürlichen Geistigkeit Jesu verstehen[257], als inneres Moment der hypostatischen Union. Doch dürften die meisten Theologen in dieser betont einschränkenden Aussage eine Abschwächung der visio oder ein nur noch verbales Festhalten daran finden. Wie sollte die so gekennzeichnete Erkenntnis zugleich unmittelbar sein? Auch scheint vorausgesetzt, dass nichtreflektierte Erkenntnis immer auch 'unthematisch' und 'ungegenständlich' ist – wobei noch unklar bleibt, was dies neben einer Abhängigkeit von Heideggerschen Wortspielereien überhaupt bedeuten könnte. Rahners Annahme einer apriorischen Bedingung des Erkennens Jesu unterscheidet sich nicht von dem, was nach seiner Philosophie für jeden Menschen gilt.

J. GALOT SJ erklärt die visio als eine Art mystische Sohneserfahrung; nicht als dauernden Zustand[258]. H. RIEDLINGER spricht von einer „Geschichtlichkeit" der Gottesschau[259]. P. SCHOONENBERG meint ganz radikal, dass Christus seine Sendung und damit seine ganze Person und Lebensaufgabe erst langsam entdeckt habe und lehnt die visio ab[260].

All dem steht der jahrhundertelange Konsens der Kirchenväter und Theologen entgegen[261]. Auch eine bekannte Erklärung des *hl. Offiziums* (5. 6. 1918) lehrt die Gottesschau Jesu[262].

Auf dem *2. Vatikanischen Konzil* rechneten sie alle Väter zum Glauben oder wenigstens zu den theologisch sicheren Wahrheiten[263]. In neuester Zeit hat sich auch die *internationale Theologenkommission* zum Thema geäußert[264]: Jesus

---

[256] Vgl. Anm. 153

[257] K. RAHNER SJ, *Dogmatische Erwägungen über das Wissen und Selbstbewußtsein Christi*, in: Schriften zur Theologie V, Einsiedeln 1962, 222, 236, 237, 245

[258] J. GALOT SJ, Anm. 237, sowie Literatur am Ende dieses Beitrages, S. 84

[259] H. RIEDLINGER, *Geschichtlichkeit und Vollendung des Wissens Christi*, Freiburg i. Br. 1966 (Quaestiones disputatae, Bd. 32) [Rez: TheolRev 64 (1968) 131–133: R. Haubst], S. 159;

[260] P. SCHOONENBERG, *Ein Gott der Menschen*, Einsiedeln 1966, 133 ('s Hertogenbosch 1969);

[261] Vgl. Anm. 156-159

[262] DS 2183

[263] Vgl. J. A. RIESTRA, *La scienza di Cristo nel Concilio Vaticano II: Ebrei 4, 15 nella Costituzione dogmatica «Dei Verbum»*, Annales Theologici 2 (1988) 119

[264] Vgl. die Literaturangaben am Ende des Beitrages, S. 84

erkannte auch in seinem menschlichen Wissen schon vor seinem Tode seine Bestimmung und den Ratschluss des Vaters mit Klarheit[265]; an dieser Tatsache ändern auch Schwierigkeiten mancher Exegeten etwa mit den „Naherwartungsstellen" nichts. Die Annahme einer ignorantia privativa im menschlichen Bewusstsein Jesu würde seine verdienstliche Freiheit nicht vermehren, sondern mindern; zudem steht ihr die altkirchliche Verurteilung des *Agnoetismus* entgegen[266]. Der *Katechismus der katholischen Kirche* von 1992 lehrt dasselbe[267] und zitiert *Gregor den Großen* und *Maximus Confessor*.

Die Tatsache der visio Jesu steht also mit zumindest theologischer Gewissheit fest – auch wenn die Erklärungen im Einzelnen variieren. Die Gottesschau besagt ja nicht Allwissenheit, sondern dass Christus auch als Mensch alle Dinge *in Verbo* erkannte, d. h. nicht unbedingt auch in ihnen selbst im Detail. Denn primärer Gegenstand der visio ist Gott selbst, die göttliche Wesenheit (1 Joh 3, 2). So kann man möglicherweise interpretieren: Christus „schaute nur das im Detail an, was der Vater ihm zeigte", er sah Außergöttliches „wie man ein Haus anschaut, ohne auf Einzelheiten zu achten[268]".

---

[265] Jesus sagte sein Leiden und seine Auferstehung voraus (Mk 8, 31 ff.; 9, 3.30 ff.; 10, 32 ff.); er hatte kein Zeugnis nötig, weil er „wusste, was im Menschen war" (Joh 2, 25); er hatte die Kardiognosis und wusste vorher vom Verrat des Judas (Mk 14, 18; Joh 6, 7, vom Tod des Lazarus (Joh 11, 11 ff., der Verleugnung (Mk 14, 30; Joh 13, 38) und Liebe (Joh 21, 17) des Petrus. Vgl. die Literatur am Ende S. 84

[266] SOPHRONIUS VON JERUSALEM (560-638) sieht in den Agnoeten Häretiker (PG 87, 3147-3200), ebenso MAXIMUS CONF. (*De sectis*, PG 86, 1232-1261); schon Papst VIGILIUS sprach eine Verurteilung aus (DH 419), GREGOR DER GROSSE wandte sich (ca. 600) mit dem Schreiben *,Sicut Aqua'* gegen *Themistius* (DS 475)

[267] „Die menschliche Natur des Sohnes Gottes kannte und bekundete in sich – nicht von sich aus, sondern aufgrund ihrer Vereinigung mit dem Wort – alles, was Gott zukommt" (KKK, 473)

[268] A. ZIEGENAUS, *Katholische Dogmatik*, Bd. 4, Aachen 2000, S. 442

Zwar meinten gelegentlich einige, sogar von einem „Glauben Jesu"[269] sprechen zu können. Doch dies widerspricht aller Tradition und muss als theologisch widerlegt, ja als nestorianisierend gelten (*J. A. Sayés*[270]*; T. X. Tran*[271]) – wenn man nicht irrtümlich Glaube einfach mit Treue und vollkommener Hingabe gleichsetzt[272] und seinen wesentlichen Bezug zu autoritativ vermitteltem begrenztem Erkennen ignoriert. Auch schon *Thomas* erklärt, dass die Gottesschau den Glauben bei Christus selbst ausschließt[273]; Christus komme alles zu, was Glaube und Hoffnung an Vollkommenem einschliesse, nicht aber ihre Unvollkommenheiten[274]. Christus verlangt Glauben an seine Person wie an die des Vaters (Joh 14, 1), er ist Urheber und Vollender des Glaubens (Heb 12, 2), und nicht auf Zeugnisse anderer angewiesen.

„Christusglaube" bedeutet so viel wie Glauben an Christus (Gal 2, 16 spricht klar von der Rechtfertigung durch den Glauben *an* Christus) bzw. Christentum (*genetivus obiectivus*); niemals spricht die Hl. Schrift vom Glauben

---

[269] J. SOBRINO, *Cristología desde America Latina. Esbozo a partir del seguimento del Jesús histórico*, Mexico 1976, ²1977, 67-94; C. PALACIO, *Vergleichende Untersuchung einiger moderner Christologien im Hinblick auf den Gehorsam Jesu*, Concilium 16 (1980) 656-663; P. CODA-CH. HENNECKE, *La fede. Evento e promessa*, Roma 2000, 9-32, B. FORTE, *Jesús de Nazareth*, Madrid 1983, 198 ss.; J. GUILLET SJ, *Was glaubte Jesus?*, Salzburg 1982 (Paris 1980). Recht unklar zum Thema J. AUER, *Kleine katholische Dogmatik, Bd. IV, 1*, Regensburg 1986, 364-370.
ROMANO PENNA, *La Fede di Gesù e le Scritture di Israele*, Rassegna di Teologia 48 (2007) 5-17.
K. F. ULRICHS (*Christusglaube. Studien zum Syntagma „pistis Christou" und zum paulinischen Verständnis von Glaube und Rechtfertigung*, Tübingen 2007) bringt eine Untersuchung alttestamentlicher Texte und verweist auf die Gehorsamshaltung des historischen Jesus: Zwar sei es weder in der Tradition begründet noch in der Kirche üblich, Jesus als Glaubenden zu bezeichnen. Doch Jesus habe die Glaubensbekenntnisse des Judentums seiner Zeit bejaht und bekannt. Ulrichs betrachtet vor allem die Menschheit Jesu und warnt vor Monophysitismus – gerät aber selbst in die Nähe des Adoptianismus: „Il dato tipico della fede cristiana, infatti, non è che un uomo sia diventato dio, ma che Dio abbia assunto pienamente per sé un uomo nella totalità della sua inculturazione, e quest'uomo è l'israelita Gesù". (S. 17).

[270] Vgl. die ausführliche Studie von J. A. SAYÉS, *Cristo tuvo fe?*, Ciencia Tomista 131 (2004) 217-247

[271] TÂM X.TRAN, *The beatific vision of Christ the wayfarer (viator) and his faith*, Angelicum 81 (2004, 1) 85–120

[272] H. URS VON BALTHASAR vertritt einen derartigen weiteren Begriff von Glauben: vgl. H. DONNEAUD OP, *H. Urs von Balthasar contre s. Thomas d'Aquin sur la foi du Christ*, Revue Thomiste 97 (1997) 335-354.

[273] THOMAS, *S. th.*, III q 7 a 3 c

[274] „Quidquid est perfectionis in fide et spe, totum convenit Christo; solum autem quantum ad id, quod imperfectionis est de ipso negatur" (*De ver.*, q 29 a 4 ad 15)

Jesu an den Vater – oft jedoch davon, dass er ihn „sieht" (Joh 1, 18; 3, 11; 3, 32; 5, 19; 6, 45-46; 8, 38 („*heóraken*"); 8, 55 (*εγω δε οιδα αυτον*); vgl. auch Mt 11, 25-27). Vom Glauben ist im Johannesevangelium über hundertmal die Rede; er wird aber nie Jesus selbst zugeschrieben. Die biblischen Texte lassen nicht daran zweifeln, dass Christus seine Offenbarer-Vollmacht nicht aufgrund einer von ihm empfangenen Offenbarung oder vom Glauben her hat, sondern dass sie ihren Ursprung in dem direkten Erkennen hat, dass er vom Vater besitzt. Die Gottesschau Christi zu leugnen impliziert notwendig auch die Leugnung der absoluten Gnadenfülle und Einheit seiner Seele mit der Trinität[275]. Ein menschliches Bewusstsein der Gottessohnschaft wäre ohne Gottesschau nicht denkbar.

15. Ein aussichtsreicher Ansatz für eine Lösung scheint die *Gottesliebe* Christi zu sein[276] – wenn man sie nicht gespalten und doppelgleisig denkt wie einige Dominikaner und Jesuitentheologen. Denn nach Lehre einer großen Gruppe von Thomisten ist in *einunddemselben Akt* der Gottesliebe Christi ein *doppelter Terminus* zu unterscheiden: Gottes Vollkommenheit, insofern sie Grund ist, ihn selbst und seine Wesenseigenschaften zu lieben (*Deus in se et absolute*) und Gottes Vollkommenheit als Grund der Liebe zu Geschaffenem, dem sich diese Vollkommenheit frei mitgeteilt hat (*Deus ut ratio formalis diligendi creaturas*). Insofern das unmittelbar geschaute *summum bonum* als solches geliebt wird, ist die Gottesliebe unfehlbar gegeben; sie ist frei, insofern das höchste Gut Grund ist, die Kreatur zu lieben. Christus hat nicht durch die Liebe Verdienste erworben, insofern sie caritas comprehensoris war, sondern durch die caritas viatoris (THOMAS[277]). Der eine Akt der Selbstliebe Gottes ist notwendig, und doch zugleich frei, insofern er auf die Kreatur bezogen ist[278]; analog zu dieser unendlichen Liebe sei Jesu Gottesliebe zu begreifen: sie sei sowohl „notwendig" wie auch verdienstlich, jeweils unter anderer Rücksicht. Ähnlich

---

[275] F. OCARIZ, L. F. MATEO-SECO, J. A. RIESTRA, *El misterio di Jesucristo: lecciones de cristología y soteriología,* EUNSA, Pamplona 1991, (²1993), 223

[276] Dies entspricht wohl auch ganz dem Geiste des hl. THOMAS: „Ubi sciendum est quod quidquid in mysterio redemptionis humanae et incarnationis Christi, totum est opus caritatis. Nam quod incarnatum est, ex caritate processit. ... Quia vero mortuus fuit, ex caritate processit . . . Et ideo scire caritatem Christi, est scire omnia mysteria incarnationis Christi et redemptionis nostrae, quae ex immensa caritate Dei processerunt, quae quidem excedit omnem intellectum creatum et omnium scientiam, cum sit incomprehensibili cogitatu" (*ad Eph.* 3, 19, lectio 5 n. 178).

[277] THOMAS, III *s. th.* q 19 a 3 ad 1

[278] THOMAS, I *s. th.* q 19 a 3, a 2

könne auch der Wille jedes Menschen in einem einzigen Akt zugleich Ziel und Mittel wollen oder zugleich Farbe und Licht sehen[279]. Christus liebe Gott zugleich notwendig (*Deus in se*) und in freiem Gehorsam (*Deus ut ratio formalis diligendi mortem redemptricem*). Auch die Gottesschau lässt also Christus das Sterben nicht als allseitig gut erscheinen. (Vgl. JOHANNES A S. THOMA OP[280], DOMINGO BANEZ OP[281], DIDACUS ALVAREZ[282], JUAN DE LUGO[283], ALEXANDER SEBILLE[284], J. P. NAZARIUS[285], P. DE GODOY[286], J. H. GONET[287], CH. R. BILLUART[288], A. LEPICIER[289], G. KOPF[290]).

---

[279] Vgl. THOMAS, I, II *s. th.*, q 8 a 3, q 12 a 4

[280] JOHANNES a S. THOMA, *De incarn.*, disp. 17 a 3, n. 14.

[281] DOMINGO BAÑEZ: „Tandem colligamus inter omnes creaturas intellectuales perfectissimam libertatem operandi fuisse in anima Christi Domini, quoniam divinae libertati super omnes maxime assimilata est . . . in hoc etiam assimilabatur Deo, qui seipsum necessario amat, nos autem libere. Sic et anima Christi Domini Deum ipsum necessario diligit et omnia media, quae habent necessariam connexionem et ab intrinseco cum assecutione illius finis, scilicet cum visione beatifica animae Christi, et ita vult lumen gloriae, proprium intellectum et suum esse. Reliqua vero, quae ab intrinseco non habent necessariam connexionem cum assecutione finis, quamvis habeant illa ex suppositione praecepti, libere volebat". (*in I s.th.*, q 19 a 10 corroll. 3; ed. Ven. 1585, 382 s.; ed. Douai 1614, 255 s.). Vgl. vor allem auch II, II, q 23 a 3; ed. Ven. 1602, 748 s.

[282] DIDACUS ALVAREZ, *De incarnatione*, disp. 45 n. 2-24 (ed. Romae 1613, 287).

[283] JUAN DE LUGO, *De incarn.*, disp. 27 sect. 1 n. 1-5 (ed. Vivès, III, Paris 1892, 41-43).

[284] ALEXANDER SEBILLE OP: „Respondeo Vincenti, nec me hoc respondere, quod plerique illi, nempe meritum Christi fundatum fuisse super alio actu, quam beatificae caritatis . . . Nam restat alia via longe diversa . . .: sustinendo nempe cum sancto Thoma, eundem quidem actum amoris beatificae in Christo liberum et meritorium fuisse; non tamen absque indifferentia secundum illam rationem, secundum quam liber et meritorius erat. Pro quo scire oportet, quod bonitas divina clare visa, etiam quatenus immediate attingebatur ab anima Christi per actum dilectionis beatificae, potest dupliciter considerari. Primo secundum se et absolute; et secundum hanc rationem anima Christi sicut per dilectionem beatificam diligebat Deum necessario, ita secundum eandem nec diligebat libere, nec meritorie. Secundum potest considerari eadem bonitas divina secundum quod in actuali exercitio erat ratio formalis diligendi creaturas, praesertim rationales, pro quibus Christus mortuus est; et sub hac ratione idemmet actus dilectionis beatificae, sicut erat liber et meritorius, ita pariter habet suam indifferentiam: sicut namque Christus amore beatifico taliter diligebat ipsas creaturas, ut eas eadem caritate posset non diligere, ita pariter illo amore diligebat bonitatem divinam secundum istam rationem, nempe quatenus in exercitio erat ratio formalis illas diligendi, ut posset prout sic non diligere". *(Divi Augustini et ss. Patrum de libero arbitrio interpres thomisticus adversus Cornelii Jansenii ep. Yprensis doctrinam prout defensatam in Theriaca Vincentii Lenis theologi Arausicani*, lib. 4, c. 13; ed. Mainz 1652, 298). Cf. 1. 3 c. 1 sect. 18.

Ansätze für eine Lösung

Ein Rückblick auf die Theologiegeschichte zeigt uns also eine Reihe von misslungenen Lösungsversuchen: Eine erste Gruppe schränkt den Verpflichtungscharakter des *Leidensgehorsams* und Sterbebefehls ein, um Raum für Sündenunfähigkeit und wahre Freiheit zu gewinnen. Eine zweite Gruppe schwächt die Unsündlichkeit ab, indem sie ihre Wurzeln, die *gratia unionis* und die *visio* ausklammert. Eine dritte Gruppe lässt bei Christus nur eine verkümmerte menschliche Freiheit bestehen oder opfert die *libertas indifferentiae*. Gemeinsam ist allen drei Typen, dass sie jeweils eine Komponente des Problems zu wenig berücksichtigen. Gerade darin besteht ihre theologische Schwäche. Keine dieser Lösungen konnte sich daher bisher allgemein durchsetzen.

Ohne gleich eine fertige neue Lösung zu bringen, sind doch wohl aus der historischen Dimension des Problems einige Gesichtspunkte zu gewinnen, welche die Bedingungen für eine Lösung feststellen und die Richtung deutlicher machen, in der sie gesucht werden müsste.

1. Eine fruchtbare theologische Argumentation setzt eine genaue Kenntnis und sorgfältige Berücksichtigung sämtlicher in Frage kommender positiver Offenbarungsgegenbenheiten voraus. Eine Lösung muss allen Gegebenheiten des depositum fidei *unverkürzt* gerecht werden, also: nicht nur der faktischen Sündenfreiheit Christi, sondern auch der durch die Gottesschau bedingten physischen Unmöglichkeit der Sünde und der durch die hypostatische Union bedingten metaphysischen Unsündlichkeit[291]; dem strengen und

---

[285] JOHANNES PAULUS NAZARIUS OP, *in I s. th.,* q 63 a 6 controv. 1 p. 2 (ed. Köln 1621, t. 3, 379).

[286] P. DE GODOY, *De gratia* disp. 40, p. 5 n. 30-37 (ed. Ven. 1696, 306 a.).

[287] J. B. GONET, *Clypeus theologiae thom., De incarn.,* disp. 21 a 2 n. 49; cd. Vivès, Paris 1876, V, 794).

[288] C. R. BILLUART OP, *De incarn.,* diss. 18 a 4 § 3 (ed. Paris 1904, III, 57).

[289] A. LEPICIER, *De incarnatione,* p. 105

[290] G. KOPF, [Anm.11]

[291] Bei protestantischen Theologen wird gewöhnlich die Unsündlichkeit und Gottesschau Christi nicht deutlich gesehen und daher die ganze Problematik verfehlt. Z. B. REGIN PRENTER erklärt: „Die Geschichte kann bestenfalls versuchen, eine einzigartige moralische Hoheit und religiöse Vitalität nachzuweisen. Aber das ist nicht Sündlosigkeit". Die Sündlosigkeit „kann als das Messiasbewusstsein ein Stück Gemeindetheologie sein, ein Glaubenspostulat ohne Stütze in der Wirklichkeit" *(Schöpfung und Erlösung,* Göttingen 1960, 412). P. ALTHAUS stellt nur die Frage nach der Sündlosigkeit Jesu, nicht nach seiner Unsündlichkeit *(Die christliche Wahrheit.* Lehrbuch der *Dogmatik,* Gütersloh 1925, 425).

unbedingten Gebotscharakter des göttlichen Leidensauftrages; und ebenso muss sie die zu einem Verdienst notwendige echt menschliche Freiheit unverkürzt bestehen lassen.

2. Es hängt notwendig mit dem Geheimnischarakter der Offenbarung zusammen, dass Versuche einer spekulativen Synthese oft sehr gefährdet und mangelhaft sind. Zwar wird relativ leicht eine äußerliche logische Harmonisierung erreicht, doch die Offenbarung selbst dann irgendwo verkürzt[292]. Daraus ergibt sich: Wir müssen uns davor hüten, vorschnell positive Lösungsversuche aufzustellen aus Besorgnis vor Antinomien, die aus den verschiedenen Offenbarungsgegebenheiten folgen könnten. Besser ist es, sich zunächst auf den Nachweis zu beschränken, dass keine direkten Widersprüche vorliegen, d. h. jede behauptete Leugnung der Harmonisierungsmöglichkeit, alle angeblichen Argumente gegen die Verträglichkeit der Glaubenssätze zurückzuweisen und die irrigen Konsequenzen der Leugnung aufzuzeigen. Auf diese Weise behaupten wir noch nicht gleich, auch schon positive Einsicht in die Vereinbarkeit und Harmonisierungsmöglichkeit zu haben. Denn Widerlegbarkeit der Negation ist nicht einfach gleichbedeutend mit positiver Beweisbarkeit – dies hat auch die moderne intuitionistische Logik wieder neu deutlich gemacht[293]. Diese Zurückhaltung bewahrt uns vor dem Kurzschluss, mehrere Aspekte des Problems, deren Zusammenhang nicht positiv erklärbar scheint, auch für unvereinbar zu halten und dann einen davon abzuschwächen.

Es gibt Erklärungen, die mehr Probleme machen, als sie vorgefunden haben. Eine Uhr in ihre Teile zu zerlegen, ein Problem zu analysieren, ist gar nicht so schwer – aber es wird peinlich, wenn man die Teile dann nicht wieder zusammen bringen kann. So hat man auch in der Theologie manchmal neu erfundene Wortgebilde präsentiert, die keine Erkenntnishilfe bedeuten, sondern noch zusätzliche Schwierigkeiten machen: Erinnert sei nur an die Worte „Transfinalisation", „Transsignifikation" oder „Umstiftung" als angebliche Verbesserungen des Begriffes Verwandlung bzw. *Transsubstantiation.* Ähnliches gilt von nicht wenigen Ansätzen K. Rahners (z. B. *Subsistenzweise* statt *Person*).

---

[292] Mit Recht tadelt FRANZELIN derartige vorschnelle Scheinantworten, welche die bisherige Arbeit der Theologen verächtlich übersehen: „Patet ex dictis recentiores quosdam theologos (vide H. Klee), dum rident veterum haesitationes et ingentes conatus ad rem, ut ipsis videtur, tam facilem explicandam, aut non intellexisse, quae libertas requiratur ut conditio meriti, aut non considerasse, quae sit Christi hominis impeccantia". *(De Verbo incarnato,* ³Rom 1881, 422).

[293] Vgl. V. RICHTER, *Logik und Geheimnis,* in: Gott in Welt, Festg. K. Rahner, Freiburg 1964, I, 188-206

3. Manche Lösungsversuche leiden daran, dass sie die innermensch-lichen, ja infralapsarischen Seiten der Freiheit zu linear auf die Freiheit Christi übertragen[294]. Der neuere sog. anthropologische Ansatz verschattet leicht schon längst gewonnene Einsichten und gerät in die Nähe des Nestorianismus oder naturalistischen Psychologismus.

Bei menschlichen Begegnungen neigt man ja gern dazu, die eigenen Vor-stellungen, Ideen und Wünsche auf den anderen zu übertragen und so dessen wirliches Sein zu verkennen. Wissenschaftler bilden hier keine Ausnahme; nicht wenige haben sich Gott allzu menschlich vorgestellt, mit einer Art Pro-jektion der eigenen Ideen. So haben auch einige „Christologien" derart psy-chologisiert, dass sie praktisch Jesu Gottheit ignorierten und die Eigenart sei-ner Menschheit verkannten. Eine ausgewogene Theologie der Freiheit Christi muss derartigen Gefahren wirksam begegnen können. Dazu braucht es vor allem eine Haltung der Ehrfurcht vor dem Mysterium. „Gewaltig und gren-zenlos wie seine Liebe ist die Freiheit Jesu Christi. Niemals werden wir sie ganz begreifen können"[295]. Nur wenn wir von der Liebe Gottes ausgehen, können wir auch seine Freiheit ein wenig verstehen. Christus ist mehr von seiner freien Liebe als von den Nägeln ans Kreuz geheftet worden ist. Was äußerlich gesehen die größte Beeinträchtigung seiner Freiheit schien, war zu-gleich die höchste Verwirklichung seiner Freiheit durch die gott-menschliche Liebe zum himmlischen Vater. So lehrt uns Christus, dass der Mensch in sei-nem Egoismus seine Kraft vergeudet, wenn er Erfüllung in allen möglichen zeitlich-begrenzten Dingen sucht, die er für sich will. Doch, einmal abgesehen von der Gebrechlichkeit durch die Sünde, liebt das menschliche Sein an sich Gott als höchstes Gut mehr als sich selbst, und allein die Gottesliebe hat die nötige Kraft, alle zerstreuten und unzureichenden Kräfte auf ein gemeinsames Ziel hin zu lenken (*Thomas*)[296].

Die Willensfreiheit Christi ist nicht primär anthropologisch, sondern chris-tologisch zu sehen, als Freiheit nicht eines blossen Menschen, sondern als

---

[294] K. Rahner behauptet ganz allgemein: „Kreatürliche Freiheit ist immer das Wagnis des Unüberschauten". *(Schriften z. Theol.* IV, Einsiedeln 1960, 153). Vgl. *Schriften z. Theol.,* V, Ein-siedeln 1962, 230. Die Konsequenz der missverständlichen Formulierungen scheint unver-meidlich: Entweder muss die Erkenntniskraft Christi oder seine Freiheit eingeschränkt wer-den.

[295] J. Escrivá de Balaguer, *Freunde Gottes (Amigos de Dios,* Madrid 1977), n. 26

[296] Thomas: "Amor Dei est congregativus, inquantum affectum hominis a multis ducit in unum. ... Sed amor sui disgregat affectum hominis in diversa, prout scilicet homo se amat appetendo sibi bona temporalia, quae sunt varia et diversa" (I,II *s. th.* q 73 a 1 ad 3)

Freiheit des Gottmenschen. Dieser *christologische* Aspekt bedingt, dass man Christi menschlichen Willen und den Raum seines aktiven Einsatzes deutlich abgrenzt, sowohl gegenüber dem Willen eines blossen Menschen, als auch gegenüber dem rein göttlichen Willen, und schließlich auch abgrenzt gegenüber dem unverrückbar festen und nicht mehr verdienstlichen Willen der Seligen.

Freiheit, insbesondere die Freiheit Christi, ist als analoge Vollkommenheit zu verstehen, als Abbild des unendlich vollkommenen Gottes, wobei die Ähnlichkeiten und Unähnlichkeiten näher zu untersuchen sind. Die höchste Vollendung eines Willens ist in Gott verwirklicht im unendlich vollkommenen unverlierbaren Besitz des actus purus im innertrinitarischen Leben, dann verschieden bei den einzelnen Engeln, bei ihnen aber größer als bei den Menschen[297]; ferner im Gnadenstand größer als unter der Knechtschaft der Sünde.

4. Ungenügend ist der Versuch, unser Problem zu lösen durch Reduktion auf die allgemeinere Frage nach dem Miteinander von sicherem göttlichem *Vorauswissen* und menschlicher Freiheit[298]. Denn diese Schwierigkeit hat die theologische Tradition seit langem einleuchtend beantwortet, indem sie erklärt, „necessitas infallibilitatis" bedeute noch nicht Genötigtsein, sicheres Geschehen heiße nicht gleich erzwungenes Geschehen.

5. Unbefriedigt lässt auch die Reduktion unseres Problems auf die allgemeinere Frage nach dem Miteinander von Freiheit und *unfehlbarer Gnadenführung*, oder von Freiheit und *Sündenlosigkeit*[299]. Denn die besondere Schwierigkeit besteht gerade darin, dass Christus schon ontologisch–physisch durch die hypostatische Union und die Gottesschau zum Tun des Guten und zur Erfüllung des Gebotes determiniert scheint, nicht erst durch nachfolgende und „äussere" wirksame Gnaden; ihm scheint schon von seiner konkreten menschlichen Natur her die Entscheidungsfreiheit unmöglich gemacht. Gelegentlich versuchte man die Schwierigkeit damit auszuräumen, dass man einfach erklärte, Christus sei zwar nicht *de potentia consequente* frei gewesen, nicht zu gehorchen, wohl aber *de potentia antecedente et in sensu diviso gratiae*. Aber diese Antwort ignoriert die Unsündlichkeit Christi und lässt die Möglichkeit einer Ablehnung des gebotenen Todes offen zumindest für den Fall, dass man von

---

[297] THOMAS: "Libertas a necessaria coactione nobilius invenitur in Deo quam in angelo, et in uno angelo quam in alio, et in angelo quam in homine" (*In Sent.* II d 25 q 1 a 4 sol.)

[298] Vgl. S. 31 (oben Abschnitt II, 1)

[299] Vgl. Anm. 161

der Gnade Christi absieht. Doch bei Christus ist eine *impeccabilitas absoluta et antecedens* anzunehmen.

6. Unbefriedigend scheint auch die Reduktion des Problems auf die Frage nach der Vereinbarkeit von Freiheit und *Sündenunfähigkeit*[300]. Denn die Antwort darauf lautet: Freiheit und Unsündlichkeit schliessen sich nicht aus, da auch der unendlich heilige Gott frei ist; die *libertas contrarietatis* ist nur eine unvollkommene Form der Freiheit; es bleibt auch dem unsündlichen Menschen die Wahlfreiheit im gesamten Bereich des Guten (*libertas specificationis*). Das Problem besteht aber darin, dass beim gebotenen Tode Christi ein einziger Weg vorgezeichnet ist, ja sogar die Unterlassungsfreiheit zerstört scheint. Denn wer ein bestimmtes Gebot nicht verletzen kann, scheint es notwendig erfüllen zu müssen, d. h. nicht mehr frei.

7. Eine Fehlbeurteilung der Eigenart unserer Wahlfreiheit macht eine Lösung unmöglich.

Die Wahlfreiheit gehört nicht wesensnotwendig zu jedem Willensakt und ist nicht einfach seine höchste Vollkommenheit[301]. Sie ist nicht wie eine rein subjektive Qualität ohne Rücksicht auf den Gegenstand des Aktes bei jeder rationalen Tätigkeit gegeben.

Allgemein anerkannt ist, dass der Wille aus seiner innersten Natur heraus auf das Gute hingeordnet ist. Wo dem Willen das höchste Gut evident entgegentritt, kann er sich nicht davon abwenden; er liebt es unfehlbar. Gegenüber Teilgütern dagegen kann der Wille frei wählen, da er innerlich notwendig auf das Unendliche gerichtet ist und seine Dynamik letztlich nur durch den Besitz des höchsten Gutes erfüllt werden kann. Geschöpfliche Freiheit hat ihre Wurzel darin, dass die Erkenntnis ein bonum nur als Teilgut präsentiert – auch z. B. das summum bonum in nur analoger Erkenntnis –, und dass der Wille, der seinen endgültigen Terminus noch nicht erreicht, dieses bonum nur als *ein*

---

[300] Z. B. E. HUGON OP, *Tractatus dogmatici vol. II, De Verbo incarnato*, [5]Paris 1927, 601; *Le mystère de l'incarnation,* [4]Paris 1925, 296, 301; J. POHLE-GUMMERSBACH, *Lehrbuch der Dogmatik,* Bd. II, [10]Paderborn 1956, 153 f.

[301] Der Satz: "Ubi rationalitas, ibi necessario libertas" (JOHANNES SCOTUS ERIUGENA, *De praedest.* 8, 5) bedarf also notwendig der näheren Erläuterung. Es ist auch recht missverständlich, wenn J. B. METZ die Freiheit als transzendentalen Begriff bestimmt und auf Differenzierungen verzichtet. Vgl. die Kritik von G. DE GIER MSC gegenüber A. DURAND SJ: „Vrij te zijn is niet eigen aan het willen als zodanig, d. i. aan alle daden van het wilsvermogen zonder uitzondering; het zou voor alle trouwens geen perfectie zijn. Vrij te zijn is eigen aan de wil, en dan ook een perfectie voor hem, in betrekking tot sommige wilsobjecten (bona particularia)". (G. DE GIER, ebd. [Anm. 15], S. 69).

bonum bejaht, nicht als *das* bonum schlechthin[302]. Bei Teilgütern folgt eben der Wille nicht spontan und quasi automatisch der Erkenntnis.

In der unmittelbaren Gottbegegnung der Seligen ist eine höchstbewusste, aber nicht mehr meritorische Selbstverfügung und Herrschaft über die eigenen Handlungen gegeben. Soll man diese unverlierbare lebendige Erfülltheit durch das höchste Gut Freiheit nennen? Wären dann nicht auch der unendlich vollkommene, rein aktuelle Selbstbesitz des actus purus der göttlichen Liebe oder die innertrinitarischen Akte frei zu nennen und nicht notwendig, wie bei *Thomas* und im *Vaticanum I*[303]? Zunächst geht es hier um eine terminologische Frage. Antwortet man mit Ja, dann muss man unbedingt diese Art der Freiheit (etwa als „Wesensfreiheit") deutlichst unterscheiden von der Willensfreiheit, die auf Endliches gerichtet ist und auch Potentialität einschließt, und diese letztere Freiheit wiederum darf nicht einfach gleichgesetzt werden mit der verdienstlichen Freiheit des Pilgerstandes. Andernfalls droht ein Rückfall in jansenistische Unklarheiten[304], – eine gerade heute recht akute Gefahr. Um nicht in eine allgemeine Konfusion der Begriffe zu geraten, ist es notwendig, die klare Terminologie des hl. Thomas zu berücksichtigen und mit ihm zu unterscheiden zwischen dem *voluntarium* – gegenüber dem Glück – und dem *liberum arbitrium* – gegenüber den einzelnen Teilgütern[305]. Sonst würde man schließlich den Begriff menschliche Freiheit völlig abtrennen von dem der Verantwortlichkeit und Verdienstlichkeit. Geschöpfliche Freiheit schließt Indifferenz und Potentialität ein: sie ist nicht restlos aktuelle Selbstverfügung des Willens, nicht Bestimmtsein durch Erreichen des letzten Terminus, sondern aktive Indetermination, ein Verfügen–können, Potenz zur Überwindung

---

[302] H. WORONIECKI OP untersucht kritisch die üblichen Definitionen der Freiheit; er stellt häufige Überbetonung der subjektiven Seite fest und gelangt schliesslich zu folgender Definition: „Libertas humana est dominium voluntatis supra proprium actum erga omne obiectum inadaequatum appetitui boni infiniti". (*Pour une bonne définition de la liberée humaine*, Ang 14 (1937) 146-153) (Dazu: S. GEMMEL SJ, Schol 12 (1937) 547-551; N. CAMILLIERI, Salesianum 11 (1949) 350).

[303] Vgl. Anm. 203 (DS 3025)

[304] Vgl. Anm. 210, 183

[305] THOMAS, I *s. th.* q 19 a 10 c; cf. ib., a 3. Cf. I, II *s. th.* q 10 a 2 ad 3). Vgl. L. LEAHY SJ, *Dynamisme volontaire et jugement libre. Le sens du libre arbitre chez quelques commentateurs thomistes de la renaissance*, Paris 1963; J. MARITAIN, *L'idée thomiste de la liberté*; RThom 45 (1939) 440-459; B. TELLO, *La esencia del libre albedrio*, Sapientia 9 (1954) 124-137; F. BOURASSA SJ, *La liberté sous la grâce*, Sciences Eccl. 9 (1957) 49-66, 95-127; A. D. SERTILLANGES, *La Philosophie de s. Thomas d'Aquin*, Paris 1947, II, 191-229.

des noch bestehenden Abstandes vom Objekt; sie setzt ein Wollen voraus, das seine intentionale Richtung noch nicht voll und unwiderruflich festgelegt hat, dass sich in der Begegnung mit Gott noch verwirklichen kann und erfüllen lassen kann, das noch Mittel zum Ziel wählen kann, weil es sie noch nicht ergriffen hat, und dem so noch ein gewisser Selbstüberstieg möglich ist.

Somit bedeutet Wahlfreiheit gegenüber dem höchsten Gut als solchem auch Unvollkommenheit des Verstandes und Willens; sie tendiert dahin, in der vollkommenen Gottesliebe aufgehoben zu werden. Das Höhere ist die unverlierbare Bindung an das unendliche Gut. Der aktuelle Besitz der *beatitudo* lässt keinen unausgefüllten Raum, alle nur denkbaren Wünsche sind mehr als erfüllt, etwas „außerdem" zu wünschen ist innerlich unmöglich. Der Wille liebt dann Gott „notwendig", ja „notwendiger" als hier das Glück. Wahlfreiheit kann ein vollkommener personaler Wert sein nur gegenüber den Teilgütern, denn dabei besagt sie Nichteingeengtsein auf Begrenztes.

8. Unüberwindliche Schwierigkeiten entstehen, wenn der Begriff der Freiheit so weit gefasst wird, dass er notwendig auch die *libertas contrarietatis,* das Sündigenkönnen, einschließt. Zwischen gut und böse wählen können ist jedoch nur eine unvollkommene Form der Freiheit. Die Möglichkeit der Sünde gründet ja darin, dass dem Willen ein Scheingut als wahres Gut erscheint; ein Teilgut als höchstes Gut, oder umgekehrt das summum bonum als Teilgut erscheinen kann. Verlangen nach dem Bösen schließt immer auch Unwahrsein der praktischen Erkenntnis mit ein[306]. Sünde bedeutet Missbrauch der Freiheit, nicht etwa ihre volle Betätigung. Sündigenkönnen konstituiert also nicht die Freiheit, sondern ist nur manchmal ein Zeichen für sie (ANSELM[307], THOMAS[308]) – ähnlich wie Krankheit ein Zeichen für das Vorhandensein von Le-

---

[306] THOMAS, Qu. *disp. de malo*, q 16 a 6 ad 11

[307] Vgl. Anm. 7 (viele Textangaben).

[308] THOMAS : „Liberum arbitrium quamvis possit in bonum et in malum, tamen per se in bonum ordinatum est; et ideo illud, quod impedit ipsum a bono, simpliciter impeditivum ipsius est et corruptivum; et propter hoc libertas ab eo quod impedit a bono simpliciter libertas dicitur, quae est libertas a peccato; quod autem impedit illum a malo, quod corruptio eius est, non est impeditivum eius nisi secundum quid: sicut etiam cum corrumpitur ignorantia in homine, dicitur corruptio secundum quid. Hoc autem quod a peccato impedit, est iustitiae rectitudo in ratione existens: et inde est, quod libertas a iustitia non est libertas simpliciter, sed secundum quid". (*in Sent.* II d. 25 q 1 a 5 ad 2). (Cf. I *s. th.* q 62 a 8 ad 3). „Liberum arbitrium Christi non erat determinatum ad unum secundum numerum, sed ad unum secundum genus, scilicet ad bonum, quia in malum non potest; sed tamen hoc potest facere et non facere, et hoc non excludit libertatem arbitrii, quia posse peccare non est libertas arbitrii nec pars libertatis, ut dicit Anselmus. ... Et haec quidem determinatio ex perfectione

ben ist, oder wie Irrtum der Erkenntniskraft nicht entspricht und sie nicht vervollkommnet, sie jedoch anzeigt. Wenn also bei Christus die *libertas contrarietatis* fehlt, dann fehlt ihm nur ein Mangel. Er war in vollem Sinne frei, wenn er die *libertas specificationis* oder *exercitii* (die Freiheit zur Wahl unter verschiedenen Gütern oder die der Tatsetzung) hatte. Sein Gehorsam konnte frei sein, auch wenn er nicht frei war zum Ungehorsam. Freiheit bedeutet, sich selbst zum Guten bestimmen zu können, das Gute lieben zu können. Je mehr jemand liebt, desto freier ist er[309].

9. Unrichtig ist es auch in einem größeren *Umfang des Wahlbereiches* gleich ein Zeichen vollkommenerer Freiheit zu sehen. Gewiss, wenn mehr wählbare Werte erkannt sind, ist auch die Freiheit größer als bei schwächerer Erkenntnis. Aber die Zahl der praktischen Wahlmöglichkeiten als solche dürfte kaum ein Maß abgeben für die Freiheit einer Entscheidung; es kommt vielmehr darauf an, wie weit ein zu wählendes Teilgut dem höchsten Gut nahe bringen kann, wie stark der Wille ist, es auch trotz entgegenstehender Schwierigkeiten zu ergreifen und sich so selbst zu bestimmen. Deshalb wäre Christus nicht freier gewesen, wenn er – das Sterbegebot vorausgesetzt – noch andere Wege gehabt hätte, sein Ziel zu erreichen, wenn er zwischen vielen leichteren und schwereren Mitteln hätte wählen können. Bei Christus ist also die faktische Beschränkung auf einen einzigen Weg, den Kreuzweg, kein Zeichen einer unvollkommenen Freiheit, da bei ihm die Wurzel dieser Einschränkung nicht äusserer, physischer Zwang ist und nicht eine verengte Erkenntnis, die nicht alle Möglichkeiten sehen würde. Willensfreiheit bedeutet demnach nicht notwendig, dass dem Willen die praktische Wahl gestellt ist zwischen mehreren Mitteln; sie ist aber immer ein Verhalten gegenüber einem als Teilgut oder analog erfassten Wert, also einem Wert, der aus sich heraus nicht determinierend ist, den aber der Wille in seiner Selbstbestimmung determinierend werden lässt (*indifferentia dominatrix iudicii et voluntatis circa obiectum non ex omni parte*

---

liberi arbitrii contingit secundum quod per habitum gratiae et gloriae terminatur in eo ad quod naturaliter est ordinatum, scilicet in bono; quia liberum arbitrium quamvis in nobis se habeat ad bonum et ad malum, non tamen est propter malum, sed propter bonum". (*in Sent.* III d. 18 q 1 a 2 ad 5). Cf. q 22 a 6 c; *De verit.* q 24 a 9 ad 5; *in Sent.* II d. 7 q 1 a 1 ad 4, ad 3; d 25 q 1 a 1; *in Sent.* III d. 12 q 2 a 1 ad 2; *De malo* q 16 a 5 c.

Cf. LEO XIII, Encyclica *Libertas*, ASS 20 (1887) 593; Anm. 193-195; SCOTUS, *in Sent.* II, dist. 44 q. unica (ed. Vivès, Paris 1893, t. 13, p. 497 n. 2).

[309] THOMAS: „Quanto aliquis plus habet de caritate, plus habet de libertate: quia *ubi Spiritus Domini, ibi libertas*" (*In 2 Cor* 3, 17)

bonum[310]). Freiheit setzt nicht voraus, dass ich mehrere wählbare (Teil–)Werte miteinander vergleiche, sondern es genügt, dass ich *ein* begrenztes Gut als nicht wesensnotwendig determinierend erfasse. Entscheidend für die Beurteilung der Grösse der Freiheit ist also nicht einfach der Umfang des Wahlbereiches oder die *libertas specificationis*, sondern die Freiheit der Tatsetzung (*libertas exercitii*). Unter vielen bunten Steinen wählen können ist nicht mehr wert als die Möglichkeit, die eine kostbare Perle zu gewinnen. Was wir oft zur Freiheit unbedingt notwendig zu brauchen glauben: einen breiten Raum zur „Entfaltung der Persönlichkeit", verschiedenartige Einflussmöglichkeiten auf andere usw., tritt bei Christus ganz in den Hintergrund. Seine Freiheit manifestiert sich nicht primär in der Fülle der rein menschlichen Möglichkeiten, sondern seine höchste Freiheit findet er gerade darin, dass er sich bindet an eine Möglichkeit, an den einen Weg des Kreuzes.

10. Eine wahre und höchst vollkommene Freiheit bei Christus muss also zwar keine Freiheit zum Bösen und auch nicht unbedingt und immer die Auswahlmöglichkeit unter mehreren Gütern einschliessen, wohl aber die *libertas indifferentiae* oder *exercitii*. Im Falle des Gebotes scheint diese nun aber mit der *libertas contrarietatis* identisch zu sein, denn frei sein zum Nichtgehorchen ist anscheinend auch frei sein zum Sündigenkönnen.

Gehört jedoch zur Freiheit wirklich die faktisch–konkrete Unterlassungsmöglichkeit, wie oft vorausgesetzt wird? Zunächst gilt offensichtlich: während jemand frei gehorcht, ist es ihm natürlich nicht möglich, im selben Moment nicht zu gehorchen. Aber muss die Gehorsamstat nicht wenigstens im vorhergehenden Augenblick unterlassen werden können?

Dazu ein Vergleich: Ein Bergsteiger, aufgefordert, eine schwierige Passage zu überwinden, schafft dies selbständig; ein Zurückbleiben ist aber auch unmöglich, wenn seine Kräfte versagen, da ihn der Bergführer auf jeden Fall am Seil heranholen würde. Also: Nicht die Unausbleiblichkeit einer Tat als solche steht der Wahlfreiheit entgegen, sondern die innere Unfähigkeit zu selbstmächtiger positiver Entscheidung (aus welcher natürlich ebenfalls unvermeidliches Geschehen folgen kann). Freiheit Christi in der Annahme des Todes schließt nicht ein, dass auch der konkrete Entschluss der Ablehnung zustande kommen könnte, oder dass er den Tod formell als gebotenen Tod unterlassen könnte. Vielmehr genügt folgendes als Bedingung seiner Freiheit: Leiden und Tod sind als solche kein summum bonum, das den Willen ganz erfasst und die Freiheit aufhebt; sie sind auch nicht von sich aus unlösbar mit

---

[310] G. DE GIER MSC, ebd. [Anm. 15], S. 68

dem höchsten Gut verknüpft. Sie bleiben nicht nur begrenzte Werte, sondern sogar physische Übel, auch wenn unter dem Eindruck der Gottesschau die durch das Gebot bedingte faktische Verbindung mit dem höchsten Gut klar aufleuchtet. Das Hinzukommen des Gebotes ändert nichts an der bestehenden wesentlichen Selbstmacht und aktiven Indifferenz des Willens ihnen gegenüber; das Gebot determiniert nur „moralisch", aber nicht physisch, und hebt nicht ihre Endlichkeit auf. Der Wille Christi blieb gegenüber dem Tod frei, weil seine menschliche Erkenntniskraft den Tod nicht als solchen wesensnotwendig verbunden mit dem unendlich vollkommenen Willen Gottes präsentierte[311], sondern sogar auch als *malum*, als Hindernis, welches durch Eigeneinsatz der Willenskraft überwunden werden musste. Weder die hypostatische Union noch die Gottesschau können am Gegenstand dieser Einsicht etwas ändern und die Erkenntnis zu einer determinierenden machen[312]. Christus hat sich auch mit seinem menschlichen Wollen nicht einfach passiv in einen notwendigen Tod gefügt und das natürliche Widerstreben durch äußere Kräfte überwinden lassen, sondern seine eigene Entscheidung eingesetzt. Christi Wille war zwar nicht frei zum Widerspruch gegen das Gebot, wohl aber „frei zum Nicht-Wollen" – im rein negativen Sinne und nicht privativ

---

[311] Beachtenswert sind hier insbesondere die klaren Erläuterungen von D. BAÑEZ, *in 1 p. s. Thomae* q 19 a 10 doc. 3; ed. Douai 1614, 254 s.

[312] Somit würden wir nicht ohne weiteres zustimmen, wenn F. MALMBERG erklärt: „ Weil es (das Sterben im Gehorsam) aber auf denkbar innigste Weise mit dem Allgut verbunden ist, muss sich dieses Teilgut Christus darbieten, nicht allein als simpliciter bonum, sondern als simpliciter bonum in höchstmöglichem Masse, so dass seinem frei en Willen keine 'Wahl' blieb". (ebd. [Anm. 2], S. 122]. Oder wenn E. GUTWENGER ausführt: „Denn der Sterbeauftrag, der in der visio beata gegeben wird, bindet den Willen zwangsweise an die Ausführung des Auftrages; oder mit anderen Worten: er hebt die Freiheit des Willens unter dieser Rücksicht auf. In der Gottesschau, die beseligend ist, muss die Erfüllung des Sterbeauftrages als allseitig gut erscheinen, insofern sie mit dem Besitz des unendlichen Gutes unlösbar verküpft ist, der Besitz des unendlichen Gutes jedoch keine Wahlfreiheit gegenüber diesem Besitz gestattet". (ebd. [Anm. 19], S. 162).
Demgegenüber sei folgendes bemerkt: Gegenstand des freien Willens Christi ist zunächst einfach das Sterben, nicht der Sterbeauftrag nur formell als gebotenes Tun. Die Verknüpfung mit dem unendlichen Gut hebt den Leidcharakter nicht auf. Moralische Bindung und faktisch-konkrete Unmöglichkeit des Ausbleibens eines Aktes heben die Freiheit nicht auf; Christi Wille ‚wählt' etwas, das gegen seinen natürlichen Lebenswillen gerichtet ist und gegenüber summum bonum ein Teilgut ist und bleibt. Die unauflösbare Verbindung mit dem höchsten Gut würde nur dann mit innerlich nötigender Kraft wirken und die Freiheit aufheben, wenn es sich um eine wesensnotwendige Verbindung handelte (vgl. Anm. 281). Der Tod Christi ist aber nicht innerlich notwendig vom Wesen seiner Gottesliebe gefordert. Auf keinen Fall kann von einer 'zwangsweisen' Bindung die Rede sein.

verstanden[313] –, insofern er sich selbst vom Nicht-Gehorsam zum Gehorchen bewegen musste.

Man kann also Christus nicht die Wahlfreiheit des Willens absprechen, auch wenn der Ungehorsan nicht die geringste Spur des Guten für ihn an sich hatte. Das Nichtgehorchen erscheint ihm nicht als Wert, es könnte nicht einmal Scheinwert für ihn sein; aber deshalb sieht er das Gehorchen noch nicht als allseitigen Wert. Der Wille ist nicht zum Ja determiniert, weder vom Objekt noch von seiner Natur her. Auch das Erkennen des Mehrwertes von Gehorchen gegenüber Nicht-gehorchen nötigt ja den Willen nicht. Somit ist es kein notwendiges Kriterium für die libertas indifferentiae, dass eine Handlung in der konkreten Situation auch tatsächlich unterbleiben kann.

Eine bekannte Unterscheidung der Thomisten: „*libertas in sensu diviso – necessitas in sensu composito praecepti*" ist wohl in diesem Sinne zu verstehen. Freiheit Christi *in sensu diviso praecepti* bedeutet somit nicht: „ohne die Tatsache des Gebotes", d. h. hypothetische Freiheit[314], sondern: *praecisive a praecepto,* abstrahiert vom Gebot. Zwar ist das Zusammen von Gebot und faktischer Unterlassung bei Christus ausgeschlossen, nicht aber Gebot und Unterlassenkönnen in Bezug auf den Tod als solchen (*potestas proxima omittendi mortem secundum se*). Das Übersichverfügenkönnen des Willens wird durch das Gebot nicht genommen; gegenüber dem Tod als solchem bleibt die *indifferentia dominatrix*[315]. Eine echte Potenz des Willens Christi ist gegeben, die jedoch keine Sündenfähigkeit einschließt, denn das natürliche Nichtsterbenwollen, das Christus durch freien Willenseinsatz überwand, ist keine Sünde.

11. Setzt man unbehinderte geistige Spontaneität und Freiheit des Willens gleich (VAN LEUWEN, DE BAETS, DURAND)[316], so gelangt man nur zu einer Scheinlösung des Problems. Denn menschliche Freiheit ist nicht einfach das Entbinden der personalen Kräfte durch Erkenntnis und Gnade, nicht einfach

---

[313] Cf. DIDACUS ALVAREZ, *De incarn.,* in III s. th. q 8 a 2 disp. 46 n. 18, 20 (ed. Lyon 1614, 286 f.). *De auxiliis,* disp. 116 b. 12 s. (ed. Köln 1622, 916 s.); J. B. GONET, *Clypeus theol. thom., De incarn.* disp. 21 a 3 n. 84 ss. (ed. Paris 1876, t. V, 802 ss.); R. GARRIGOU-LAGRANGE, Acta Pont. Academ. Rom. s. Thomae 12 (1946) 100 ss.; PETRUS DE MATILLA OP, *Tractatus de impeccabilitate Christi Domini ab q 15 III partis angelici doctoris,* Ms: Bologna, Archig. A 704 fol. 200-254; A. SEBILLE OP [Anm.193].

[314] Vgl. S. 47 (oben Abschnitt III, 4); PETRUS DE MATILLA OP, ebd.

[315] Vgl. zu diesem Terminus: THOMAS, *S. th.,* I, II q 10 a 1.

[316] Vgl. Anm. 204-207

nur Befreitheit von Schuld und Selbstverhaftung[317]. Freiheit wird nämlich als Mächtigkeit zum Guten nicht nur vom Subjekt, sondern auch vom Objekt und Ziel des Wollens her bestimmt[318]; sie ist nicht einfach Selbstbestimmung, die auf sich selbst gerichtet ist, sondern verwirklicht sich im Gegenüber und wird überhöht in der vollkommensten personalen Begegnung mit Gott, der Liebe, wo die Aktivität des eigenen Ich in einer größeren Bewegung aufgeht. Kompromisse mit dem individualistisch-subjektivistischen Freiheitsbegriff der Aufklärung oder des Existenzialismus müssen also unfruchtbar bleiben. Die natürliche Zielstrebigkeit des Willens zum Guten ist klar abzuheben von der freiwillentlichen Entscheidung, um die allein es hier geht. Das naturhafte Streben des Willens zum Guten überhaupt ermöglicht zwar die Wahlfreiheit und steht an ihrem Anfang, ist aber nicht damit identisch. Begründet werden kann diese wichtige Unterscheidung z. B. dadurch, dass es viele spontane Willensakte gibt, die nicht verdienstlich sind (etwa vor einem Entschluss), und dass es im Himmel gegenüber Gott als letztem Ziel keine Wahlfreiheit mehr gibt. Würde man undifferenziert jeden zwangsfreien oder jeden willentlichen Akt

---

[317] H. SCHLIER erklärt die Freiheit als Freiheit von der unentrinnbaren Verfallenheit des Daseins an den Tod, setzt Freiheit anscheinend gleich mit Befreitheit durch die Gnade, stellt aber nicht die Frage nach den Grenzen der Freiheit und der Eigenart verdienstlicher Freiheit: „So wie es (das Dasein) vorkommt, hat es sich immer schon gegen Gott, gegen die Wahrheit und gegen das Leben, für sich selbst, für die Täu schung und für den Tod entschieden. Und indem es vorkommt, legt es sich immer von neuem auf diese Entscheidung fest". „Kommt der Mensch abseits von Christus Jesus immer nur von dem sich selbst verfallenen Dasein her, so kann er jetzt von einem eben nicht sich verfallenen, sondern in Gott sich haltenden, in seinem Lichte sich erschliessenden, zum Leben offenen Dasein herkommen". (*Über das vollkommene Gesetz der Freiheit*, in: Die Zeit der Kirche, Freiburg 1956, 199 f.). Könnte man aus dieser Formulierung nicht herauslesen, dass alle Werke der Ungläubigen und Sünder auch Sünde seien? Und wäre dann nicht auch die - nicht meritorische - Gottesliebe der Seligen frei im höchsten Sinne? Es ist nicht beachtet, das zur Wahlfreiheit eine Begrenztheit von seiten des Objektes gegeben sein muss.

[318] G. DE GIER, ebd., S. 70. DUNS SCOTUS erklärt: „Ideo teneo viam mediam, quod tam voluntas quam obiectum concurrat ad causandum actus volendi, ita quod actus volendi est a voluntate et ab obiecto cognito ut a causa effectiva". (Zitiert bei C. BALIC, in: RechTheolAncMed 3 (1931) 202).
Eine ,subjektivistische' Begriffsbestimmung gibt dagegen K. RAHNER: „Freiheit ist ursprünglich nicht das Vermögen der Wahl irgendeines Gegenstandes oder einer einzelnen Verhaltensweise diesem oder jenem gegenüber, sondern die Freiheit des Selbstverständnisses, die Möglichkeit, zu sich selber ja oder nein zu sagen, die Möglichkeit der Entscheidung für oder gegen sich selbst, die dem wissenden Bei-sich-selbst-sein, der erkennenden Subjekthaftigkeit des Menschen korrespondiert". (*Schriften zur Theologie* VI, Einsiedeln 1965, 223).

frei nennen, so wäre die eigentliche Problematik der verdienstlichen Freiheit
Christi noch gar nicht deutlich geworden. Mit der allgemeinen Annahme einer
„Wesensfreiheit" ist die Eigenart der verdienstlichen Freiheit noch nicht hinreichend erklärt. Auch die Skotisten, welche gern von einer *libertas essentialis*
sprechen, lehnen es ausdrücklich ab, für eine Lösung unseres Problems davon
auszugehen[319]. Jedenfalls lassen viele neuere Versuche die bereits früher gewonnene begriffliche Klarheit vermissen und bringen mehr Probleme als sie
lösen möchten[320].

Bereits MAXIMUS CONFESSOR[321] bietet im Anschluss an LEONTIUS VON
BYZANZ und SOPHRONIUS VON JERUSALEM als Lösung (für die Schwierigkeit
eines nach Mk 14, 36 par vermuteten Willensgegensatzes bei Christus) die
klassische Unterscheidung zwischen *thelesis* und *bulesis*, d. h. der Tendenz jedes
Naturwillens, ein Übel, z. B. Krankheit zu vermeiden, und dem Entschei-
dungswillen, der sich dem Naturwillen entgegenstellen kann, z. B. den Arm
opfern will, um das Leben zu erhalten. THOMAS unterscheidet ebenso die
voluntas ut natura und die *voluntas ut ratio*[322]. Gemeint sind nicht zwei menschliche Willen, sondern eine zweifache Möglichkeit der Aktivität: Sich von der
Naturtendenz bestimmen zu lassen oder die entgegengesetzte Wahl treffen.
Die Aussage Christi: *Nicht was ich will, geschehe*, bezieht sich nur auf den Naturwillen, die *voluntas ut ratio* ist immer gleichförmig mit dem Willen des Vaters,

12. Manche Formulierungen, welche die verdienstliche Freiheit einseitig
der *Person als solcher* zuzuordnen scheinen[323], sind zumindest missverständlich.

Denn wäre die Freiheit einfach durch das Personsein als solches bestimmt,
müsste man sie bei Christus, der keine menschliche Person ist, verneinen.

---

319   BARTH. MASTRIUS DE MELDULA erklärt gegen einige Nominalisten, man müsse hier
        weiter vordringen zum Begriff der Freiheit zumindest im Sinne einer *indifferentia ad agendum
        et non agendum remota* (*in Sent.* III, disp. 3 q a 1, q 9 a 3 n. 381 s., a. 4 n. 397; ed. Ven. 1719, p.
        127, 185, 188).

320   Die genannten Unterscheidungen haben auch für die Praxis entscheidende Bedeutung.
        Denn die Verwechslung von Spontaneität und Freiheit hat in den letzten Jahren eine ver-
        hängnisvolle Rolle z. B. in der Pädagogik gespielt. (Vgl. S. EPISCOPO OP, *Crisi di obbedienza,
        crisi di comando*, Osservatore Romano 5. 4. 1967, p. 6).

321   J. M. GARRIGUES, *L'instrumentalité rédemptrice du libre arbitre du Christ chez saint Maxime le Confes-
        seur*, Revue thomiste 104 (2004, 4) 531–550 ; M. DOUCET, *La volonté humaine du Christ, spécia-
        lement en son agonie. Maxime le Confesseur, interprète de l'Écriture*, Science et Esprit 37 (1985) 123-
        159

322   THOMAS, *s. th.* III q 18 a 2-6

323   So z. B. R. BERLINGER, *Was ist Freiheit*, PhilJahrb 66 (1957) 238

Richtig ist es natürlich, die Freiheit nicht nur abstrakt als Fähigkeit des Willens, sondern auch als ganzmenschliche Hingabe zu verstehen.

13. Die Reduktion unseres christologischen Problems auf eine Frage der *Anthropologie* kann nicht befriedigen; sie würde Freiheit als isoliertes „Element" der menschlichen Geistigkeit Jesu verstehen und schließlich das Selbstverständnis der Freiheit eines sündigen Menschen in Christus hineintragen. Wohl können wir z. B. aus der theologischen Lehre über das Verhältnis von göttlicher Gnade und menschlicher Freiheit fruchtbare Analogien gewinnen. Nur berücksichtigen diese Analogien noch nicht die Einzigartigkeit der Verbindung von Göttlichem und Menschlichem in der Person Christi, einer personalen Einheit von schärfsten Gegensätzen. Aus der Unvollkommenheit dieser Analogien folgern wir nun nicht extrem skotistisch eine abnorme Ausnahmesituation für den Verdiensterwerb Christi, sondern suchen eine Ergänzung durch Analogien „von oben", von einem Verständnis der Freiheit und Liebe Gottes und der Freiheit der Seligen her. Zum besseren Verstehen der Freiheit Christi führt uns dann in erster Linie die gottmenschliche Liebe Christi, eine „actio theandrica", ein zugleich „notwendiger" und freier Akt, der auch den verdienstlichen Todesgehorsam trägt. Denn Gottesliebe und verdienstliches Handeln Christi sind nicht so scharf voneinander getrennt, wie etwa VÁZ-QUEZ behauptet hat[324].

Ergebnisse

Versuchen wir nochmals *zusammenfassend*, den Raum der Freiheit Christi deutlicher zu machen:

Christi menschlicher Wille war durch die Gottesschau und die dadurch bedingte vollkommene Gottesliebe in der unmittelbaren Präsenz des höchsten Gutes. Er war wie der Wille der Seligen in Bezug auf Gott (*Deus in se*) „unfrei" (er hatte nur die *libertas a coactione*), und zwar im Sinne einer Überhöhung der Freiheit, d. h. es blieb keinerlei unausgefüllte Dynamik des Strebevermögens, Christus konnte nicht das höchste Gut als blosses Teilgut erfassen und beja-

---

[324] GABRIEL VAZQUEZ: „Mihi vero multo probablilius semper visum est, Christum non meruisse per affectum ullum caritatis et dilectionis erga Deum, sed per opera aliarum virtutum, tam circa se quam circa proximum, non solum per ea quae erant in consilio, sed etiam quae erant in praecepto. … " *(Commentaria ac disputationes in III p.* q 19 a 4 disp. 74 c. 3 n. 11; ed. Alcalá 1609, 778; ed. Lyon 1631, 497). MATTH. KELLISON: „Dico Christum non meruisse per amorem Dei super omnia" (in III s. th. q 19 a 3 dub. 3; ed. Douai 1633, 163).

hen[325]. Denn in der Gotteschau wird unmittelbar der *Deus totus* geschaut, wenn auch nicht *totaliter*.

Ein begrenztes Gut jedoch konnte als solches die freie Selbstbestimmung des Willens Jesu nicht determinieren. Wenn unser Wille, dem das summum bonum nicht in der Gottesschau präsent ist und der überdies durch die Erbsünde geschwächt ist, in einem begrenzten Gut seine Erfüllung suchen kann, dann nicht so bei Christus. Wenn Christus die Freiheit zur Sünde fehlte, so ist dies kein Mangel, keine Einengung des Willens, sondern Fehlen eines Mangels, nämlich Überlegenheit über jede nur mögliche täuschende Anziehungskraft irgendeines Objektes. Christus konnte wie die Seligen unter verschiedenen endlichen Werten wählen (*libertas specificationis disparatae*); aber er kannte nicht die *libertas contrarietatis*, bei der ein Unwert einen schwachen Willen zu determinieren vermag.

Dennoch bleibt ein entscheidender Unterschied auch zur unsündlichen Freiheit der Seligen: Bei von Gott gebotenen Dingen, auch wenn es sich um endliche Dinge handelt, handeln die Seligen nicht mehr in verdienstlicher Freiheit. Wenn eine innerlich notwendige Verbindung mit dem höchsten Gut gegeben ist, so leuchtet sie in der beseligenden Gottesschau so sehr auf, dass der gesamte Wille davon erfüllt und zu einem allseitig als Gut empfundenen Wert hin determiniert wird. Da keine leidvollen Schwierigkeiten mehr zu überwinden sind, kann bei den Seligen die „*voluntas sensualitatis et naturalis*" nichts anderes wollen als die „*voluntas ut ratio*". Christus aber konnte wirklichen Schmerz und Todesnot fühlen. Daher war noch ein besonderer Einsatz seiner freien Willenskraft zur Erfüllung des Sterbegebotes erforderlich. Das Gegebensein von zu überwindenden Schwierigkeiten und kämpferischer Willensanstrengung ist nämlich notwendige Bedingung für meritorisches Handeln[326]; dies gilt, obwohl dann das Maß des Verdienstes weniger von der eigenen Mühe her bestimmt wird, als vielmehr von der Größe der Gnade und Liebe und dem Wert des verrichteten Werkes[327]. Das ihm von Gott aufgetragene Leiden hatte auch für Christus noch nicht allseitig den Charakter eines *bonum*. Leiden

---

[325] Vgl. Anm. 243

[326] 2 Tim. 2, 5: „*Non coronabitur, nisi qui legitime certaverit*". ARISTOTELES: „Virtus est circa difficile et bonum" (3 *Ethic.* c. 2; 1105, 1, 7-13).

[327] Die Angestrengtheit der Selbstbeherrschung gehört zu den Anfangsstufen der Aszese; dagegen ist das freudige und bereitwillige Tun des Geübten verdienstlicher. Denn die Grösse der Tugend wird nicht nach dem Gesichtspunkt des Schwierigen, sondern dem des Guten gemessen (THOMAS, *S. th.* II, II q 123 a 12; q 155 a 4).

und Sterben hat ja für jedes Geschöpf seiner innersten Natur nach den Charakter eines *malum*, denn es ist gegen das esse der Natur gerichtet. Dass dieses malum von Gottes Willen geboten ist, hebt nicht auf, dass es in sich ein malum ist.

Jedes Übel wirkt aber auf jeden Willen, jede *voluntas ut natura*, abstossend. Jedem erkannten malum gegenüber ist die Reaktion jedes Willens naturnotwendig ein Nicht–Wollen.

Dieses malum präsentierte sich nun Christus als ein Gottgewolltes, und zwar in unmittelbarer Gottesschau. Diesem ihm so evidenten Willen Gottes als solchem war der Wille Christi sowohl aus der Natur seines Willens (*voluntas ut natura*) wie aus seiner persönlichen geistigen Entscheidung (*voluntas ut ratio*) heraus fest verbunden. Dennoch enthielt dieser Wille Gottes ein Teilgut, das als solches das menschliche Wollen nicht notwendig an sich zieht[328], ja der Wille Gottes enthielt ein naturwidriges malum – eben das Sterben –, und auch der göttliche Wille änderte die innerste Natur dieses malum nicht; er konnte nicht bewirken, dass das Sterben ein Nichtsterben war. Diesem malum gegenüber reagierte auch der natürliche Wille Christi, seine *voluntas ut natura*, mit Widerstreben; seine *voluntas ut ratio* aber mit freiwilliger Bejahung. Rein vom Wesen des Willens her gesehen hätte seine bewusste Entscheidungskraft, die *voluntas ut ratio,* sich auch auf die Seite seiner das Leiden ablehnenden *voluntas ut natura* schlagen können[329]. Es ist also die personale Entscheidung seines geistigen Willens, dass er die *voluntas ut ratio* gegenüber der *voluntas ut natura* durchsetzte[330]. Hier ist also der Ort seines Gehorsams, durch den er unsern Ungehorsam sühnte, und zugleich der Ort seiner Freiheit, durch die und zu der er uns befreit hat: *„qua libertate nos liberavit"* (Gal 4, 31).

Freisein heisst für Christus also nicht, dass er, vor die Entscheidung Leben oder Sterben gestellt, die rechte Wahl traf und sich nicht durch ein Scheingut blenden ließ (*libertas contrariae vel disparatae specificationis*), sondern dass er etwas höchst Leidvolles, den gebotenen Tod, bejahte, der als solcher auch für ihn

---

[328] G. DE GIER: „Christus Staat tegenover een van Godswege geboden dood. Maar dit objeet, waarnaar Zijn wil unitgaat en met Verdienste, is niet het algoed. Het is en blijft ecn deelgoed, ook onder het licht van de hoogste kennis, de zaligende schouwing. Dit voorwerp uit zieh determineert Hern niet. Dat sluit echter niet in dat Hij dus ook het gebod kan overtreden (Zonde doen)". (ebd. [Anm. 15], S. 73).

[329] JOHANNES A S. THOMA, *De incarn., in III s. th.* q 18 a. 5; ed. Lyon 1663, 292

[330] Besonders beachtenswert sind hier die Formulierungen des hl. THOMAS: III *s. th.* q 47 a 2 ad 2.

ein Teilgut, ja sogar ein physisches Übel war und ihn nicht determinieren konnte; Seine Freiheit hatte noch nicht völlig den *status comprehensoris* erreicht, in dem nichts Leidvolles mehr von Gott geboten wird; obwohl keine Freiheit zur Sünde, war sie noch unvollkommen.

Auch Christi unsündlicher Gehorsam bedeutet einen noch endlichen Wert, der von der unendlichen Gottesliebe intensiver erfasst, ja gleichsam absorbiert und überstiegen werden konnte. Christus war so lange gehorsam, als er den Willen des Vaters auch als einen anderen schmerzlich erfahren konnte; also nicht mehr nach der Auferstehung. Die noch bestehende Spannung zwischen *voluntas ut ratio* und *voluntas ut natura* unterscheidet das verdienstlich freiwillige Tun Christi von den Willensakten der Seligen; bei Christus konnte sich spontan Widerwillen, Ekel, Traurigkeit und Angst einstellen.

Der freiwillige und verdienstliche Gehorsam Christi führte ihn aber dazu, dass sein menschlicher Wille auch da, wo er nur zeitliche Werte, Leid und Schmerz umfasste, zur höchsten Erfüllung des Strebevermögens gelangte; dass endliche unvollkommene Freiheit aufgehoben wurde in die höchste personale Bindung an den unendlich Guten, aufgehoben in eine „*necessitas*", in der Endliches auf die vollkommenste Weise teilnimmt an der unendlichen innergöttlichen Liebe. Diese Liebe ist uns nirgends überzeugender geoffenbart worden als am Kreuz, wo der menschgewordene Sohn auf Anweisung des Vaters das freiwillige Opfer seines Lebens brachte, *damit wir der Sohnschaft teilhaft würden* (Gal 4, 5). Dies geschah in vollem Bewusstsein seines menschlichen Erkennens, mit den eingegossenen Gaben des umfassenden Wissens und mit der Gottesschau[331].

Der natürliche Widerwille gegen ein drohendes Übel vermag den Willen wie nichts anderes auf das entsprechende Teilgut zu fixieren. Christus aber sah nicht nur die physische Qual des Sterbens, das übermenschliche Opfer vor sich, sondern auf ihn drangen auch alle Sünden und Bosheiten des ganzen Menschengeschlechtes in der Geschichte ein und erregten seinen Abscheu. Dennoch ließ er sich durch nichts anderes binden als durch das „*vinculum perfectionis*" (Kol 3, 15), blieb frei und unabhängig sogar gegenüber den mächtigsten Spontanregungen seines Naturwillens, indem er sie dem allein unterordnete, „*cui servire regnare est*". Die Bindung der menschlichen Seele Christi an den unendlichen Gott wurde so intensiv, dass sie sich stärker als jede Abhängigkeit von Begrenztem erweisen musste, dass sie sogar die Bindung von Leib und Seele in einer *extasis amoris* sprengen konnte.

---

[331] Literaturangeben am Ende dieses Beitrages, S. 84

So ist deutlich geworden: Der Freiheitsvollzug Jesu hat exemplarische und allgemeine Bedeutung, er ist in erster Linie Gott, aber auch den Menschen zugewandt. Freiheit ist nicht Selbstverwirklichung im Sinne eines autistischen Selbstbezuges oder autonome Setzung von Zielen, sondern sie verwirklicht sich erst dann in höchstem Masse, wenn sich der Mensch in selbstloser übernatürlicher Liebe ganz an Gott binden lässt. Dann wird er von Zwang und Grenzen unvollkommener Bindungen frei und unabhängig soweit es einem Geschöpf überhaupt möglich ist, wenn alles von der Dynamik des unendlichen göttlichen Willens erfasst ist: *„Wer sich aber hineingebeugt hat in das vollkommene Gesetz der Freiheit und darin verbleibt, wer nicht ein vergesslicher Hörer ist, sondern ein tätiger Vollbringer, wird selig werden in seinem Tun"* (Jak 1, 25). Wahre Freiheit und Selbsthingabe sind untrennbar miteinander verbunden: sie gehören zur Freiheit der Kinder Gottes. „Wer sich nicht als Sohn Gottes weiß, kennt nicht die innerste Wahrheit seines Seins, und es fehlen ihm in seinem Handeln die Würde und die Überlegenheit jener, die den Herrn über alles lieben" (*J. Escrivá de Balaguer*[332]).

Die Liebe Christi kann nun auch unsere Unvollkommenheiten, ja unseren Tod an sich ziehen und verwandeln, weil Freiheit und Gehorsam eines menschlichen Willens in der höchsten auf Erden denkbaren Vollendung und innigsten Verbindung beim Tode Christi verwirklicht worden sind. Nur so konnten unüberwindliche Abhängigkeiten, ja sogar die Fessel der Todesfurcht gesprengt werden, so dass sich immer mehr die Verheissung des Johannesevangeliums erfüllt: *„Wenn der Sohn euch frei macht, werdet ihr wahrhaft frei sein"* (Joh 8, 36).

„Die Freiheit erhält ihren wirklichen Sinn erst dann, wenn sie im Dienst der erlösenden Wahrheit ausgeübt wird, wenn sie aufgeht im Verlangen nach der unendlichen Liebe Gottes, die die Fesseln jeder Knechtschaft von uns nimmt"[333]. „Gewaltig und grenzenlos wie seine Liebe ist die Freiheit Jesu Christi. Niemals werden wir sie ganz begreifen können. Aber die unermessliche Kostbarkeit seines freiwilligen Sühneopfers müsste in uns den Gedanken wecken: Warum hast Du mir, Herr, dieses einzigartige Vorrecht eingeräumt, das mich fähig macht, Deinen Schritten zu folgen, aber auch, Dich zu beleidigen? So lernen wir den rechten Gebrauch der Freiheit schätzen, wenn sie in den Dienst des Guten gestellt wird; aber auch das Ausmaß der Verirrung können wir so ermessen, wenn Freiheit die Menschen den größten aller Liebeser-

---

[332] J. ESCRIVÁ DE BALAGUER, *Amigos de Dios*, n. 26 (*Freunde Gottes*, Köln 1979, S. 66)
[333] Ebd., n. 27

weise vergessen und verschmähen lässt. ... Macht es euch klar: Um den Himmel zu gewinnen, müssen wir uns in Freiheit ganz an Ihn verdingen – mit der ungeteilten und beharrlichen Entschiedenheit des Willens. Aber die Freiheit genügt sich nicht selbst. Sie braucht einen Kompass, der ihr die Richtung weist. *Die Seele kann sich nicht bewegen ohne jemanden, der sie leitet. Und sie ist erlöst worden, damit sie Christus zum König hat, dessen Joch sanft und dessen Bürde leicht ist* (Mt 11, 30), *und nicht den Teufel, dessen Herrschaft bedrückt* (vgl. Gal 4, 31). Versagt euch den Trugbildern derer, die es bei dem traurigen Geschrei "Freiheit, Freiheit!" bewenden lassen. Oft verbirgt sich dahinter eine tragische Knechtschaft; denn sich für den Irrtum entscheiden befreit nicht; der einzige, der wirklich frei macht, ist Christus, denn nur Er ist *der Weg, die Wahrheit und das Leben"* (vgl. Jo 14, 6)[334].

„Aber – so könnte jemand einwenden – wenn wir das, was wir von ganzem Herzen lieben, erreicht haben, werden wir dann noch weitersuchen? Ist dann nicht unsere Freiheit dahin? Nein, dann ist sie tätiger denn je, weil die Liebe sich nicht mit stumpfem Erledigen oder lustlosem Weitermachen zufrieden gibt. Lieben heißt, jeden Tag aufs Neue mit Dienen, mit Werken der Liebe zu beginnen.

Ich wiederhole es, denn ich möchte es jedem von euch wie mit Feuer ins Herz schreiben: Freiheit und Hingabe sind kein Widerspruch. Sie tragen sich gegenseitig. Die Freiheit kann man nur aus Liebe hingeben; jeder andere Verzicht auf sie ist mir unbegreiflich. Es geht dabei nicht um irgendein Wortspiel. In der frei gewählten Hingabe erneuert die Freiheit immer wieder die Liebe; und sich erneuern heißt immer jung sein, mit einem weiten Herzen, zu großen Idealen und großen Opfern fähig. [...]

Aus Liebe zur Freiheit binden wir uns. Einzig und allein der Hochmut betrachtet solche Bande als bleierne Fessel. Die wahre Demut, die uns der lehrt, der sanftmütig ist und demütig von Herzen, sie zeigt uns, dass sein Joch sanft und seine Bürde leicht ist (vgl. Mt 11, 29-30). Das Joch ist die Freiheit, das Joch ist die Liebe, das Joch ist die Einheit, das Joch ist das Leben, das Er uns am Kreuz verdient hat" (*J. Escrivá de Balaguer*[335]).

---

[334] Ebd., n. 26

[335] J. Escrivá de Balaguer, *Amigos de Dios*, n. 31 (*Freunde Gottes*, Köln 1979, S. 71-72)

Literaturhinweise zur Gottesschau und zum menschlichen Wissen Jesu

THOMAS, *s. th.* III q 9-12; E. SCHULTE OFM, *Die Entwicklung der Lehre vom menschlichen Wissen Christi bis zum Beginne der Scholastik,* Paderborn 1914 (Forsch. z. christl. Literatur u. Dogmengeschichte XII, 2); DERS., *Vom Kampf um das Wissen Christi,* ThGl 7 (1915) 392-398; F. DIEKAMP, *Über das Wissen der Seele Christi,* TheolRev 14 (1915) 108; T. SZABÓ OFM, *De scientia beata Christi,* Xenia thomistica II, Romae 1925, 349-491; A. CARON OMI, *La science du Christ dans S. Augustin et S. Thomas,* Ang. 7 (1930) 478–514; DERS., *Évolution de la doctrine de la science du Christ dans S. Augustin et S. Thomas,* Revue de l'Univ. d'Ottawa 1 (1931) 84–107; A. MICHEL, *Science de Jésus Christ,* DThC 15 (1939) 1626-1665; A. DURAND SJ, *La science du Christ,* NRTh 71 (1949) 479–503; H.-M. DIEPEN OSB, *La psychologie humaine du Christ selon saint Thomas d'Aquin,* RevThom 50 (1950) 515–562; Acta Pont. Academiae S. Thomae Aquin. 12 (Turin 1946) 86–105 [Rez.: La Ciencia Tomista 79 (1952) 334 s.: A. BANDERA]; P. GALTIER SJ, *La conscience humaine du Christ à propos de quelques publications récentes,* Greg 32 (1951) 525-568; L. CIAPPI OP, *Il problema dell'Io di Cristo nella teologia moderna,* Sapienza 4 (1952) 421-438; G. M. CARDAROPOLI, *Joannis Duns Scoti doctrina de scientia visionis animae Christi,* Collectanea Franciscana 23 (1953) 28–30; B. M. XIBERTA OCARM, *El Yo de Jesu Cristo,* Barcelona 1954; J. TERNUS SJ, *Das Seelen- und Bewußtseinsleben Jesu,* in: Das Konzil von Chalkedon III, Würzburg 1954, 81-237; B. M. XIBERTA OCARM, *Observaciones al margen de la controversia sobre la consciencia humana de Jesucristo,* RevEspTeol 16 (1956) 215-234; J. H. NICOLAS OP, *Chronique de théologie dogmatique. Discussion autour de l'unité psychologie du Christ,* RevThom 53 (1953) 421-428, 55 (1955) 179-196; R HAUBST, *Probleme der jüngsten Christologie,* TheolRev 52 (1956) 145-162; J. POHLE, J. GUMMERSBACH, *Lehrbuch der Dogmatik,* II, [10]Paderborn 1956, 189-206; L. SCHEFFCZYK, *Der Wandel in der Auffassung vom menschlichen Wissen Christi bei Thomas v. Aquin und seine bleibende Bedeutung für die Frage nach den Prinzipien der Problemlösung,* MüThZ 8 (1957) 278–288; R. HAUBST, *Gottesanschauung und das natürliche Erkenntniswachstum Christi,* ThQ 137 (1958) 385-412; PHILIPPE DE LA TRINITÉ OCD, *A propos de la conscience du Christ: Un faux problème théologique,* ECarm 11 (1960) 3–52; E. GUTWENGER [Anm. 19]; A. TURRADO OESA, *Un libro reciente de E. Gutwenger a cerca de la psicologia di Cristo,* Augustinianum 1 (1961) 136–145; W. SCHURR, *Über das Schau–Wissen Jesu,* TdG 6 (1963) 80–85; A. VÖGTLE, *Exegetische Erwägungen über das Wissen und Selbstbewußtsein Jesu,* in: Gott in Welt. Festgabe für K. Rahner z. 60. Geburtstag, Freiburg i. Br. 1964, 608–667; E. GUTWENGER, *Das Wissen Christi,* Concilium 2 (1966) 45-52; J. MOUROUX, *Propositions sur la science du Christ et le temps,* in: Problèmes actuels de Christologie, Brügge 1965, 179-200; H. RIEDLINGER, *Geschichtlichkeit und Vollendung des Wissens Christi,* Freiburg i. Br. 1966 (Quaest. Disp., Bd. 32) [Rez: TheolRev 64 (1968) 131–133: R. Haubst]; H. SANTIAGO–OTERO, *La ciencia beatífica de Cristo hombre según Pedro Abelardo y su escuela,* in: "Miscellanea A. Combes", II, Roma 1967, p. 491–543; Divinitas 11 (1967) 491–544; J. TH. ERNST, *Die Lehre der hochmittelalterlichen Theologie von der vollkommenen Erkenntnis Christi,* Freiburg 1971; J. BRINKTRINE, *Über die Gottanschauung der Seele Christi,* Theologisches 65 (1975) 1717–1723; G. L. ROSSI, *La perfettissima scienza dell'anima di Cristo,* Renovatio 13 (1978) 459–501; 14 (1979) 13-26, 153–176; COMMISSIONE TEOLOGICA INTERNAZIONALE, *Quaestiones selectae in Christologia* I-II (1979-1982): Greg 61 (1980); PH. KAISER, *Das Wissen Jesu Christi in der lateinischen westlichen Theologie,* Regensburg 1981 (Eichstätter Studien, Bd. 14), 336 S.; AA. VV., *La visione beatifica di Cristo viatore,* (=Doctor communis 36 (1983) n. 2-3: Sondernummer): M.–J. NICOLAS OP, *Voir Dieu dans la "condition charnelle",* Doctor Communis 36 (1983) 384–395; B. de MARGERIE SJ, *De la Science du Christ. Science, préscience et conscience, même prépascales du Christ Rédempteur,* Doctor communis 36 (1983) 123–157; L. JAMMARRONE OFMCONV, *La visione beatifica di Cristo Viatore nel pensiero di San Tommaso,* Doctor Communis 36 (1983) 287–321; R. M. SCHMITZ, *Christus Comprehensor. Die „Visio beatifica Christi Viatoris" bei M. J. Scheeben,* Doctor communis 36 (1983) 347–360; A. FEUILLET, *La science du Jésus et les Évangiles,* Doctor communis 36 (1983) 158-179; L. BOGLIOLO, *Strutture antropologiche e visione beatifica dell'anima di Cristo,* Doctor communis 36 (1983) 331-347; J. GALOT, *La coscienza di Gesù,* Cittadella: Assisi 1971, ²1974; *Gesù ha avuto la fede?,* La Civiltà Cattolica 133 (1983), III, 460-472; J. GALOT, *Chi sei tu, o Cristo?* (Nuova Collana di Teologia Cattolica 11), Libreria Editrice Fiorentina: Firenze ³1984; P. TOINET, *Un progrès hors du commun: de la clairvoyance à la cécité,* Doctor Communis 36 (1983) 360–384; D. OLS, *A propos de la vision béatifique du Christ Viateur: Notes de lecture,* Doctor Communis 36 (1983) 395–406; L. BOGLIOLO SDB, *Strutture antropologiche e visione beatifica dell'anima di Cristo,* Doctor Communis 36 (1983) 321–347; M. CORVEZ OP, *Le Christ voyait–il l'essence de Dieu pendant sa vie mortelle?,* Doctor Communis 36 (1983) 406; F. DREYFUS OP, *Jésus, savait–il qu'il était Dieu,* ²Paris 1984 [Rez.: M.-J. NICOLAS OP, RevThom 86 (1986) 476–479]; it.: *Gesù sapeva di essere Dio?,* Paoline: Cinisello Balsamo 1985, 609-632; B. DE MARGERIE SJ, *Über das Wissen Christi,* in: J. Bökmann (Hrsg.), *Das Licht der Augen des Gotteslammes,* Verlag J. Kral, Abensberg 1985, 41-72; J. STÖHR, *Die Klarheit im menschlichen Wissen des leidenden Herrn,* in: J. Bökmann (Hrsg.), *Das Licht der Augen des Gotteslammes,* Verlag J. Kral, Abensberg 1985 (Respondeo, Nr. 5) 5-40; J.-H. NICOLAS OP, *Synthèse dogmatique,* Fribourg 1985, 375-403, J. R. RIESTRA, *La scienza di Cristo nel Concilio Vaticano II: Ebrei 4, 15 nella Costituzione dogmatica «Dei Verbum»,* Annales Theologici 2 (1988) 99-120; PH. DELHAYE, *La conscience que Jésus avait de lui–même et de sa mission: quatre propositions avec commentaire (1985),* in: Commission Théologique Internationale. Textes et Documents (1969–1985). Préf. du Card. RATZINGER, Paris 1988, p. 363–376; B.–M. SIMON, *Cristo aveva la visione beatifica?,* Sacra doctrina 6 (1990) 555 ss.; J. R. RIESTRA, *Experiencia mística y visión beatífica en Cristo, según Santo Tomás,* in: Atti del IX Congresso Tomistico Internazionale V: *Problemi teologici alla luce dell'Aquinate, Pontificia Accademia di S. Tommaso,* Libr. Editrice Vaticana 1991 (Studi Tomisti, 44), p. 318-325; H. DONNEAUD, *Hans Urs von Balthasar contre saint Thomas sur la foi du Christ,* Revue Thomiste 97 (1997) 335-354; A. AMATO, *Gesù il Signore. Saggio di Cristologia (Corso di teologia sistematica 4),* Bologna ⁵1999; C. IZQUIERDO,: *La "formidable cuestión" de la conciencia divina de Jesús,* Scripta theologica 35 (2003, 3) 691–728; C. POZO SJ, *La conciencia de Cristo*, in: Actas del Congreso "Cristo – Camino, Verdad y Vida", (2003) 291–306; I. PLAZA GARCÍA, *La autoconciencia de Cristo: el pensamiento de H. Urs von Balthasar en el contexto de la teología contemporánea*, Revista Agustiniana 45 (2004) 383–424; TÂM X. TRAN, [Anm. 271]; J.–M. GARRIGUES, *La conscience de soi telle qu'elle etait exercée par le Fils de Dieu fait homme*, Nova et Vetera 79 (2004, 1) 39–51; J. A. SAYÉS, *Cristo tuvo fe?*, Ciencia Tomista 131 (2004, 2) 217–247; D. BATHRELLOS, *The sinlessness of Jesus: a theological exploration in the light of trinitarian theology*, in: Trinitarian soundings in systematic theology, 2005, p. 113-126; TH. G. WEINAND, *The beatific vision and the incarnate son: furthering the discussion*, The Thomist 70 (2006, 4) 605-615. Vgl. auch Anm. 158.

COMMISSIO THEOLOGICA INTERNATIONALIS, *De Jesu autoconscientia, quam scilicet ipse de se ipso et de sua missione habuit. Quattuor propositiones explanantur,* Libr. ed. Vaticana 1986 [*französ.:* Greg 67 (1986) 413–428; *La coscienza che Gesù aveva di se stesso e della sua missione. Quattro proposizioni commentate,* CivCatt 137 (1986) III, 53-65 =Enchiridion Vaticanum 10, nn. 681-723].

Zur Christusrepräsentation des Priesters („agere in persona Christi')

Alle Getauften sind zur Teilnahme am Heilswirken Christi bestimmt. Denn Leben aus der heiligmachenden Gnade bedeutet Gotteskindschaft, Teilhabe an der göttlichen Natur (2 Petr 1, 4), freies Mitwirken − nicht nur passives Sein als unpersönlicher Gegenstand göttlichen Wirkens. Doch die Weise dieses Lebens in Christus ist sehr verschieden, denn die Kirche als Leib Christi ist ein lebendiger Organismus mit vielfältigen Gnadengaben.

Papst *Johannes Paul II* erklärte in einem seiner Briefe zum Gründonnerstag[1]: „Der Priester ist ein Geschenk für die Gemeinde, das von Christus selber kommt, aus der Fülle seines Priestertums". Als Kardinal schrieb er bereits im Jahre 1972[2]: „Man könnte in gewissem Sinn sagen, dass die Lehre über das Priestertum Christi und die Teilhabe an ihm im Zentrum der Lehre des Zweiten Vatikanums steht und dass man in ihr irgendwie all dem begegnet, was das Konzil von der Kirche, dem Menschen, der Welt sagen wollte[3]".

Der Priester handelt *„in persona Christi"*, das heißt nicht einfach kraft seiner persönlichen Begabung und Tüchtigkeit, sondern kraft seines durch die Weihe übertragenen Amtes[4]. Christus hat sein Heilswirken nicht an das subjektive Können bestimmter Personen gebunden, etwa an die intellektuelle Begabung einer Elite oder an ein bestimmtes hohes Maß sozialer Kontaktfähigkeit, humanistischer Ethik und vitaler Führungskraft, sondern an etwas Dauerhaftes und Überindividuelles, das auf den Ursprung und den inneren Grund des Amtes verweist; er hat es nämlich auf seine eigene göttliche Person gegründet. Auch die Weitergabe seines Heilswerkes hat er nicht der Zufälligkeit, Willkür oder den gefährdeten persönlichen Fähigkeiten von möglicherweise schlech-

---

[1] JOHANNES PAUL II, *Brief zum Gründonnerstag* 1979, n. 4

[2] K. WOITYLA, *Quellen der Erneuerung*, Freiburg-Basel-Wien 1981, 198

[3] L. SCHEFFCZYK, *Das Sakrament der Weihe im Glauben der Kirche*, Freiburg 1979 (PWB), 5

[4] Vgl. VATICANUM II, *Lumen gentium*, 10, 17, 26, 28; PAUL VI, (3. 9. 1965) Mys*terium fidei* (AAS 57 [1965] 761). *Literaturverzeichnis* am Ende des Beitrages: S. 129

ten Stellvertretern überlassen, sondern er gibt sich und sein Heil dadurch weiter, dass er durch Weihe und Sendung das Amt eingesetzt hat. Der Priester lässt das Opfer Christi fortdauern und kann im Namen Christi die Sünden vergeben: diese übernatürliche Befähigung hat er von Christus, den er vor den Menschen darstellt – sie ist durch das unauslöschliche Merkmal, das bei der Weihe übertragen wird, unverlierbar und dauernd (wie das Konzil von Trient definiert hat), so dass jeder Priester in aeternum diese Gabe erhält. Der Glaubende ist also, um Christus begegnen zu können, nicht auf die subjektiven Qualitäten eines Funktionärs verwiesen, der einen Auftrag der Gemeinschaft auch verlieren könnte, sondern er kann sich auf das durch die Weihe übertragene Amt Christi verlassen, das immer wirksam wird, wenn der Priester *„in persona Christi"* handelt. Der Diener Christi ist in seinem Mitwirken nur amtliches Zeichen für das, was Christus selber wirkt. In dieser Lehre kommt die Überzeugung der Kirche zum Ausdruck, dass Christus allein Herr der Kirche ist.

Heutzutage wird immer noch gelegentlich behauptet oder stillschweigend vorausgesetzt, die Taufe befähige grundsätzlich zu jeder Aufgabe und jedem Amt in der Kirche. Die wesentliche Unterscheidung zwischen dem allgemeinen Priestertum und dem Amtspriestertum widerspricht dann scheinbar den Rechten eines mündigen Laien. Dieses Bewusstsein fundamentaler Gleichheit aller Gläubigen drängt infogedessen zum Bedürfnis nach Emanzipation und Gleichmacherei. Das Weihesakrament sei aus machtpolitischen historischen Gründen und als Beanspruchung persönlicher Überlegenheit mehr oder weniger willkürlich auf einige wenige beschränkt worden. Daher solle der Priester nur bestimmte Funktionen einer äußeren und formalen Präsidentschaft behalten.

Zunächst einmal gilt es daran festzuhalten: Wert und Würde des Menschen bestimmen sich von der allgemeinen Berufung zur Heiligkeit her, vom Urteil des gerechten Richters über seine Gottes- und Nächstenliebe, von einem Maßstab, der für alle gilt – und nicht von der jeweiligen zeitlichen Aufgabe und Funktion als solcher. Der Priester ist nicht in höherem Maße gläubiger Christ als jeder andere Katholik; wie alle Christen gehört er dem priesterlichen Gottesvolk an. Er erhält aber durch das Amtspriestertum, das sich dem Wesen und nicht nur dem Grade nach vom allgemeinen Priestertum aller Gläubigen unterscheidet[5], ein besonderes Prägemal. Dadurch wird er befähigt, das hl.

---

[5] A. ARANDA LOMENA, *El sacerdocio de Jesucristo en los ministros y en los fieles. Estudio teológico sobre la distinción «essentia et non gradu tantum»*, Scripta Theologica 22 (1990) 365-404

Opfer des Leibes und Blutes Christi zu vollziehen und im Sakrament der Buße im Namen Gottes die Sünden zu vergeben. Die Verwaltung dieser beiden Aufgaben ist der entscheidende Bezugspunkt für alle seine Tätigkeiten. Das Gnadengeschenk, trotz der menschlichen Unzulänglichkeiten *„in persona Christi"* handeln zu können, begründet seine spezifische Würde. Das unauslöschliche Merkmal, das einen Menschen zum Priester auf ewig macht, befähigt dazu, aus dem hl. Opfer die Mitte und Wurzel des christlichen Lebens zu machen und so anbetend, sühnend, bittend, dankend die unwiderrufliche Taufberufung zu leben. Es wäre ein Irrtum, diese Aufgaben der Sakramentenspendung und Seelsorge zu fliehen und durch Einmischung in Bereiche zu ersetzen, die Aufgaben und Berufung der Laien sind: Gesellschaftliche Unternehmen, Managertum, Politik, Psychologie usw. So entsteht der Klerikalismus, eine pathologische Deformation der wahren priesterlichen Aufgaben. Genauso wäre es eine Verfehlung der Berufung, wenn Laien ihre eigenen Aufgaben in Familie und Beruf und Weltheiligung vernachlässigen würden und statt dessen meinten, sich in den Bereich der spezifisch priesterlichen, lehramtlichen und hirtenamtlichen Aufgaben einmischen zu müssen.

Nur in einem Steinhaufen kann praktisch jeder Stein die Stelle jedes anderen einnehmen. In einem Organismus dagegen gibt es wesentlich voneinander verschiedene Organe mit je spezifischen Funktionen – umso mehr, je höher organisiert er ist. Erst recht gilt vom übernatürlichen Organismus der Kirche: *Non omnia possunt omnes.* Die Wertschätzung einiger der unterschiedlichen Aufgaben bedeutet keine Minderbewertung anderer. Es geht in der Kirche nicht um eine Taktik oder Technik willkürlicher Arbeitsaufteilung, sondern um die Entsprechung gegenüber dem ordnenden Willen Christi: Christus kam, um alle Menschen zu retten; aber nur einige und nicht alle hat er mit dem Apostelamt ausgestattet, nicht jeder kann alle Ämter Christi repräsentieren[6].

Manche denken allerdings bei dem Wort „Amt" nur an Negatives: Etwas Unpersönliches, Bürokratisches, Verwaltungsmäßiges, das die einzelne Person nicht gelten lässt. Bleibt man fixiert auf derartige oberflächliche Eindrücke und Assoziationen, dann entsteht manchmal auch für das Amt in der Kirche der Anschein einer unpersönlichen Funktion, die kaum mehr etwas von der personalen Nähe des liebenden Heilandes deutlich macht. Doch gerechterweise darf man nicht von entarteten Formen der Amtsausübung auf das Wesentliche schließen.

---

[6] Vgl. L. SCHEFFCZYK, *Die Verschiedenheit der Dienste: Laien – Diakone – Priester*, Internationale katholische Zeitschrift "Communio", 25 (1996) 499-513

Die Tatsachen der Heilsordnung im Glauben zu bejahen und sich nicht in illusionäres Wunschdenken oder gar Besserwisserei zu verlieren, mag manchmal schwer fallen. So ist es anscheinend für extreme Feministinnen unverständlich und ärgerlich, dass der Logos ein Mensch männlichen Geschlechtes geworden ist und Männer als Apostel ausgesandt hat. Es ist aber auch schon vorgekommen, dass ein Mann nicht verstehen wollte, dass Maria, eine Frau, die größte Heilige ist.

Würde mit dem Priestertum nicht ontologisch eine besondere Vollmacht übertragen, sondern nur das Recht, eine soziale Funktion in der Gemeinschaft auszuüben, dann wäre das Priestertum nur ein kirchlicher Auftrag, welcher bei geänderten Zeitverhältnissen eigenmächtig, ja relativ willkürlich neu gestaltet oder gar nur auf Zeit übertragen werden könnte. Der Priester würde sich von jedem anderen getauften Gläubigen eben nur funktional unterscheiden. Eine daraus folgende funktionalistische Verengung des Amtsverständnisses auch bei Priestern ist eine ernste Gefahr für die Pastoral; das *Directorium für Dienst und Leben der Priester* (31. 1. 1994) warnt eindringlich davor[7].

Der Priester ist jedoch nicht einfach Organ der „Gemeinde"[8], sondern in erster Linie der Gesandte und Beauftragte Christi in einer einzigartigen Identifikation mit ihm, *Austeiler der Geheimnisse Gottes* (1 Kor 4, 1). Nur durch seine

---

[7] „Die pastorale Liebe läuft vor allem heute Gefahr, durch den sogenannten »Funktionalismus« ihres Sinnes entleert zu werden. Tatsächlich nimmt man nicht selten, auch seitens einiger Priester, den Einfluss einer Mentalität wahr, die irrigerweise dazu neigt, das Amtspriestertum lediglich auf die funktionalen Aspekte zu reduzieren. Den Priester »machen«, einzelne Serviceleistungen anbieten und manche Dienste garantieren, wäre demnach die ganze priesterliche Existenz. Eine derart reduzierte Konzeption von Identität und Amt des Priesters riskiert, dessen Leben in Richtung einer Leere zu drängen, die dann oft mit nicht zum eigenen Amt passenden Lebensformen ausgefüllt wird. Der Priester, der Diener Christi und seiner Braut zu sein weiß, wird im Gebet, im Studium und in der geistlichen Lesung die nötige Kraft finden, auch diese Gefahr zu überwinden". (KONGREGATION FÜR DEN KLERUS, *Direktorium für Dienst und Leben der Priester* (31. 1. 1994), 44)

[8] Schreiben der GLAUBENSKONGREGATION „*Sacerdotium ministeriale*" (1983): „Quos autem ad episcopatum et presbyteratum vocat, Christus Dominus, ut iidem munera sibi credita peculiarique modo munus tam grave conficiendi mysterium eucharisticum adimplere valeant, eos speciali sigillo per sacramentunm ordinis signat, 'charactere appellato etiam in solemni magisterii documentis, eosque ita sibi configurat, ut ipsi dum proferunt consecrationis verba non communitatis mandato, sed agant 'in persona Christi', quod plus sane significat quam 'nomine Christi' vel etiam 'Christi vicem' … cum celebrans ratione peculiari et sacramentali idem prorsus sit ac 'summus aeternusque Sacerdos' qui auctor est principsque auctor huius proprii sui sacrificii, in quo nemo revera in eius locum substitui potest". (AAS 75 (1983) 1006). Zitiert wird das apostolische Schreiben *Dominicae coenae*.

besondere Teilhabe am Mittlertum Christi kann er das Erlösungswerk Christi fortdauern lassen, eine Sendung, die ausschließlich geistlicher Art ist.

„Der Unterschied zwischen gemeinsamem Priestertum und Amtspriestertum, weit entfernt davon Trennung oder Teilung zwischen die Mitglieder der christlichen Gemeinde zu bringen, harmonisiert und eint das Leben der Kirche. Sie ist ja als Leib Christi eine organische Gemeinschaft aller Glieder, wo jedes zum gemeinsamen Leben beiträgt, wenn es die eigene verschiedenartige Rolle und die eigene spezifische Berufung im vollen Sinne lebt (1 *Kor* 12, 12 ff.)[9]. Niemandem steht es daher zu, was Christus für seine Kirche gewollt hat, zu verändern. Sie ist unauflöslich an ihren Gründer und ihr Haupt gebunden, der ihr als einziger durch die Macht des Heiligen Geistes Amtsträger zum Dienst an den Gläubigen gibt. An die Stelle Christi, der durch die legitimen Hirten beruft, weiht und sendet, kann sich keine Gemeinde setzen, die sich – womöglich in einer Notlage befindlich – auf andere als von der Kirche vorgesehene Weise ihren eigenen Priester geben möchte[10]. Die Antwort zur Lösung von Notfällen ist das Gebet Jesu: »*Bittet den Herrn der Ernte, Arbeiter zur Ernte zu senden*« (*Mt.* 9, 38)[11]".

Die Priorität der Initiative und der Primat der Aktion liegen immer bei der Gnade Gottes und bei der Autorität unseres Herrn, nicht bei irgendwelchen kollektiven Willensäußerungen oder gut gemeinten Gemeinschaftsaktionen. Die Schismatiker erklärten ihren Gemeinden, alles hänge nur von ihrer persönlichen sittlichen Haltung und von Gnade und Glaube des Priesters ab. Die katholische Kirche dagegen versicherte den Gläubigen, beim Sakramentenempfang könnten sie mit Gewissheit Christus begegnen, auch unabhängig von sittlichen Mängeln des Sakramentenspenders. Sie hat die Gläubigen immer davor gewarnt, ihre Hoffnungen allein auf die menschlichen Hirten und ihre öffentlich glänzenden Eigenschaften zu setzen. So erklärt *Augustinus* mit der Alten Kirche: ‚Christus selbst ist es, der tauft[12]. Auch das *Vatikanum II* hat

---

[9] KONGREGATION FÜR DIE EVANGELISIERUNG DER VÖLKER, *Pastorale Leitlinien für Diözesanpriester in Missionsgebieten* (1. 10 1989), 3

[10] Vgl. KONGREGATION FÜR DIE GLAUBENSLEHRE, Brief *Sacerdotium ministeriale* (6. 8. 1983), II. 3, III. 2 (AAS 75 (1983), 1001-1009); *Katechismus der Katholischen Kirche*, 875

[11] KONGREGATION FÜR DEN KLERUS, *Direktorium für Dienst und Leben der Priester* (31. 1. 1994), 18

[12] AUGUSTINUS, *In Joh.* Tract. 5, 18 (PL 35, 1424; Rouët de Journel, 1810); Weitere Textbelege in: J. STÖHR, *Wann werden Sakramente gültig gespendet?*, Aschaffenburg 1980, 63-65

in seinem ersten Dokument, der Liturgiekonstitution, diese Formulierung aufgenommen[13].

Die Gegenwart Christi im Sakramentenspender

Überall, wo es sich wirklich um Sakramentenspendung handelt, muss auch eine wirkliche Gegenwart Christi im Sakramentenspender angenommen werden[14], zunächst in einem ganz allgemeinen Sinne. Schon die biblischen Texte weisen klar darauf hin (1 Kor 4, 1), und nicht einmal die Reformatoren haben an dieser Überzeugung gerüttelt. *Melanchthon* erklärt, dass die gnadenhafte Wirkung eines unwürdig gespendeten Sakramentes von der Gegenwart Christi im Spender komme[15]. Dasselbe anerkennt auch *Luther*, obwohl sich bei ihm mancherlei Widersprüche finden, weil er alles vom Fiduzialglauben des Empfängers abhängig sein lässt[16]. Diese Gegenwart Christi ist natürlich nicht als bloße räumliche Gegenwart oder wie eine Präsenz unter toten Gegenständen zu denken. Denn Christus ist nur dann im Sakramentenspender oder durch ihn gegenwärtig, wenn dieser „lebendiges Werkzeug"[17] ist, wenn also bei ihm wenigstens das Minimum der *'intentio faciendi quod fecit Christus'* gegeben ist: der natürliche gute Wille, das zu vollziehen, was Christus eingerichtet und angeordnet hat – Christus, der sich de facto mit der einen katholischen Kirche identifiziert.

Darüber hinaus ist Christus entsprechend seinen Verheissungen in den Aposteln und ihren Nachfolgern in besonderer Weise gegenwärtig. „Von diesem Bewusstsein der Stellvertretung Christi durch die Apostel ist das Neue Testament tief durchdrungen. Dabei wird deutlich, dass die Apostel nicht nur gewisse Tätigkeiten Christi ausüben, die jeder Gläubige leisten könnte, sondern dass sie für die Person Christi stehen. Daran ist es gelegen, dass der Apostel Paulus von sich sagen kann, er stehe und verkünde »an Christi Statt« (2 Kor 5, 20), dass er »im Namen des Herrn Jesus Christus« ermahne (1 Kor

---

13 *Sacrosanctum Concilium*, 7

14 Ebd.

15 Ph. MELANCHTON, *Apologia confessionis, art. 7 de ecclesia*, in: Die Bekenntnisschriften der evangelisch-lutherischen Kirche, Göttingen 61967, 240

16 M. LUTHER, *Merseburger Predigten.* WA 51, 15. Luther meinte, sogar eine scherzhaft vollzogene Absolution sei gültig (*Sermo de poenitentia.* WA 1, 323; De captivitate Babylonica: WA 6, 570 f., ja sogar der Teufel könne gültig taufen, weihen oder absolvieren (*Von der Winkelmesse und Pfaffenweihe*: WA 38, 185-256. Vgl. dazu Papst LEO X: DS 1462; Trid., sess. 14 can. 9: DS 1709)

17 *Presbyterorum ordinis*, 12

1, 10; 2 Thess 3, 6), ja dass er »wie Christus selbst« (Gal 4, 14) angenommen sein will. In den Reden und Taten des Apostels erweist sich der Herr selbst gegenwärtig. Selbst die Leiden des Apostels, die doch als etwas rein Privates und Individuelles aufgefasst werden könnten, sind nach Kol 1, 24 stellvertretend vom Apostel übernommene Leiden Christi. So ist der Apostel in seinem Amt der Repräsentant Christi. Deshalb ist sein Amt auch nicht nur äußerer, organisatorischer oder regelnder Art. Der Apostel vermittelt mit seinem Amt der Gemeinde das Leben Christi und das Heil (Röm 15, 16 ff.). Es gibt also die Gemeinde nur durch den Apostel und mit ihm. Deshalb kann sich Paulus auch als »geistiger Vater« der Gemeinde bezeichnen (1 Kor 4, 15)". „Obgleich die Heilige Schrift sehr wohl um den dienenden Charakter des Apostolischen Amtes weiß, nimmt sie keinen Anstand, die Autorität der Apostel immer wieder zu betonen, wie ja Dienst und Autorität, Diakonie und Vollmacht schon nach dem griechischen Sprachgebrauch des Neuen Testamentes einander nicht widersprechen. Deshalb erwähnt das Neue Testament auch, dass der Apostel den Bann über Gemeindemitglieder verhängt (Apg 5, 1 ff.), dass er den Verkünder eines anderen Evangeliums verflucht (Gal 1, 9), dass er sich von der Gemeinde nicht richten lässt" (1 Kor 4, 3) (*L. Scheffczyk*[18]).

Handeln ‚in persona Christi', nicht nur ‚im Namen' Christi

Konsekrieren und Absolvieren setzen nicht nur die allgemeine Gegenwart Christi bei der Sakramentenspendung und die *intentio faciendi quod fecit Christus* bei den getauften ministri voraus, sondern noch eine besondere Identifikation mit Christus durch die Weihe. Als Haupt des mystischen Leibes gibt Christus einigen einen besonderen Anteil an seiner Autorität, mit der er die Kirche bildet und als oberster Hirte heiligt und lenkt.

Zur Ethymologie

Im klassischen Latein sind die Ausdrücke „in persona" und „ex persona" und die Formel „in nomine" des juristischen Vokabulars noch gleichbedeutend. In den Bibelkommentaren der griechischen Väter erscheint der Ausdruck „εν προσωπω", der ebenso wie bei den lateinischen Kirchenvätern zum Ausdruck bringt, dass ein Wort der Schrift jemand anderem zugeschrieben wird als dem zunächst genannten Sprecher; ein anderer hat ihm dieses Wort in den Mund gelegt. Die lateinische Patristik verwendet vorwiegend den gleichbedeutenden Ausdruck „ex persona", besonders in den Psalmenkommentaren, wo die Worte des inspirierten Autors Gott oder Christus zuge-

---

[18] L. SCHEFFCZYK, *Das Sakrament der Weihe im Leben der Kirche*, [4]Freiburg 1979 (PWB), 4-6

schrieben werden[19]. Der Text 2 Kor 2, 10 wird von den lateinischen Übersetzungen, insbesondere von der *Vulgata*, mit „in persona" übersetzt und so das
„εν προσωπω" (in Gegenwart) des griechischen Textes nicht genau wiedergegeben. Die lateinischen Väter erklären dabei genauer, es handle sich um ein
Verzeihen „im Namen Christi". Alle Kirchenväter bringen übereinstimmend
eine unmittelbar sakramentale Interpretation dieses Textes, die dann auch von
Thomas von Aquin aufgenommen worden ist. Eine richtige theologische Auffassung knüpft hier an einer falschen Textlesart an[20].

Die Formel „in persona" wurde in der Folge entsprechend dem patristischen Sprachgebrauch in Bezug auf die Wandlungsworte verwendet und entfaltet. Wir haben hier einen typischen Fall von Bibelworten, die Gott selbst
zuzueignen sind, obwohl sie von einem Menschen ausgesprochen werden.
Petrus Damiani verwendet den Terminus „in perona Christi capitis"[21]. Aber
nicht nur in Bezug auf die priesterliche Sakramentenspendung, sondern auch
für die Leitung der Kirche durch ihre Hirten verwendet *Thomas* gelegentlich
den Ausdruck „in persona Christi"[22]. Im 16. Jahrhundert trifft man mehr den
Ausdruck „in nomine" an, welcher dann besonders bei den Humanisten vor-
herrscht und vielfach gleichbedeutend wird mit 'Handeln in der Person Christi'[23].

Lehramtliche Texte.

In den lehramtlichen Texten wird für die priesterlichen Aufgaben des
Konsekrierens und Absolvierens gewöhnlich der Ausdruck *„in persona Christi
agere"* gebraucht, während die Leitungs- und Hirtenaufgaben als Handeln *„in
nomine Christi"* bezeichnet werden.

Seit *Pius X* kommt der Ausdruck *„personam Christi agere", „alter Christus",
„Christi personam gerere"* häufig in den zahlreichen Dokumenten über das Priestertum vor. Beziehen sie sich auf die ganze priesterliche Aktivität? Oder nur
auf die Eucharistie? Sind sie gleichbedeutend mit *„personam christifidelium gerere"*?

---

[19] Vgl. L. LOPPA, «*In persona Christi*» – «*Nomine Ecclesiae*». *Linee per una teologia del magistero nel Concilio Ecumenico Vaticano II e nel ministero postconciliare (1962-1985)*, Roma 1985, 8

[20] Zur Begriffsgeschichte vgl. B.-D. MARLIANGEAS, [Anm. 4], 226 [hier kurz zusammenge-fasst].

[21] Vgl. PETRUS DAMIANI, *Liber qui appellatur Dominus vobiscum*, X (PL 144, 238D-239A)

[22] THOMAS VON AQUIN, *s. th.*, II-II, q 88 a. 12c

[23] Vgl. B.-D. MARLIANGEAS, Clés 231-234

Pius XI bezeichnete selbst seine Enzyklika über das katholische Priestertum als seine wichtigste Verlautbarung[24]. Zwischen den beiden Weltkriegen ging es dem Papst dabei besonders um die Dringlichkeit der Verkündigung des Glaubens, um die katholische Aktion und Mission. Ferner um die Sakramentalität des Ordo-Sakramentes und um das Miteinander von Bischöfen und Priestern bei der Verkündigung. Zu unserem Thema bringt er nur knappe und vielfach noch unentfaltete Aussagen:

„Da der Priester „*an Christi Statt die Sendung ausübt*" (2 Kor 5, 20), muss er auch in seinem Leben nach Kräften das Wort des Apostels wahr machen: „*Werdet meine Nachahmer, wie auch ich Christi Nachahmer bin!*" (vgl. 1 Kor 4, 16; 11, 1). Er muss wie ein zweiter Christus leben, der mit dem Glanze seiner Tugend die Welt erleuchtete und noch heute erleuchtet". „Auch wir sollen", wie am Ende des 4. Jahrhunderts das zweite Konzil von Karthago erklärte[25], „üben, was schon die Apostel lehrten und was bereits die Zeit beobachtete"[26].

Deutlicher sind die Erklärungen von Papst *Pius XII*[27] in den Enzykliken *Mystici Corporis* (29. 6. 1943), *Mediator Dei* (20. 11. 1947)[28], dem Apostolischen Mahnschreiben *Menti Nostrae* (23. 9. 1950), der Ansprache anlässlich der Heiligsprechung von Pius X (31. 5. 1954)[29], und derjenigen an die Teilnehmer des Internationalen Kongresses für Liturgiepastoral (22. 9. 1956). Er verwendet

---

[24] Pius XI, *Apostolisches Schreiben an den Episkopat der Philippinen* (18. 1. 1939), AAS 34 (1942) 252.

[25] CONC. CARTHAG. II, can. 2 (Mansi, Collect. Conc. tom. 3, col. 692)

[26] Ebd. PIUS XI, (20. 12. 1935), *Ad catholici sacerdotii*, Rundschreiben über das kath. Priestertum, lat.-deutsch, Freiburg 1936, S. 37, 43

[27] Vgl. zum folgenden bes. die Ausführungen von G. RAMBALDI (Anm. 4)

[28] PIUS XII, Enc. *Mediator Dei*, (20. 11. 1947) (AAS 39 (1947) 528): „Quapropter in omni actione liturgica una cum Ecclesia praesens adest divinus eius Conditor; praesens adest Christus in augusto altaris Sacrificio, cum in administri sui persona, tum maxime sub Eucharisticis speciebus; praesens adest in Sacramentis virtute sua, quam in eadem transfundit utpote efficiendae sanctitatis instrumenta; praesens adest denique in Deo admotis laudibus as supplicationibus"

[29] PIUS XII, (2. 11. 1954), *Ansprache an die Kardinäle* (AAS 46 (1954) 669, 998): „Firmiter tenendum est, commune hoc omnium christifidelium, altum utique et arcanum, 'sacerdotium' non gradu tantum, sed essentia differre a sacerdotio proprie vereque dicto, quod positum est in potestate perpetrandi, cum persona Summi Sacerdotis Christi geratur, ipsius Christi sacrificium". „Itaque sacerdos celebrans, personam Christi gerens, sacrificat, isque solus; non populus, non clerici, ne sacerdotes quidem, pie religioseque qui sacris operanti inserviunt, quamvis hi omnes in sacrificio activas quasdam partes habere possint et habeant".

hier die Termini: „instrumentum", „Christi personam gerere", „vices gerere", „gerere personam Christi capitis" usw. Der Ausdruck „in persona Christi" kommt nur zweimal vor, „alter Christus" nur einmal. Subjekt der Aussagen sind der Papst, die Kirche, der zelebrierende Priester. Die Darbringung des Messopfers geschehe „nomine Christi et ecclesiae". Die Gläubigen opfern durch den Priester, und von ihm allein gilt: „Membrorum omnium nomine offert". Von der Eucharistie gilt (*Mystici Corporis*), dass sie die Handlung Christi sei: „Actio ipsius Christi per sacerdotem ipsius personam sustinentem et gerentem". Noch präziser sind die Aussagen seit dem 2. 11. 1954. Der Papst bezeichnet die Darbringung des Opfers als das „Munus proprium et praecipuum" des Priesters. Von ihm gelte: „Personam Christi gerens, sacrificat isque solus, non populus, non clerici"; „tot sunt actiones Christi summi sacerdotis, quot sunt sacerdotes celebrantes".

In der Enzyklika *Mediator Dei*[30] erklärt er vom heiligen Opfer: „Ab ipso solo sacerdote perficitur, prout personam Christi sustinet, non vero prout christifidelium personam gerit[31]". Zugleich entfaltet er die Lehre vom unauslöschlichen Merkmal. Somit werden die Liturgie und das heilige Opfer der Kirche zugeschrieben; die Glieder der Kirche jedoch partizipieren in ganz verschiedener Weise daran. Der Priester vertritt die Person Christi dort, wo Christus sich selbst opfert; er bleibt jedoch auch ein Glied der Kirche. Aber die Kirche zelebriert nicht oder beauftragt nicht zum Zelebrieren; ihr kommt keine Priorität und Präzedenz zu; aber ebenso wenig steht der Priester außerhalb der Struktur der Kirche.

Auch wenn die Hl. Messe nur mit dem Ministranten gefeiert wird, ist die himmlische Kirche gegenwärtig und wird ein vollgültiges Opfer dargebracht[32].

---

[30] "Idem itaque sacerdos, Christus Jesus, cuius quidem sacram personam eius administrator gerit. Hic siquidem, ob consecrationem quam accepit sacerdotalem, Summo Sacerdoti assimilatur, ac potestate fruitur operandi virtute ac persona ipius Christi". (PIUS XII, *Mediator Dei*; AAS 39 (1947) 548; cf. THOMAS, s. th., III q 22 a 4).

[31] Ebd., p. 553

[32] „Denn jede Messe, auch wenn sie privat vom Priester zelebriert wird, ist dennoch nicht privat, sondern ein Akt Christi und der Kirche …". (PAUL VI, *Mysterium Fidei*, 3. 9. 1965, n. 4). „Es ist notwendig, an den unersetzlichen Wert zu erinnern, den die tägliche Zelebration der hl. Messe für den Priester hat, auch wenn dafür keine Gläubigen zusammenkommen sollten" (*Directorium für Dienst und Leben der Priester*, 49) „Das Trienter Konzil lehrt, dass eben derselbe Christus, der nur einmal sich selber in blutiger Weise auf dem Altar des Kreuzes opferte, in der Messe gegenwärtig wird, enthalten ist und auf unblutige Weise geopfert wird… Das Opfer ist in der Tat ein und dasselbe; und der-

Das *Zweite Vatikanische Konzil* hat die geistliche Identität der Priester folgendermaßen gekennzeichnet: „Durch die Weihe und die vom Bischof empfangene Sendung werden die Priester zum Dienst für Christus, den Lehrer, Priester und König, bestellt. Sie nehmen teil an dessen Amt, durch das die Kirche hier auf Erden ununterbrochen zum Volk Gottes, zum Leib Christi und zum Tempel des Heiligen Geistes auferbaut wird"[33]. Oder: „Darum setzt das Priestertum der Amtspriester zwar die christlichen Grundsakramente voraus, wird aber durch ein eigenes Sakrament übertragen. Dieses zeichnet die Priester durch die Salbung des Heiligen Geistes mit einem besonderen Prägemal aus und macht sie auf diese Weise dem Priester Christus gleichförmig, so dass sie in der Person des Hauptes Christus handeln können"[34]. „Der Amtspriester bildet kraft seiner heiligen Gewalt, die er innehat, das priesterliche Volk heran und leitet es; er vollzieht in der Person Christi das eucharistische Opfer und bringt es im Namen des ganzen Volkes Gott dar"[35].

Nach der Lehre des *Zweiten Vatikanum* ist das Priestertum also Anteilhabe an der Autorität und Sendung Christi als des Hauptes[36]. Den Ausdruck „alter

---

jenige, der jetzt dargebracht wird durch das Amt der Priester, ist derselbe, der sich damals am Kreuz darbrachte, nur die Weise des Opfers hat sich geändert (KONZIL VON TRIENT, *Die Lehre über das hl. Messopfer* [DS 1743]). Die An- oder Abwesenheit der Gläubigen bei der heiligen Messe ändert an dieser Glaubenswahrheit nichts. Wenn ich in Gegenwart des Volkes die heilige Messe feiere, stimmt mich das sehr froh, ohne dass ich mich dabei als Leiter einer Versammlung fühle. Ich bin zunächst ein Gläubiger wie alle anderen, vor allem aber bin ich Christus selber am Altar! Ich erneuere auf unblutige Weise das göttliche Opfer auf Golgotha und konsekriere *in persona Christi*, ihn wirklich vertretend, da ich ihm meinen Leib und meine Stimme, meine Hände und mein Herz leihe: mein armes, so oft beflecktes Herz, das von ihm geläutert werden möchte. Aber auch, wenn ich die heilige Messe nur in Gegenwart des Ministranten feiere, ist das Volk zugegen. Ich fühle alle Katholiken anwesend, alle Gläubigen und auch jene, die nicht glauben. Und ebenso sind alle Geschöpfe Gottes zugegen - die Erde, der Himmel, das Meer, die Tiere und die Pflanzen -, die ganze Schöpfung vereint im Lob Gottes. Und besonders vereinen wir uns mit der himmlischen Kirche, wie das Zweite Vatikanische Konzil lehrt, in heiliger Gemeinschaft ehren wir dabei das Andenken der allerseligsten, allzeit reinen Jungfrau Maria, des heiligen Josef, aller Apostel und Märtyrer und aller Heiligen" (Vgl. II. *Vatikanisches Konzil*, Konst. Dogm. *Lumen gentium*, 50). [JOSEMARÍA ESCRIVÁ DE BALAGUER, *Priester auf ewig*, Adamas-Verlag 1973, n. 74]

[33] *Presbyterorum ordinis*, 1

[34] *Presbyterorum ordinis*, 2; vgl. *Lumen gentium*, 21. „Omnis sacerdos, suo modo, ipsius Christi personam gerat" (PO, 12); „Presbyteri personam Christi gerunt in triplice sacro munere" (AG 39a); „illos, qui ratione sacri sui muneris personam Christi gerunt" (LG 37a)

[35] *Lumen gentium*, 10

[36] *Presbyterorum ordinis*, 2

Christus" finden wir jedoch nicht im Konzil, weder im Bezug auf die Kirche noch im Bezug auf den Priester. Wohl aber findet sich der Terminus „in persona Christi", z. B. in der *Liturgiekonstitution*, wo der Text von *Mediator Dei* wiedergegeben wird[37]. Die *Kirchenkonstitution*[38] schließt sich an die Formulierung von *Pius XII* in seiner Ansprache vom 22. 9. 1956 an und erklärt vom Priester „sacrificium eucharisticum in persona Christi conficit"[39]. Das Konzil hat auch den Ausdruck „Christum repraesentantes"[40], der bei Pius XI und Pius XII fehlt.

Die Begriffe *in persona Christi, alter Christus*, werden für Bischöfe und Priester vor allem im Kontext der Eucharistie[41], allerdings nicht exklusiv für eine einzige kultisch-sakramentale Funktion verwendet und sind auch nicht im rein juristischen Sinn zu verstehen. Papst *Paul VI* bezieht sie gelegentlich auch auf den Dienst der Wortverkündigung[42], *Johannes Paul II* auf die Lossprechungsvollmacht[43]; ähnlich auch die *Kleruskongregation*[44]. Jedoch sie gelten vor allem von der actio princeps des Priesters, der Zelebration; dort gewinnt das „agere in persona Christi" seine größte Dichte. Dort ist er ja *vivum instrumentum*, nicht durch seine natürlichen und übernatürlichen Qualitäten, sondern durch die „virtus principalis agentis", nicht durch sein „opus operantis", sondern aufgrund der potestas, die er aufgrund des unauslöschlichen Merkmales besitzt.

---

[37] *Sacrosanctum Concilium*, 33

[38] *Lumen gentium*, 10

[39] „Sacerdos quidem ministerialis, potestate sacra qua gaudet, populum sacerdotalem efformat ac regit, sacrificium eucharisticum in persona Christi conficit illudque nomine totius populi Deo offert" (LG, 10). Die Relatio bemerkt: „exprimitur relatio sacerdotii episcopalis ad Christum, ut a pluribus petitum est. Episcopi autem dicuntur agere in persona Christi, non tantum Pontificis sed etiam Magistri et Pastoris: totale enim munus Episcoporum est exprimendum." (*Schema De Ecclesia* 1964, pag. 87, L)

[40] *Lumen gentium*, 37; *Optatam Totius*, 4

[41] Vgl. *Lumen gentium*, 28

[42] PAUL VI, *Evangelii nuntiandi*, 67: „Cum Episcopis in ministerium evangelizationis consociantur ii, qui per sacerdotalem ordinationem personam Christi gerunt". (Ench. Vat. V, 1683)

[43] JOHANNES PAUL II, *Reconciliatio et Poenitentia* (1984), 29: „Sacerdos, paenitentiae minister, agit in persona Christi."

[44] CONGREGATIO PRO CLERO, *Postquam apostoli* (25. 3. 1980) (AAS 72 (1980) 343-364), n. 5: "Presbyteri, qui una cum episcopis 'in persona Christi capitis' agunt, modo eminenti collaborant ad regnum Dei in terris dilatandum, sive officium pastoris animarum obeundo, sive verbum Dei praedicando, sive sacramenta novae legis fidelibus administrando."

Somit haben die Bezeichnungen „*in persona Christi agere*" „*personam Christi gerere*" nicht dieselbe intensive Bedeutung bei allen priesterlichen Tätigkeiten. Das Priestertum ist nichts anderes als die Weiterführung und Vergegenwärtigung des Priestertums Christi. „Die Priester werden von Gott durch den Dienst des Bischofs geweiht, um in besonderer Teilhabe am Priestertum Christi die heiligen Geheimnisse als Dienst dessen zu feiern, der sein priesterliches Amt durch seinen Geist allezeit für uns in der Liturgie ausübt. ... vor allem in der Messfeier bringen sie sakramentaler Weise das Opfer Christi dar[45]. – „Im Empfang des Weihesakramentes Gott auf neue Weise geweiht, sind sie (=Priester; sacerdotes) lebendige Werkzeuge Christi des Ewigen Priesters geworden, damit sie sein wunderbares Werk ... durch die Zeiten fortzuführen vermögen. Jeder Priester vertritt also, seiner Weihestufe entsprechend, Christus – „Omnis sacerdos ... ipsius Christi personam agit"[46]. Das Konzil bevorzugt zwar die Bezeichnung *presbyter*, verwendet daneben auch das Wort *sacerdos* und leitet seinen Dienst klar vom priesterlichen Amt Christi her.

Der *Katechismus der Katholischen Kirche* fasst diese Lehren zusammen: „*Wie sollen sie an den glauben, von dem sie nichts gehört haben? Wie sollen sie hören, wenn niemand verkündigt? Wie soll aber jemand verkündigen, wenn er nicht gesandt ist?*" (Röm 10, 14-15). Niemand, keine Einzelperson und keine Gemeinschaft, kann sich selbst das Evangelium verkündigen. „*Also kommt der Glaube aus dem Hören*" (Röm 10, 17). Niemand kann sich selbst den Auftrag und die Sendung geben, das Evangelium zu verkündigen. Der vom Herrn Gesandte spricht und handelt nicht in eigener Autorität, sondern kraft der Autorität Christi; er spricht zu der Gemeinde nicht als eines ihrer Glieder, sondern im Namen Christi. Niemand kann sich selbst die Gnade verleihen; sie muss geschenkt und angeboten werden. Das setzt Diener der Gnade voraus, die von Christus bevollmächtigt sind. Von ihm empfangen sie die Sendung und die Vollmacht [sacram potestatem], „in der Person Christi des Hauptes" [in persona Christi Capitis] zu handeln. Dieses Amt, worin die von Christus Gesandten aus Gottes Gnade das tun und geben, was sie nicht von sich aus tun und geben können, nennt die Überlieferung der Kirche „Sakrament". Das Dienstamt in der Kirche wird durch ein eigenes Sakrament übertragen"[47].

„Christus selbst ist im kirchlichen Dienst des geweihten Priesters in seiner Kirche zugegen als Haupt seines Leibes, Hirt seiner Herde, Hoherpriester des

---

[45] *Presbyterorum ordinis*, 5

[46] *Presbyterorum ordinis*, 12

[47] Katechismus der Katholischen Kirche [=KKK], 875

Erlösungsopfers und Lehrer der Wahrheit. Die Kirche bringt dies zum Ausdruck, indem sie sagt, dass der Priester kraft des Weihesakramentes „in der Person Christi des Hauptes" [*in persona Christi capitis*] [vgl. Offb 5, 9-10; 1 Petr 2, 59] handelt. Es ist der gleiche Priester, Christus Jesus, dessen heilige Person sein berufener Diener vertritt. Durch die Priesterweihe dem Hohenpriester angeglichen, besitzt er die Vollmacht, in der Kraft und an Stelle der Person Christi selbst zu handeln [*virtute ac persona ipsius Christi*[48]]" (*Pius XII*[49]). „Christus ist die Quelle jeglichen Priestertums; denn der Priester des [Alten] Gesetzes war sein Bild. Der Priester des Neuen Bundes aber handelt in der Person Christi (*Thomas*[50])". (*Katechismus*[51]).

„Durch das geweihte Amt, vor allem durch das der Bischöfe und Priester, wird sichtbar gemacht, dass Christus als Haupt der Kirche inmitten der Gemeinschaft der Gläubigen gegenwärtig ist[52]". „Durch eine besondere Gnade des Hl. Geistes gleicht dieses Sakrament den Empfänger Christus an, damit er als Werkzeug Christi seiner Kirche diene"[53].

Papst *Johannes Paul II*[54] erklärt ausdrücklich, dass das Handeln in der Person Christi bei der Darbringung des heiligen Opfers mehr bedeute als Stellvertretung, Beauftragung und Handeln im Namen eines anderen, nämlich eine besondere sakramentale Identifizierung mit dem ewigen Hohenpriester. Die Gemeinde könne sich nicht selbst den geweihten Amtsträger geben und die Eucharistie könne nur durch die Hände des geweihten Priesters gefeiert werden[55]. Er beruft sich dafür in seiner Eucharistie-Enzyklika auf das 4. Laterankonzil.

---

[48] Vgl. *Lumen gentium*, 10; 28; *Sacrosanctum Concilium*, 33; *Christus Dominus*, 11; *Presbyterorum Ordinis*, 2; 6

[49] PIUS XII., Enz. *Mediator Dei*

[50] THOMAS VON AQUIN, *S. th.* III, q 22 a 4

[51] KKK, 1548

[52] KKK, 1549; vgl. LG 21

[53] KKK, 1581

[54] JOHANNES PAUL II, (24. 2. 1980) *Ansprache über das Geheimnis und die Verehrung der hl. Eucharistie*, Nr. 8; übers. vom Sekretariat der Deutschen Bischofskonferenz, 14-15 (AAS 72 [1980] 128)

[55] JOHANNES PAUL II, Enzyklika „*Ecclesia de Eucharistia*" Gründonnerstag, 17. 4. 2003, n. 29 (AAS 95 (2003), 451-453): „Der vom Zweiten Vatikanischen Konzil wiederholt gebrauchte Ausdruck, gemäß ‚der Amtspriester das eucharistische Opfer in der Person Christi vollzieht', war bereits in früheren päpstlichen Lehräußerungen gebraucht worden. Wie ich bei anderer Gelegenheit zu klären Anlass hatte, „bedeutet in persona Christi mehr als nur

‚im Namen' oder ‚in Stellvertretung' Jesu Christi. *In persona*, d. h. in der spezifischen, sakramentalen Identifizierung mit dem ewigen Hohenpriester, der Urheber und hauptsächliches Subjekt dieses seines eigenen Opfers ist, bei dem er in Wahrheit von niemandem ersetzt werden kann". Das Amt der Priester, die das Weihesakrament empfangen haben, macht in der von Christus gewählten Heilsordnung deutlich, dass die von ihnen zelebrierte Eucharistie eine Gabe ist, die auf radikale Weise die Vollmacht der Gemeinde überragt. Das Weihepriestertum ist unersetzlich, um gültig die eucharistische Konsekration an das Kreuzesopfer und an das Letzte Abendmahl zu binden. Die Gemeinde, die zur Feier der Eucharistie zusammenkommt, benötigt unbedingt einen geweihten Priester, der ihr vorsteht, um wirklich eucharistische Versammlung sein zu können. Auf der anderen Seite ist die Gemeinde nicht in der Lage, sich selbst den geweihten Amtsträger zu geben. Dieser ist eine Gabe, die sie durch die auf die Apostel zurückgehende Sukzession der Bischöfe empfängt. Es ist der Bischof, der mittels des Weihesakramentes einen neuen Priester einsetzt und ihm die Vollmacht überträgt, die Eucharistie zu konsekrieren. Daher kann "das eucharistische Geheimnis in keiner Gemeinde gefeiert werden, es sei denn durch die Hände eines geweihten Priesters, wie das Vierte Laterankonzil ausdrücklich gelehrt hat". ...

Nr. 32: „All das macht deutlich, wie schmerzlich und jenseits der Normalität die Situation einer christlichen Gemeinschaft ist, die sich zwar durch Zahl und Vielfalt der Gläubigen als Pfarrei darstellt, der aber ein Priester fehlt, der sie führt. In der Tat ist die Pfarrei eine Gemeinschaft Getaufter, die ihre Identität vor allem durch die Feier des eucharistischen Opfers ausdrücken und bekräftigen. Aber das erfordert die Anwesenheit eines Priesters, dem es allein zukommt, in persona Christi die Eucharistie darzubringen. Wenn in einer Gemeinde ein Priester fehlt, ist es recht, in irgendeiner Weise nach Abhilfe zu suchen, damit die sonntäglichen Feiern fortgesetzt werden können. Hier üben sowohl Ordensleute als auch Laien, die ihre Brüder und Schwestern im Gebet anleiten, in lobenswerter Weise das gemeinsame Priestertum aller Gläubigen aus, das auf der Taufgnade basiert. Aber solche Lösungen müssen als bloß vorläufig betrachtet werden, solange die Gemeinde auf einen Priester wartet. Die sakramentale Unvollständigkeit derartiger Feiern muss die ganze Gemeinde vor allem drängen, mit größerem Eifer zu beten, dass der Herr Arbeiter in seine Ernte sendet (vgl. Mt 9, 38). Ferner muss sie dadurch angespornt werden, all die anderen konstitutiven Elemente einer angemessenen Berufungspastoral in die Tat umzusetzen, ohne der Versuchung zu erliegen, nach Lösungen zu suchen, die eine Minderung der moralischen Kriterien und der Ausbildungsansprüche an Priesteramtskandidaten bedeuteten". ...

Nr. 52. „Aus dem bisher Gesagten wird die große Verantwortung der Priester in der Eucharistiefeier verständlich, denen es zukommt, ihr in persona Christi vorzustehen. Damit stellen sie ein Zeugnis und einen Dienst der Gemeinschaft sicher, nicht nur gegenüber der unmittelbar an der Feier teilnehmenden Gemeinde, sondern auch für die Gesamtkirche, die in der und durch die Eucharistie immer zugegen ist. Leider müssen wir beklagen, dass es vor allem seit den Jahren der nachkonziliaren Liturgiereform infolge einer falsch verstandenen Auffassung von Kreativität und Anpassung an Missbräuchen nicht gefehlt hat, die für viele ein Grund des Leidens sind. Insbesondere in einigen Regionen hat eine gewisse Reaktion auf den "Formalismus" manch einen dazu verleitet, die von der großen liturgischen Tradition der Kirche und die von ihrem Lehramt gewählten "Formen" für nicht verpflichtend zu erachten und nicht autorisierte und oft völlig unpassende Neuerungen einzuführen. Ich sehe mich daher in der Pflicht, einen deutlichen Appell auszusprechen, dass in der Eu-

Bischof *Franz Hengsbach* hat dazu folgendes ausgeführt: „Es ist also heiliger Dienst, den der Priester zu leisten hat, und das vor allem bei der Feier des heiligen Messopfers und bei der Spendung der Sakramente, wo der Priester – in persona Christi – handelt an Christi Statt. Da zeigt er nicht nur die Erlösung durch Christus, sondern er verwirklicht sie. Deswegen soll der Priester wissen, dass seine demütige Hingabe, seine Selbstverleugnung, seine Heiligkeit, keine andere sein sollen als die des Herren selbst. Immer deutlicher wird dadurch, dass wir sagen dürfen: Der Priester steht in der Welt ‚in persona Christi', als Jesus Christus selbst, nicht also nur als ein ‚Amtsträger', als ein Funktionär, auch nicht als ein Prophet im Sinne des Wortführers, des Offenbarungsbringers. Der Priester steht als mehr da als all dies: als der Herr selbst, der weiterlebt in seiner Kirche. So soll der Priester auch seine Führungsaufgabe erfüllen, wie der Herr es getan hat als ‚guter Hirt' (Joh 10), der den Mut hat, seiner Herde voranzugehen, nicht zu folgen, der wirklich leiten und führen will, aber immer im Dienst und im Verantwortungsbewusstsein gegenüber Gott dem Vater"[56].

Das *Directorium* von 1998 verwendet die Formel „*in nomine Christi*" bezüglich des liturgischen und karitativen Dienstes des Diakons[57].

---

charistiefeier die liturgischen Normen mit großer Treue beachtet werden. Sie sind ein konkreter Ausdruck der authentischen Kirchlichkeit der Eucharistie; das ist ihr tiefster Sinn. Die Liturgie ist niemals Privatbesitz irgendjemandes, weder des Zelebranten, noch der Gemeinschaft, in der die heiligen Geheimnisse gefeiert werden. Der heilige Apostel Paulus musste sich wegen der schwerwiegenden Mängel in ihrer Eucharistiefeier mit scharfen Worten an die Gemeinde von Korinth wenden, da diese zu Spaltungen (skísmata) und Fraktionsbildungen (hairéseis) (vgl. 1 Kor 11,17-34) geführt hatten. Auch in unseren Zeiten müsste der Gehorsam gegenüber den liturgischen Normen wiederentdeckt und als Spiegel und Zeugnis der einen und universalen Kirche, die in jeder Eucharistiefeier gegenwärtig gesetzt wird, geschätzt werden. Der Priester, der die heilige Messe treu gemäß den liturgischen Normen zelebriert, und die Gemeinde, die diesen annimmt, zeigen so schweigend und doch beredt ihre Liebe zur Kirche".

Vgl. auch das Apost. Schreiben *Dominicae Cenae* (24. 2.1980), 8; AAS 72 (1980) 127-130;

[56] F. HENGSBACH, *Das Wirken des Priesters in der Person Christi*, in: J. M. Gijsen/F. Hengsbach/H. Thomas, Stärke deine Brüder. Forderungen an die Priester, St. Augustin 1977, 73-74

[57] *Directorium für Deinst und Leben der ständigen Diakone* (22. 2. 1998), n. 37: "Nomine ipsius Christi, inservit ad Ecclesiam participem reddendam fructum sacrificii sui" (n. 28); „Vi sacramenti Ordinis diaconus ... munera pastoralia participat, ... quae participatio, utpote per sacramentum peracta, efficit ut diaconi Populum Dei inserviant nomine Christi".

„Statische" Repräsentation (personam gerere) oder „dynamische" Aktualgegenwart (in persona agere)?

Bedeuten Ontologische Repräsentation und Aktualgegenwart sich ausschliessende Gegensätze, wie manchmal behauptet worden ist? Mit den affektiv belasteten Attributen – statisch gegenüber dynamisch – wollte man zudem einen wesentlichen Unterschied zwischen vorkonziliarer und nachkonziliarer Theologie behaupten: *'repraesentare'* oder *'personam Christi gerere'* meine nicht nur einen bestimmten Vollzug oder eine unterbrochene Präsenz des Fernen im Gegenwärtigen, sondern setze eine dauernde von der jeweiligen Aktion unabhängige Vergegenwärtigung voraus, die als Quasi-Identität verstanden werde. Im Gegensatz dazu bedeute der Ausdruck 'in persona' eher die dynamische Veränderung; die repräsentierte Person bilde nicht notwendig mit der Person des Sprechenden eine untrennbare bzw. später nicht mehr scheidbare Einheit. ,In persona' bedeute eben nur gegenwärtig sein zur Zeit des Sprechens oder stellvertretenden Handelns. Das Konzil habe hier – wenn auch nicht immer konsequent – neue Wege gewiesen: Es sei ein Missverständnis, wenn man die Christus-Präsenz des Amtsträgers als dauernde Vorhandenheit, als Quasi-Identität mit Christus denke[58].

Im Gegensatz zu der behaupteten Alternative kann zum Beispiel auf die *Liturgiekonstitution*[59] verwiesen werden, nach der Christus in der Kirche auch gegenwärtig ist „in der Person dessen, der den priesterlichen Dienst vollzieht – denn ,derselbe bringt das Opfer jetzt dar durch den Dienst der Priester, der sich einst am Kreuze selbst dargebracht hat'[60]". Somit wird die Gegenwart

---

[58] P. J. CORDES, *Sendung zum Dienst*, Frankfurt 1972, 186. Noch schärfer akzentuierte der Autor damals in dem Aufsatz: *Sacerdos alter Christus? Der Repräsentationsgedanke in der Amtstheologie*, Catholica 26 (1972) 41, und wirft auch dem Konzil eine gewisse Inkonsequenz vor (S. 47-48): „Der begriffsgeschichtliche Durchblick erhellt, dass die Christusrelation des Amtsträgers wohl kaum uneingeschränkt und global als repraesentatio zu bezeichnen ist. Dem möglichen Missverständnis einer ,Quasi-Identität' des Amtsträgers mit Christus wäre nicht gesteuert. Die Vorstellung einer spezifischen, statisch-objektivistischen Christuspräsenz im Amtsträger spricht letzterem eine Würde zu, die den Herrn selbst in den Schatten stellt und die der gleichen Nähe aller Getauften zu Gott widerspricht. Sie missachtet ferner den Dienstcharakter des Amtes und harmoniert auch nicht mit dem apostolisch ausgreifenden Zug, den das Vaticanum II als Kirchenbild wider verdeutlichte. Nun kann leider nicht darauf verwiesen werden, dass die Endredaktion des Dekrets ,Über Dienst und Leben der Priester' in all ihren Formulierungen das Missverständnis vermiede, die Christus-Präsenz des Amtsträgers als dauernde Vorhandenheit zu denken".

[59] *Sacrosanctum Concilium*, 7

[60] *Tridentinum*, Sessio 22, e. 2

Christi nicht nur in einigen äußeren Handlungen des Priesters aktuell, sondern schon in seiner Person (*in persona ministri*). Aus den Konzilsakten[61] geht hervor, dass der Ausdruck „*Christum repraesentare*" des Priesterdekrets nicht nur eine gelegentliche Funktionsausübung meint, sondern eine dauernde und ständige Vergegenwärtigung Christi. Man hat sich dafür auf die Tradition berufen, die den Priester häufig als „imago, typus, eikon, figura" des Hohenpriesters Christus bezeichnet und in vielen älteren und jüngeren lehramtlichen Texten als „*alter Christus*"[62]. Die Alternative ist also nur scheinbar. Das Priesterdekret verwendet beide Ausdrücke und verzichtet keineswegs auf eine Beschreibung der dem Handeln voraus liegenden Seinsgrundlage; auch die Lehre vom unauslöschlichen Merkmal ist keineswegs unterdrückt. Spätere Dokumente wie das *Directorium für Dienst und Leben der Priester* (31. 1. 1994) warnen besonders vor der Gefahr des „Funktionalismus" für die Pastoral[63].

Die „ontologische" Grundlage des Priestertums zeigt sich auch in der Tatsache des *character indelebilis,* der Endgültigkeit der priesterlichen Berufung[64] und Unwiderruflichkeit des priesterlichen Amtes[65].

Agere in persona Ecclesiae

Seit Tertullian wird in der Tradition das Wirken des Priesters immer wieder auch als Handeln *in der Person der Kirche* bezeichnet. Nach *Augustinus* ist Christus ein Mensch mit Haupt und Leib[66]. Sein Leib aber ist nichts anderes als die Kirche, die mit ihm „eine Person"[67] bildet. Die biblische Begründung gibt vor

---

[61] Vgl. P. J. CORDES, Catholica 26 (1972) 38-49

[62] Z. B. bei PIUS XI, (20. 12. 1935) *Lehrschreiben Ad catholici sacerdotii* (DS 3755); PIUS XII, (23. 9. 1950), *Menti nostrae* (Enchiridion clericorum, Rom ²1975, n. 2199); PAUL VI, (4. 11. 1963), *Ep. Summi Dei Verbum* (Ench. cleric., n. 2536); CONGREGATIO PRO INSTIT. CATH., (6. 1. 1970) *Ratio fundamentalis sacerdotalis* (Ench. cleric., n. 3005); vgl. Anm. 69

[63] Vgl. Anm. 7

[64] Vgl. J. STÖHR, *Christliche Ehe und Priestertum als endgültige Berufungen,* in: A. von Stockhausen/R. Bäumer, Die Familie im Spannungsfeld zu den evangelischen Räten, Weilheim-Bierbronnen 1998, 145-171; ²Weilheim-Bierbronnen 2002

[65] J. RATZINGER, *Zur Frage nach dem Sinn des priesterlichen Dienstes,* Geist und Leben 41 (1968) 347-376 [373-375]: „'Priester auf Zeit' gibt es von der katholischen Theologie her sowenig wie ,Ehe auf Probe'. Beides kann man nur ganz oder gar nicht haben". [ebd., 374]

[66] AUGUSTINUS: „Unus ergo homo Christus, caput et corpus" (Enarr. in Ps. 127, n. 3). „Fit ergo tamquam ex duobus una quaedam persona, ex capite et corpore, ex sponso et sponsa". (*Enarr. in Ps.* 30, II s. 1 n. 4; CCL 38, 193; PL 36, 232)

[67] JOHANNES DE TURRECREMATA, *Summa de ecclesia, Lib. 1 c. 43*; Venedig 1560, p. 50

allem Paulus, wenn er Christus mit denen, die durch die Taufe in ihn eingegliedert sind, zusammen sieht (Gal 3, 27-29), so dass alle „einer" sind in Christus. In 1 Kor 11, 12-13 nennt er die Kirche, die wie ein Leib aus vielen Gliedern zusammengesetzt ist, einfachhin Christus. Allerdings ist der *Christus totus* nur im übertragenen Sinne Person; die hypostatische Union kann nicht auf die Glieder Christi, das heißt die Kirche, ausgedehnt werden, und ein ekklesiologischer Monophysitismus ist abzulehnen. Die Enzyklika *Mystici corporis* nennt die Kirche daher „*quasi* altera persona Christi"[68]; auf Erden stellt sie „*velut* alter Christus"[69] seine Person dar. Nach *Mediator Dei* wird die Liturgie der Kirche vom Priester „*nomine ecclesiae*" dargebracht[70].

Der Terminus „*agere in persona ecclesiae*' soll nach der Interpretation einiger Autoren zum Ausdruck bringen, dass die Kirche, insbesondere das allgemeine Priestertum, Fundament aller Dienste und Ämter sei. Das Amtspriestertum würde danach als bloßer besonderer Ausdruck des allgemeinen Priestertums erscheinen, das sich im Dienst an allen Gliedern verwirklicht[71]. Bei dieser Konzeption versteht man zwar die allgemeine Sendung der Kirche, ihre Einheit und Kontinuität sowie das Laienapostolat und den allgemeinen Anteil jedes Getauften am erlösenden Tun Christi; man hat jedoch große Schwierigkeiten, wenn man den fundamentalen Unterschied zwischen allgemeinem und Amtspriestertum erklären will.

Zweifellos ist die „Gemeinde" nicht einfach nur passiv-untätige Empfängerin von Sakramenten, sondern lebendig aufnehmender Ackerboden, welcher durch das Wort Frucht bringen soll. Sie ist nicht einfach tatenloses Objekt,

---

[68] Pius XII, *Mystici Corporis*, (AAS 35 (1943) 217-218)

[69] Ebd., 231; vgl. Anm. 62

[70] Pius XII, *Mediator Dei* (AAS 39 (1947) 539)

[71] F. Klostermann forderte, die Stellvertretung und Repräsentation Christi nicht zu einer Ideologie zu machen; selbst der Vater-Titel für den Bischof scheint ihm bedenklich wegen des Widersrpuches zu Mt 23, 9 und der Gefahr paternalistisch-patriarchalischer Missverständnisse (in: Weltpriester nach dem Konzil, Münchener Akademieschriften 1969, 143-175; W. Pesch - P. Hünermann - F. Klostermann, *Priestertum - kirchliches Amt zwischen gestern und morgen*, Aschaffenburg 1971, 94. Vgl. auch W. Kasper, in: Conc(D) 5 (1969) 166. F. Wulf SJ kritisierte, dass die Kirchenkonstitution nicht deutlich mache, dass das besondere Priestertum seinem Wesen nach aus dem Geheimnis der priesterlichen Kirche herauswachse (*Kommentar zum Dekret über Dienst und Leben der Kirche* c. 1 a. 2, in: LThK.K III, 152). Auch A. Grillmeier meinte missverständlich, dass die Aussagen der Kirchenkonstitution über das Verhältnis zwischen gemeinsamen und allgemeinem Priestertum nicht eine „letzte gültige" Unterscheidung seien (Kommentar, in LThK. I, 182 = *Kommentar zur Kirchenkonstitution* c. 2 a. 10).

sondern selbst berufen, Glaubenszeugnis und Bekenntnis zu vollziehen. Der eucharistische Leib des Herrn dient dem Aufbau des mystischen Leibes Chri sti. Und der Priester repräsentiert die Kirche.

Doch wird oft zu wenig beachtet, dass „Kirche" einmal den „ganzen Christus", Haupt und Glieder zusammen, bezeichnen kann, und zum anderen manchmal die Braut Christi meint, – also Christus gegenübergestellt wird. Schon *Thomas von Aquin*[72] weist darauf hin, dass ‚agere in persona Christi' und ‚agere in persona ecclesiae' zu unterscheiden sind. Auf dem Konzil ist das Wirken des konsekrierenden Priesters eindeutig als ‚agere in persona Christi capitis' gekennzeichnet; die Interpretation im Sinne eines ‚agere in persona sponsae', d. h. ‚ut minister ecclesiae', ist ausdrücklich zurückgewiesen worden[73].

„Durch das Geheimnis Christi ist der Priester in der Ausübung seines vielfältigen Dienstes auch in das Geheimnis der Kirche eingefügt, die »sich im Glauben bewusst wird, nicht aus sich selbst zu sein, sondern aus der Gnade Christi im Heiligen Geist«. So findet sich der Priester zugleich in der Kirche

---

[72] „Nomen Ecclesiae dupliciter accipitur. Quandoque enim nominat tantummodo corpus quod Christo coniungitur sicut capiti; et sic tantum Ecclesia habet rationem sponsae; sic vero Christus non est Ecclesiae membrum, sed est caput influens omnibus Ecclesiae membris. Alio modo accipitur Ecclesia secundum quod nominat caput et membra coniuncta [...] Sic autem loquendo de Ecclesia, Ecclesia non nominat solum sponsam, sed sponsum et sponsam, prout per coniunctionem spiritualem est ex eis unum effectum. Unde Christus licet aliquo modo dicatur membrum Ecclesiae, nullo tamen modo dici membrum sponsae". (*In Sent.* IV d. 49 q 4 a. 3 ad 4).
„Sacerdos in missa in orationibus loquitur in persona Eccelsiae, in cuiuc unitate consistit. Sed in consecratione sacramenti loquitur in persona Christi, cuius vicem in hoc gerit per ordinis potestatem. Et ideo, si sacerdos ab unitate Ecclesiae praecisus missam celebret, quia potestatem ordinis non amittit, consecrat verum corpus et sanguinem Christi: sed quia est ab Ecclesiae unitate separatus, orationes eius efficaciam non habent". (*S. th.*, III q 82 a 7 ad 3).

[73] Einige Konzilsväter hatten erreicht, dass bei der Endredaktion des *Dekrets über Dienst und Leben der Priester* (Nr. 2) die Christozentrik der Presbytertätigkeit deutlicher gekennzeichnet wurde. So führte man die Bestimmung „nomine Christi" ein. Denn andere hatten den Abschnitt über die eucharistische Funktion des Priesters durch ein „ut ministri Ecclesiae" verändern wollen; die Kommission hat jedoch ausdrücklich erklärt, dass die Priester hier nicht als Diener der Kirche wirken: „Im übrigen bestätigen sich die Presbyter nicht, insofern sie Diener der Kirche sind (non ut ministri Ecclesiae), sondern insofern sie Diener Christi sind (ut ministri Christi)" (*Lumen gentium*, 10, 2 u. 28: „in persona Christi agentes"). Vgl. P. J. Cordes, *Sendung zum Dienst*, Frankfurt 1972, 178: Diese besondere Inanspruchnahme durch Christus ist im Dekret von seinen ersten Entwürfen ab in immer neu wechselnden Ausdrücken deutlich gemacht.

und ihr gegenüber[74]. Tatsächlich macht das Weihesakrament den Priester nicht nur zum Teilhaber am Geheimnis Christi, des Priesters, Lehrers, Haupt und Hirten, sondern in gewisser Weise auch am Geheimnis Christi, des »Dieners und Bräutigams der Kirche«. Sein »Leib« ist sie, die er geliebt hat und die er liebt bis zur Hingabe seiner selbst für sie (vgl. Eph 5, 25); er erneuert und läutert sie ständig durch das Wort Gottes und die Sakramente (vgl. Eph 5, 26); er macht sie immer schöner (vgl. Hld 5, 27) und schließlich nährt und umsorgt er sie (vgl. Eph 5, 29)"[75].

Kardinal *Charles Journet*, der wohl bedeutendste Konzilstheologe, hat die Zusammenhänge schon früh sehr klar in seinem Buch über die Hl. Messe verdeutlicht[76]: „Bei der Verwandlung handelt die Kirche durch ihre Priester, in persona Christi, im Namen Christi selbst. Es ist die Stimme des Bräutigams, die sie zu Gehör bringt, nicht ihre eigene. Die Worte der Verwandlung sind, wie schon Ambrosius erinnert hat, im Unterschied zu denjenigen, die ihnen vorausgehen und folgen, im Namen Christi selbst ausgesprochen. Der Priester sagt nicht: ‚Dies ist der Leib Christi', ‚dies ist das Blut Christi'; er opfert an Stelle Christi, ‚vices Christi agens offert'; seine Rolle verflüchtigt sich vor der Rolle Christi, er sagt: ‚*Dies ist mein Leib*', ‚*dies ist mein Blut*'. Der sakramentale Charakter des Weihesakramentes ist, so erklärt der *hl. Thomas*, eine geistliche Vollmacht werkzeuglicher Art, *potentia spiritualis instrumentalis*; der Priester ist im Augenblick der Verwandlung in den Händen Christi wie ein bloßes Instrument, das die höhere Kraft, die ihm von dem eigentlichen Handelnden zukommt, übertragen kann, aber unfähig ist aus sich selbst zu handeln[77]. ... Nach der Verwandlung jedoch handelt die Kirche durch die Priester in ihrem eigenen Namen, *in propria persona*. Es ist ihre eigene Stimme als Braut, die sie hören lässt, wenn sie die übrigen Gebete und Zeremonien der hl. Messe verrichtet ... Sie handelt dabei also als Zweitursache, zweifellos unter wirklichem Beistand, aber unter ihrer eigenen Verantwortlichkeit. Die Priester sind hier nicht mehr wie vorher *ministri*, d. h. reine Instrumente Christi des Bräutigams; sie sind Diener der Kirche, welche die Braut Christi ist. ..."

---

[74] Vgl. Johannes Paul II, Nachsynodales Apostolisches Schreiben *Pastores dabo vobis*, 16

[75] Kongregation für den Klerus, *Direktorium für Dienst und Leben der Priester* (31. 1. 1994) 12-13

[76] Ch. Journet, *La Messe. Présence du sacrifice de la croix*, Paris 1961, 138 s.

[77] Thomas, *S. th*. III q 63 a 2

Ähnlich definiert der Kardinal in seinem ebenso genialen wie monumentalen Werk über die Kirche[78] die doppelte – „kultische und sazerdotale" – Vollmacht des Priesters, die sich einmal auf Christi eigenen Leib erstreckt, wenn er konsekriert, und zum anderen auf den mystischen Leib Christi, wenn er die Gläubigen auf den Empfang der Eucharistie vorbereitet: „Wenn der Priester die Eucharistie feiert, die zugleich das Opfer des neuen Bundes und das Sakrament des Leibes und Blutes des Erlösers ist, spricht er nicht: Dies ist Jesu Leib, dies ist Jesu Blut. Um wirklich zu bezeugen, dass der Ritus des Gründonnerstages hier nicht nur auf ähnliche, sondern auf wahrhaft identische Weise nachvollzogen wird, und dass seine eigene persönliche Mittlertätigkeit in diesem heiligen Augenblick nur die eines bloßen Werkzeuges ist, wiederholt der Priester im Namen Jesu die Worte Jesu: *Das ist mein Leib, das ist mein Blut.* [...] Die höchste Funktion des Priesters als solchem besteht demnach darin, vor Christus zurückzutreten, den er Gott aufopfert und der Welt schenkt. Seine Maxime muss die des Vorläufers sein: *‚Er muss wachsen und ich abnehmen'* (Joh 3, 30)".

„Die sekundäre Funktion des Priesters betrifft nicht mehr den individuellen oder realen Leib Christi, sondern seinen sozialen oder mystischen Leib. Er hat das Volk Gottes an die Eucharistie heranzuführen. Zu diesem Zweck ist ihm die Vollmacht verliehen, die Seelen zu reinigen entweder von der Sünde durch das Bußsakrament: *‚Wie mich der Vater gesandt hat, so sende ich euch ... Welchen ihr die Sünden nachlasset, denen sind sie nachgelassen; und wem ihr sie behaltet, dem sind sie behalten'* (Joh 20, 21-23), oder von den Überbleibseln der Sünden durch das Sakrament der Letzten Ölung: *‚Ist einer unter euch krank? Er lasse die Priester der Kirche rufen. Sie sollen über ihn beten und ihn mit Öl salben im Namen des Herrn'* (Jak 5, 14). Der Priester ist der ordentliche Spender der feierlichen Taufe und kann auch der außerordentliche Spender der Firmung sein ...".

Eine falsch verstandene Kirchenrepräsentation des Priesters führt zu weiteren Irrtümern, wie sie zum Beispiel durch die *Kongregation für die Glaubenslehre* zurückgewiesen werden mussten (1976, 1983)[79]: „Es mag einer ferner einwen-

---

[78] CH. JOURNET, *L'Église du Verbe incarné*, I, La hiérarchie apostolique, ³Paris 1962, 109-110

[79] *Erklärung der Kongregation für die Glaubenslehre zur Frage der Zulassung der Frauen zum Priesteramt "Inter insigniores"* (15. 10. 1976), (Enchiridion Vaticanum V, 2139), übers. vom Sekretariat der Deutschen Bischofskonferenz, Bonn (Verlautbarungen des Apostolischen Stuhls, Nr. 3), 17-18, sowie der amtliche Kommentar, 42-43.
Ein Schreiben der KONGREGATION FÜR DIE GLAUBENSLEHRE an die Bischöfe der katholischen Kirche handelt „*über einige Fragen bezüglich des Dieners der Eucharistie*" (6. 8. 1983) (*Sacerdotium ministeriale*; Ench. Vatic. 7, 240; OssRom, 9. 9. 1983; OssRom dt Nr. 38 vom 23. 9.

den, dass der Priester, vor allem wenn er bei den liturgischen und sakramentalen Handlungen den Vorsitz führt, in gleicher Weise die Kirche repräsentiert: er handelt in ihrem Namen, mit der Intention 'zu tun, was die Kirche tut'. In diesem Sinn sagten die mittelalterlichen Theologen, dass der Priester auch *in persona Ecclesiae* handle, d. h. im Namen der ganzen Kirche und um sie zu repräsentieren. Welches auch immer die Teilnahme der Gläubigen an der liturgischen Handlung sein mag, es ist in der Tat der Priester, der sie im Namen der ganzen Kirche vollzieht: er betet im Namen aller; er opfert in der Messe das Opfer der ganzen Kirche: im neuen Ostermahl wird Christus von der Kirche durch die Priester unter sichtbaren Zeichen geopfert. Da der Priester also auch die Kirche repräsentiert, könnte man sich da nicht denken, dass diese Repräsentation entsprechend der schon dargelegten Symbolik auch von einer Frau vorgenommen wird? Es ist wahr, dass der Priester die Kirche repräsentiert, die der Leib Christi ist. Er tut das jedoch gerade deshalb, weil er zuvor Christus selbst repräsentiert, der das Haupt und der Hirt der Kirche ist. So sagt es das *II. Vatikanische Konzil,* wodurch es den Ausdruck *in persona Christi* genauer bestimmt und ergänzt. In dieser Eigenschaft führt der Priester in der christlichen Versammlung den Vorsitz und feiert er das eucharistische Opfer, 'das die ganze Kirche aufopfert und in dem sie auch sich selbst ganz als Opfer darbringt'"[80]. Mit dieser Erklärung ist auch das Wirken im Namen der Kirche eindeutig abgeleitet vom agere in persona Christi – und ihm nicht etwa neben- oder untergeordnet.

Der Mainzer Kirchenrechtler *Georg May* hat schon früh die verschiedenen Aspekte des Begriffs der Repräsentation klargestellt und mutig auf die zu erwartenden Folgen modernistischer Verirrungen aufmerksam gemacht[81].

Im neuen Kirchenrecht wird das Wirken *„in persona Christi capitis"* eindeutig klar dem Weihesakrament zugeordnet und präzise beschrieben: „Durch das Sakrament der Weihe werden gemäß göttlicher Anordnung einige der Christ-

---

1983, S. 4-5). Es nennt eine Reihe von Irrtümern, die alle in eine falsche Schlussfolgerung einmünden: „Die Vollmacht, das Sakrament der Eucharistie zu vollziehen, sei nicht notwendigerweise mit dem Weihesakrament verbunden". Dies kann „in keiner Weise mit dem überlieferten Glauben in Einklang gebracht werden, denn auf diese Weise wird nicht nur die den Priestern anvertraute Amtsvollmacht verworfen, sondern die gesamte apostolische Struktur der Kirche verletzt und die Heilsökonomie der Sakramente zerstört". (III, 1).

[80] *Inter insigniores*, ebd.

[81] Vgl. G. MAY, *Priester und priesterliche Lebensform in der Kirchenkrise der Gegenwart*, Wien 1977; DERS., *Der Priester – Diener, Gefährte und Freund Christi*, Der Fels 15 (1984) 76-81; DERS., *Demokratisierung der Kirche. Möglichkeiten und Grenzen*, Wien-München 1971

gläubigen zu heiligen Dienern gemacht, und zwar durch das unauslöschliche Merkmal, mit dem sie besiegelt werden. Denn sie werden geweiht und dazu bestellt, je nach ihrem Weihegrad das Volk Gottes in der Person Christi des Hauptes zu weiden, indem sie die Aufgabe zu lehren, zu heiligen und zu leiten erfüllen"[82].

Das Besondere des Amtes ist also keineswegs ein Doppelaspekt in dem Sinne, dass es sowohl Repräsentation Christi wie der vom Geist erfüllten Gemeinde wäre, deren Zustimmung es wesentlich brauche, um zu sein – wie *G. Greshake* behauptet[83].

Voraussetzung des ‚agere in persona Christi capitis' ist das unauslöschliche Merkmal, das Siegel der Weihe, das zum ‚minister sacer' konstituiert. Die Sendung und juristische Beauftragung durch die Kirche zu diesem Wirken sind demgegenüber zweitrangig und hätten ohne dieses Fundament keine Gültigkeit; sie können nur Folgen einer Besiegelung durch den character indelebilis sein[84]. Der ‚heilige Diener' handelt also nicht nur im Auftrag Christi und als Stellvertreter Christi, sondern in der Person Christi, der das Haupt des mystischen Leibes ist und ihn auferbaut, also aufgrund einer seinsmäßigen, unzerstörbaren und nicht nur juristischen Einheit mit ihm.

Somit steht, wie das *Direktorium für Dienst und Leben der Priester* (31. 1. 1994) mit aller Klarheit feststellt[85] – die im folgenden zitierten Ausführungen sprechen für sich – „der Priester der Kirche deutlich als Leiter »gegenüber«, der jene Gläubigen zur Heiligung hinführt, die seinem wesenhaft pastoralen Dienst anvertraut sind. Diese mit Demut und Kohärenz zu lebende Realität kann zwei gegensätzlichen Versuchungen ausgesetzt sein.

Die erste ist die, das eigene Amt herrisch gegenüber der Herde auszuüben (vgl. Lk 22, 24-27; 1 Petr 5, 1-4), während die zweite jene ist, in einer unrichtigen Vorstellung von „Gemeinschaft" die eigene Gleichgestaltung mit Christus, dem Haupt und Hirten, herabzumindern". [...]

---

[82] „Sacramento ordinis ex divina institutione inter christifideles quidam charactere indelebili quo signantur, constituuntur ministri, qui nempe consecrantur et deputantur, ut, pro suo quisque gradu, in persona Christi capitis munere docendi, santificandi et regendi adimplentes, Dei populum pascant" (CIC, can. 1008).

[83] Vgl. G. GRESHAKE, *Priestersein*, 2Freiburg 1982, 93

[84] K. LEHMANN hat leider einmal im Rahmen einer Diskussion um Ämteranerkennung behauptet: „Es ist durchaus ein hoher Konsens erreichbar in der Frage, ob man die Ordination als Sakrament bezeichnet oder nicht. Die Entscheidung darüber scheint primär ein Problem kirchlicher Sprachregelung darzustellen". ... (Catholica 27 (1973) 251)

[85] *Direktorium für Dienst und Leben der Priester* (31. 1. 1994), 16

„Häufig geschieht es, dass man, um die erste Fehlhaltung zu vermeiden, der zweiten verfällt und dazu neigt, jeden Unterschied der Aufgaben zwischen den Gliedern des mystischen Leibes Christi, der die Kirche ist, zu eliminieren und damit faktisch die wahre Lehre der Kirche bezüglich der Unterscheidung von gemeinsamem Priestertum und Amtspriestertum, ablehnt[86]. Unter den diversen Zerrbildern, die heute zu verzeichnen sind, findet man den sogenannten ‚Demokratismus'. Es ziemt sich in diesem Zusammenhang daran zu erinnern, dass die Kirche all jene Verdienste und Werte anerkennt, die die demokratische Kultur in der zivilen Gesellschaft mit sich gebracht hat. Außerdem hat sich die Kirche immer mit allen ihr zur Verfügung stehenden Mitteln für die Annerkennung der gleichen Würde aller Menschen eingesetzt. Im Sinne dieser kirchlichen Tradition hat sich das Zweite Vatikanische Konzil offen zur gemeinsamen Würde aller Getauften bekannt[87]. Allerdings muss man auch feststellen, dass die Mentalität und Praxis in einigen Strömungen der soziopolitischen Kultur unserer Zeit nicht automatisch auf die Kirche übertragbar sind. Denn die Kirche verdankt ihre Existenz und ihre Struktur dem Heilsplan Gottes. Sie betrachtet sich selbst als Gabe eines wohlwollenden Vaters, der sie durch die Erniedrigung seines Sohnes am Kreuz befreit hat. Die Kirche möchte deshalb – im Heiligen Geist – dem freien und befreienden Willen ihres Herrn Jesus Christus ganz konform und treu sein. Dieses Heilsgeheimnis bewirkt, dass sich die Realität der Kirche aufgrund ihrer Eigennatur von einfachen menschlichen Gesellschaften unterscheidet.

Es handelt sich daher beim sogenannten »Demokratismus« um eine sehr schwerwiegende Versuchung, weil sie dahin führt, die Autorität und Gnade, die Christus als Haupt zukommen, zu leugnen und die Kirche zu denaturieren, als wäre sie nichts anderes als eine menschliche Gesellschaft. Eine solche Konzeption schwächt die hierarchische Verfassung der Kirche selbst, wie sie von ihrem göttlichen Gründer gewollt worden war, wie sie das Lehramt immer klar gelehrt hat und wie sie die Kirche ununterbrochen gelebt hat. Mitbestimmung in der Kirche gründet auf dem Geheimnis der Glaubensgemeinschaft, das seinem Wesen nach, in sich selbst die Gegenwart und aktive Funktion der kirchlichen Hierarchie beinhaltet und betrachtet. Demnach ist in der

---

[86] Vgl. KONZIL VON TRIENT, Sessio XXIII, *De sacramento Ordinis,* cap. 1 c. 4, can. 3, 4, 6 (DS, 1763-1776); II. VATIKANISCHES KONZIL, Dogmatische Konstitution *Lumen gentium,* 10; KONGREGATION FÜR DIE GLAUBENSLEHRE, Brief *Sacerdotium ministeriale* (6. 8. 1983), 1 (AAS 75 (1983), 1001)

[87] *Lumen gentium,* 9

Kirche eine gewisse Mentalität nicht zulässig, die sich bisweilen besonders in einigen Organismen der kirchlichen Mitbestimmung zeigt und die entweder dazu neigt, die Aufgaben der Priester und jene der gläubigen Laien zu verwechseln oder die dem Bischof eigene Autorität von jener der Priester als Mitarbeiter der Bischöfe nicht zu unterscheiden oder die Besonderheit des Petrusamtes im Bischofskollegium zu leugnen"[88].

So stellt auch der *Katechismus der katholischen Kirche* fest[89]: „Im Namen der ganzen Kirche" will nicht besagen, daß die Priester die Delegierten der Gemeinschaft seien. Das Gebet und das Opfer der Kirche lassen sich vom Gebet und Opfer Christi, ihres Hauptes, nicht trennen. Es handelt sich stets um den Kult, den Christus in seiner Kirche und durch sie darbringt. Die ganze Kirche, der Leib Christi, betet und bringt sich „durch ihn und mit ihm und in ihm" in der Einheit des Heiligen Geistes Gott dem Vater dar. Der ganze Leib, Haupt und Glieder, betet und bringt sich dar. Deshalb werden jene, die in diesem Leib in besonderer Weise das Dienstamt innehaben, nicht nur Diener Christi, sondern auch Diener der Kirche genannt. Das Amtspriestertum kann die Kirche deshalb repräsentieren, weil es Christus repräsentiert."

Sakramentale Identifizierung mit Christus: Die Eucharistie als Mitte

Papst *Benedikt XVI* stellt im apostolischen Schreiben *Sacramentum caritatis* fest: „Die innere Verbindung zwischen Eucharistie und Priesterweihe geht aus Jesu eigenen Worten im Abendmahlssaal hervor: »*Tut dies zu meinem Gedächtnis!*« (Lk 22, 19). Jesus hat ja am Vorabend seines Todes die Eucharistie eingesetzt und zugleich *das Priestertum des neuen Bundes* gegründet. Er ist Priester, Opfer und Altar: Mittler zwischen Gott Vater und dem Volk (vgl. *Hebr* 5, 5-10), Sühnopfer (vgl. *1 Joh* 2, 2; 4, 10), das sich selbst auf dem Altar des Kreuzes darbringt. Niemand kann sagen: »*Das ist mein Leib*« und: »*Das ist der Kelch des Neuen Bundes, mein Blut* ...«, außer im Namen und in der Person Christi, des einzigen Hohenpriesters des neuen und ewigen Bundes (vgl. *Hebr* 8-9)[90]. „Christus selbst ist im kirchlichen Dienst des geweihten Priesters in seiner

---

[88] *Direktorium für Dienst und Leben der Priester* (31. 1. 1994), 17

[89] *Katechismus der Katholischen Kirche*, 553

[90] BENEDIKT XVI (22. 2. 2007), *Sacramentum caritatis*, IV n. 23 (Verlautbarungen des Apostolischen Stuhls, Nr. 177)

Kirche zugegen als Haupt seines Leibes, Hirt seiner Herde, Hoherpriester des Erlösungsopfers[91]".

„Die Einsetzungsworte Jesu spricht der Priester in der direkten Redeweise des Herrn, in nomine et persona Christi, da er durch den Ordo ein besonderes Christusgepräge erhalten hat"[92]. „Durch die Priesterweihe erhält der Priester wirklich die Fähigkeit, dem Herren Hände, Stimme, sein ganzes Sein zu leihen: Jesus Christus selbst verwandelt in der heiligen Messe durch die Worte der Konsekration Brot und Wein in seinen Leib und seine Seele, sein Blut und seine Gottheit"[93]. Es liegt also viel mehr vor als eine menschliche Eigenleistung der intentionalen oder juristischen Identifizierung.

Nach der Kirchenkonstitution des *II. Vatikanum*[94] bilden sowohl das allgemeine Priestertum der Gläubigen wie das Amtspriestertum, obwohl sie wesentlich verschieden sind, eine Teilhabe am einzigen Priestertum Christi. Das Konzil stützt sich hier ganz offensichtlich auf die Lehre des heiligen *Thomas von Aquin*[95]. Das Konzil weist aber sehr klar und betont auf den wesentlichen und nicht nur graduellen Unterschied des besonderen Priestertums gegenüber dem allgemeinen hin[96] – keineswegs „eine missverständliche Formulierung" wie *G. Greshake* möchte[97] – ; es begründet ihn mit der spezifischen Teilhabe am Priestertum Christi, das heißt dem *„in persona Christi capitis"* Handeln-Können und dem öffentlichen Charakter des Amtspriestertums[98]. Nach der Lehre des heiligen *Thomas* sind die Priester vor allem deshalb als Diener Christi bestellt, um den Menschen die Früchte seines Erlösungstodes zuwenden zu können[99]. Das *Dekret über Dienst und Leben der Priester*[100] weist auf den öffentlichen Charakter des priesterlichen Amtes hin: „*Sacerdotali officio publice pro hominibus nomine Christi fungentur.*" Nach der Erklärung der *Konzilskommission* ist

---

[91] *Katechismus der Katholischen Kirche*, 1548

[92] J. BETZ, *Eucharistie als zentrales Mysterium*, in: Mysterium Salutis, IV/2, 286

[93] J. ESCRIVÁ DE BALAGUER, *Priester auf ewig*, Köln 1973, 29

[94] *Lumen gentium*, 10

[95] THOMAS, *S.th.* III q 63 a. 3, 10; A. DEL PORTILLO, *Fieles y laicos en la iglesia*, Pamplona 1969, 38

[96] *Lumen gentium*, 10

[97] G. GRESHAKE, ebd., S. 73

[98] A. DEL PORTILLO, [Anm. 95], 432

[99] THOMAS, *C. gent.* IV c. 56 und 74

[100] *Presbyterorum ordinis*, 2

dieser Ausdruck „öffentlich" formell als solcher dazu bestimmt und geeignet, das persönliche und private Priestertum aller Gläubigen vom Priestertum der Amtsträger zu unterscheiden[101]. Schon das *Konzil von Trient* hatte das Priestertum des Weihepriestertums als sichtbar, als wahres und äußeres bezeichnet[102]. Ähnlich hat auch schon *Thomas von Aquin* den Ausdruck ‚öffentlich' gebraucht, um das Amtspriestertum des Geweihten, der wie eine öffentliche Person tätig ist, dem allgemeinen Priestertum des Laien gegenüberzustellen, der als Privatperson handelt[103].

Wenn die Quelle der Einheit des Lebens für den Priester die Einheit mit Christus ist, so kommt dies auch darin zum Ausdruck, dass all seine Tätigkeiten auf das hingeordnet sein müssen, was diese Einheit begründet und vollendet, das heißt auf die heilige Eucharistie. Das Dekret *Presbyterorum Ordinis* erklärt, die anderen Sakramente seien „alle auf die Eucharistie hingeordnet, in der Christus, das höchste Gut der Kirche, enthalten ist. Das eucharistische Opfer ist ja Quelle und Gipfel jeglichen christlichen Lebens[104].

Schon *Thomas* hatte deutlich gemacht, dass die Vollmacht des Weihesakramentes vor allen Dingen auf die Eucharistie bezogen betrachtet werden muss, da alles sich vom Ziel her bestimme[105]. Verschiedene Konzilsväter haben sich ausdrücklich auf diesen Text berufen.

Wiederholt wurde allerdings nach dem Konzil behauptet, das priesterliche Amt sei nunmehr nicht zuerst von seiner kultisch-sakramental-konsekratorischen Funktion her zu verstehen[106], sondern von der kirchlich-sozialen Leitungsaufgabe her. Konsekrieren sei nicht attraktiv und menschlich

---

[101] *Acta Synodalia*, vol. IV pars 7 p. 119

[102] TRIDENTINUM, Sessio 23, can. 1 (DS 1771)

[103] THOMAS, *In Sent.* IV d. 23 q 2 a 1 s. 1 ad 1; A. DEL PORTILLO, (Anm. 95), 433

[104] *Lumen gentium*, 11

[105] THOMAS, *c. gent.* IV c. 74

[106] „Mit der vollzogenen ‚Entsakralisierung' und ‚Entmythologisierung' des priesterlichen Amtes wird man nicht nur dem Zeugnis der Schrift gerecht; damit macht man das priesterliche Amt auch erst wieder menschlich realisierbar. Reduziert man nämlich das Spezifikum des Amtes auf die Vollmacht, bestimmte Konsekrationsworte wirksam sprechen zu können, dann stellt das Amt keinen menschlich ausfüllenden, einen jungen Menschen begeisternden Beruf dar. Anders verhält es sich mit der Aufgabe, eine Gemeinde zu leiten. Das setzt schon rein menschlich ein ‚Charisma' voraus: Fähigkeit zum Kontakt, zum Gespräch, zur Menschenführung, zur Organisation, zum Management (im guten notwendigen Sinn des Wortes); das erfordert ein verbindliches, verträgliches, ausgleichendes Wesen ...". So leider früher W. KASPER, in: Conc (D) 5 (1969) 167.

ausfüllend, wohl aber Leitungsaufgaben, Gesprächsführung und Management. Christus habe die Schranken des Kultischen durchbrochen und im Grunde die ganze antike Unterscheidung zwischen sakral und profan in Frage gestellt[107]. Eigentlicher und primärer Träger der kirchlichen Heilssendung sei die Gemeinde[108]. Andere sprechen von der „berechtigten Abweisung der Rolle des Priesters als eines Kultträgers" oder meinen, es sei „nicht vorteilhaft, das Wesen des Amtspriestertums von jenen sakramentalen Vollmachten her" zu bestimmen, „die ihm in nachkonziliarer Lehre (vor allem im Tridentinum) im Unterschied vom Laien ... allein zukommen"[109]. Eine Entsakralisierung und Entmythologisierung des Amtes wurde als „konziliare Neuerung" teils gefordert, teils als schon geschehen belobigt. So hat man auch die Feier des Altarsakramentes vernachlässigt oder gar abgelehnt, wenn kein Volk anwesend war.

Das *Konzil* stellt jedoch das Wirken des fortlebenden, in der Eucharistie verborgenen Heilandes vor jedes soziale Engagement und Management: „Die christliche Gemeinde wird aber nur auferbaut, wenn sie Wurzel und Angelpunkt in der Feier der Eucharistie hat; von ihr muss darum alle Erziehung zum Geist der Gemeinschaft ihren Anfang nehmen"[110].

Die heilige Eucharistie ist nach dem *II. Vatikanum* „Quelle und Höhepunkt der ganzen Glaubensverkündigung", „Mitte der Gemeinschaft der Gläubigen"[111]. Das heilige Messopfer soll also nicht nur für den Priester (wie schon eindringlich im *IV. Laterankonzil* betont), sondern für jeden Christen das lebendige Zentrum seines Lebens bedeuten, ohne damit auch ausschließlicher und alles umfassender Raum des Wirkens zu sein. Ganz allgemein gilt, dass „jede liturgische Feier als Werk Christi, des Priesters, und seines Leibes, der die Kirche ist, in vorzüglichem Sinn heilige Handlung (ist), deren Wirksamkeit kein anderes Tun der Kirche an Rang und Maß erreicht"[112].

---

[107] Ebd. 165

[108] Ebd. 166. Die Verlautbarung der *Kongregation für die Glaubenslehre* vom 6. 8. 1983, n. III, 2 stellt dagegen fest: „Die Apostolizität der Kirche ist nicht so zu verstehen, dass alle Gläubigen Apostel wären, auch nicht in kollektiver Form. Keiner Gemeinde kommt die Vollmacht zu, ein apostolisches Amt zu verleihen, denn dies wird grundsätzlich vom Herrn selbst zugeteilt".

[109] K. RAHNER, *Der theologische Ansatzpunkt für die Bestimmung des Wesens des Amtspriestertums*, Conc (D) 5 (1969) 194

[110] *Presbyterorum ordinis*, 6

[111] Ebd., 5, 2, 3

[112] *Sacrosanctum concilium*, 7

‚Entsakralisieren', das heißt, nicht aus übernatürlicher Grundeinstellung heraus handeln, widerstrebt grundsätzlich dem christlichen Engagement, da auch in den alltäglichsten Dingen das spezifisch christliche Leben wirksam werden soll. Was auch immer wir tun, soll der Ehre Christi dienen, sonst wird das Salz schal und das Licht verdunkelt. Eine „rein menschliche" Begeisterung für Leitungsaufgaben, zumal in der Kirche, wo der Wind gewöhnlich nicht so heftig weht wie draußen und wo weniger beruflicher Existenzkampf zu befürchten ist, mag vielleicht einen äußeren Anknüpfungspunkt bieten, ist jedoch als Motivation für Priesteramtskandidaten offensichtlich unzureichend. Die Bedeutung der sogenannten natürlichen Tugenden ist erst dann voll erkannt, wenn man sie am göttlichen Leben teilnehmen lässt und ihren Bezug zum Allerheiligsten des Christenlebens nicht ignoriert.

Papst *Johannes Paul II* hat in seiner Eucharistie-Enzyklika betont die Heiligungsaufgabe des Priesters in den Vordergrund gestellt, die in der sakramentalen Identifizierung mit dem ewigen Hohenpriester begründet ist[113]: „Das ‚sacrum' der Messe stellt daher nicht eine ‚Sakralisierung' dar, etwas, das der Mensch dem Tun Christi im Abendmahlsaal hinzugefügt hätte, vielmehr ist das Abendmahl des Gründonnerstags selber ein heiliger Ritus, die ursprüngliche und grundlegende Liturgie, in der Christus, da er sich anschickte, sein Leben für uns hinzugeben, selber auf sakramentale Weise das Geheimnis seines Leidens und seiner Auferstehung, das Herzstück jeder Messe, feierte. Das ‚sacrum' der Messe ist eine Sakralität, die Christus verfügt hat. Die Worte und Handlungen jedes Priesters, denen die bewusste und aktive Teilnahme der ganzen Eucharistie feiernden Gemeinde entspricht, bilden das Echo des Geschehens vom Gründonnerstag.

Der Priester bringt das heilige Opfer ‚in der Person Christi' dar, was mehr bedeutet als nur ‚im Namen' oder ‚in Stellvertretung' Jesu Christi. ‚In der Person', d. h. in der spezifischen, sakramentalen Identifizierung mit dem ‚ewigen Hohenpriester', der Urheber und hauptsächliches Subjekt dieses seines eigenen Opfers ist, bei dem er in Wahrheit von niemandem ersetzt werden kann. Nur er, Christus allein, konnte und kann noch immer eine wahre und wirksame ‚Sühne für unsere Sünden ... auch für die der ganzen Welt' sein: Sein Opfer allein – und kein anderes – konnte und kann sühnende Kraft vor Gott in seiner Heiligsten Dreifaltigkeit, vor seiner unendlichen Heiligkeit, haben. Vom Bewusstwerden dieser Wahrheit fällt ein gewisses Licht auf den Charakter und

---

[113] JOHANNES PAUL II, *Dominicae coenae* (24. 2. 1980). *Über das Geheimnis und die Verehrung der hl. Eucharistie,* n. 8; übers. vom Sekretariat der deutschen Bischofskonferenz, Bonn, o. J., 14-15

die Bedeutung des zelebrierenden Priesters, der im Vollzug des heiligen Opfers und indem er 'in der Person' Christi handelt, auf sakramentale und zugleich unaussprechliche Weise in dieses innerste 'sacrum' eingeführt und eingefügt wird, mit dem er dann seinerseits geistigerweise alle verbindet, die an der Eucharistiefeier teilnehmen".

Die Kultbezogenheit und existentielle Verwiesenheit auf die Gottesverehrung ist nicht etwas nur den Ordensleuten Eigentümliches, das heißt nicht notwendig mit monastischer Weltentrücktheit verbunden, sondern natürliche Aufgabe und Pflicht aller Christen, insbesondere natürlich der Priester. Der Dienst der Anbetung im Geiste und in der Wahrheit ist jedoch alles andere als ein „Um-sich-selbst-Kreisen" oder „Sich-selbst-Realisieren" der Gemeinde, wie es sich *E. Schillebeckx*[114] vorgestellt hat.

„In der heiligen Messe sind wir Anbeter, die voll Liebe die Hauptpflicht des Geschöpfes gegenüber seinem Schöpfer erfüllen: Du sollst den Herrn, deinen Gott, anbeten und nur ihm dienen. Aber unsere Anbetung soll nicht kühl, äußerlich, knechtisch sein, sie soll innige Wertschätzung und Hingabe liebender Kinder Sein. In der heiligen Messe finden wir eine vollkommene Gelegenheit, für unsere eigenen Sünden und die Sünden aller Menschen zu sühnen: Wir können mit dem Apostel Paulus sagen, dass wir an unserem eigenen Fleisch erfüllen, was am Leiden Christi noch fehlt (vgl. Kol. 1, 24)".

„In doppelter Weise wirkt der Priester ein auf Christi Leib, und zwar zunächst auf seinen wahrhaft gegenwärtigen und dann auf seinen mystischen Leib. Diese zweite Wirkung hat ihren Grund in der ersten und nicht umgekehrt. Der höchste Wert des Priesteramtes liegt daher im Bemühen des Priesters, den Katholiken zu helfen, mit immer größerer Reinheit, Demut und Andacht zum heiligen Opfer zu gehen. Wenn er das tut, wird er nicht enttäuscht sein und seine Brüder nicht enttäuschen"[115].

Der neue Kodex des *kirchlichen Rechtes* stellt im Kanon 900 § 1 zur heiligen Eucharistie fest: „Der Diener, der in der Person Christi das Sakrament vollziehen kann, ist nur der gültig geweihte Priester." Damit ist die Aussage des alten CIC (*Kanon 802*) wieder aufgenommen, welcher deutlich die unterscheidenden Kennzeichen zwischen dem Weihepriester und dem allgemeinen Priestertum klarlegt. In *Kanon 899 § 2* ist die besondere Aufgabe und Vollmacht des Priesters bei der heiligen Messe deutlich unterschieden: „Bei der

---

[114] E. SCHILLEBEECKX, *Das kirchliche Amt*, Düsseldorf 1981, 115

[115] J. ESCRIVÁ DE BALAGUER, *Priester auf ewig*, Köln 1973, 36, gibt hier die Lehre des heiligen Thomas wieder (*S. th. Suppl.*, q 36 a 2 ad 1).

eucharistischen Feier ist das Volk Gottes zu einer Gemeinschaft zusammenge-rufen unter dem Vorsitz des Bischofs oder – ihm unterstellt – unter dem Vorsitz des Priesters, der die Person Christi einnimmt [personam Christi ge-rente]; zusammen mit allen anwesenden Gläubigen, seien es Kleriker oder Laien, wirken alle zusammen, wobei jeder auf seine Weise gemäß seinem Wei-hegrad oder der liturgischen Funktion einen unterschiedlichen Anteil hat".

Der Priester ist also nicht nur Vorsitzender der Eucharistiefeier, sondern hat eine besondere Stellvertreterfunktion für Christus. Schon *Pius XII* hatte den aktiven Anteil des christlichen Volkes, das zusammen mit dem Priester das Opfer darbringt, hervorgehoben, aber auch deutlich gemacht, dass die Gläubigen immer auch durch die Hände des Priesters opfern[116]. Die Begrün-dung des Konzils[117] für die dringend empfohlene häufige Zelebration der heiligen Messe ist auch im neuen Kirchenrecht wieder aufgenommen; denn in diesem Akt Christi und der Kirche erfüllen die Priester ihre wichtigste Aufga-be"[118].

Damit ist dieselbe Formel (ein Akt Christi und der Kirche) verwendet wie schon bei *Pius XII*[119], im *Konzilsdekret über die Priester*[120] und in der *Liturgiekonsti-tution*[121]. Aufgaben der Wortverkündigung, Leitung und Verwaltung haben also keinen Vorrang[122]. Das neue *Kirchenrecht* will gegenüber Missbräuchen eigens

---

[116] PIUS XII, Enz. *Mediator Dei*: „An dieser Opferdarbringung im strengen Sinn nehmen die Gläubigen auf ihre Art und in zweifacher Hinsicht teil: Sie bringen nämlich das Opfer dar nicht nur durch die Hände des Priesters, sondern gewissermaßen zusammen mit ihm; auf Grund dieser Teilnahme wird auch die Darbringung de Volkes in den liturgischen Kult selbst einbezogen". (DS 3852; AAS 39 (1947) 555 s.)

[117] *Presbyterorum ordinis*, 14

[118] „Es wird eindringlich die tägliche Zelebration empfohlen - ist sie doch, auch wenn keine Gläubigen anwesend sein können, ein Akt Christi und der Kirche, womit die Priester ihre wichtigste Aufgabe erfüllen". (CIC von 1983, can. 904)

[119] PIUS XII, *Mediator Dei* (DS 3853; AAS 39 (1947) 521-595 [527-528])

[120] *Presbyterorum ordinis*, 13, 3

[121] *Sacrosanctum concilium*, 26, 1; 27

[122] P. J. CORDES (*Sendung zum Dienst*, Frankfurt 1972, 134-160) wollte früher einmal die Wort-verkündigung als entscheidende Funktion des Priestertums gewichten. Sie sei „eine hervor-stechende, sozusagen die konstitutive Klammer der Ämterdreiheit" (S. 159). Gewiss hat die Kirchenkonstitution der Verkündigung des Evangeliums einen hervorragenden Platz zuer-kannt, nicht jedoch eine ontologische Priorität; es geht vielmehr um eine zeitliche und logi-sche Priorität, insofern die Verkündigung zum Glauben führt (dazu: R. ZOLLITSCH, *Amt und Funktion des Priesters*, Freiburg 1974, 267). „Von Christus und seinem Kreuz her muss das katholische Priestertum nicht die Wortverkündigung, nicht die Gemeindeleitung, sondern

darauf hinweisen, dass es hier um solche Vollmachten und Funktionen geht, die nur dem geweihten katholischen Priester überragen sind: „Bei der Feier der Eucharistie ist es den Diakonen und Laien nicht gestattet, Gebete, insbesondere das eucharistische Gebet [= das Hochgebet, speziell die Wandlungsworte] mitzusprechen, oder Tätigkeiten auszuüben, die dem zelebrierenden Priester allein zustehen [*sunt propriae*][123]". „Den katholischen Priestern ist die eucharistische Konzelebration untersagt mit Priestern oder Dienern von Kirchen oder kirchlichen Gemeinschaften, die mit der katholischen Kirche keine volle Gemeinschaft haben[124]".

So heißt es im *Direktorium für Dienst und Leben der Priester* (31. 1. 1994)[125]: „Als sakramentales Gedenken des Todes und der Auferstehung Christi, als reale und wirksame Vergegenwärtigung des einzigen Erlösungsopfers, als Quelle und Gipfelpunkt des christlichen Lebens und aller Evangelisierung[126], ist die Eucharistie der Anfang, die Mitte und das Ziel des priesterlichen Dienstes, denn »alle kirchlichen Dienste und Apostolatswerke sind eng an die Eucharistie gebunden und auf sie hingeordnet[127]«. Geweiht, um das heilige Opfer weiterhin darzubringen, manifestiert der Priester dabei auf augenfällige Weise seine Identität".

Folgerungen

Die neuesten *lehramtlichen Äußerungen* zeigen gegenüber manchen dialektischen Vernebelungen deutlich den Primat des verborgenen Wirkens des fortlebenden Christus in der Eucharistie. Deshalb kann man nur dann im Namen Christi fruchtbar handeln, wenn man sich nicht entfernt von der konkreten Weise des ein für allemal geschehenen Heilswirkens Christi, sondern immer wieder innere Übereinstimmung mit ihm sucht. Nur dann ist die Praxis der Sakramentenspendung bewahrt vor der Gefahr eines äußerlichen Aktivismus oder hektischer Betriebsamkeit. In der Eucharistie wirkt ja Christus selbst noch verborgener als während der längsten Zeit seines Lebens in Nazareth.

---

die Vollmacht, das Messopfer darzubringen in die Mitte stellen". (K. J. BECKER [Anm. 49], 163).

[123] CIC, can. 907

[124] CIC, can. 908

[125] KONGREGATION FÜR DEN KLERUS, *Direktorium für Dienst und Leben der Priester* (31. 1. 1994), 48

[126] Vgl. VATICANUM II, *Presbyterorum ordinis*, 5

[127] Ebd.

Auch unser Mitwirken muss daher alles nur Äußerliche und Auffällige vermeiden. Es darf auch nicht entfernt der Eindruck entstehen, dass wir selbst alles tun wollen und die Erstursächlichkeit Gottes nicht ernst genug nehmen. Die Wandlungsworte spricht der Priester im Namen Christi, die vorausgehenden und nachfolgenden liturgischen Texte für die Kirche und im Auftrag der Gesamtkirche – in eigenem Namen nur das Schuldbekenntnis und das *„Domine, non sum dignus"*! Wie störend bei der Hl. Messe wirken demgegenüber oft auch gut gemeinte subjektivistische Einfügungen, Kommentare, „Gestaltungs"-Absichten oder gar Showeinlagen! Papst *Benedikt XVI* erinnert in seinem jüngsten apostolischen Schreiben an den Dienstcharakter des Priesters bei der Eucharistie, der geltungssüchtige Eigenwilligkeiten ausschliesst: „Darum müssen die Priester sich bewußt sein, daß ihr gesamter Dienst niemals sie selbst oder ihre Meinung in den Mittelpunkt setzen darf, sondern Jesus Christus. Jeder Versuch, sich selbst zum Protagonisten der liturgischen Handlung zu machen, widerspricht dem Wesen des Priestertums. Der Priester ist in erster Linie Diener und muß sich ständig darum bemühen, ein Zeichen zu sein, das als gefügiges Werkzeug in Christi Händen auf ihn verweist. Das kommt besonders in der Demut zum Ausdruck, mit der er in treuer Befolgung des Ritus die liturgische Handlung führt, ihr im Herzen und im Geist entspricht und alles vermeidet, was den Eindruck einer unangebrachten Geltungssucht erwecken könnte. Darum empfehle ich dem Klerus, sich immer tiefer bewußt zu machen, daß der eigene eucharistische Dienst ein demütiger Dienst für Christus und für seine Kirche ist. Das Priestertum ist – wie der hl. Augustinus sagte – *amoris officium*[128], es ist der Dienst des guten Hirten, der das Leben hingibt für die Schafe (vgl. *Joh* 10,14-15)"[129].

Auf der XI. ordentlichen *Generalversammlung der Bischofssynode* im Oktober 2005 (Thema: *Die Eucharistie: Quelle und Höhepunkt des Lebens und der Sendung der Kirche)* führte Kardinal *Eduardo Martínez Somalo* aus[130]: „Zu handeln ‚in persona Christi', ohne dass dies in uns seine Spuren hinterließe, wäre geradezu ein Widerspruch. Man kann nicht Instrument und Mittler von Liebe und Barmherzigkeit sein, ohne dass man nicht auch selbst Barmherzigkeit und Liebe wird: amoris officium (hl. Augustinus). Der Priester ist der Mensch des "Opfers" - dies nicht nur in dem Sinn, dass er das Opfer Christi darbiete, sondern

---

[128] A ugustinus, *In Joh. Ev.,* tract. 123, 5 (PL 35, 1967)

[129] *Sacramentum caritatis,* (22. 2. 2007), IV n. 23

[130] S ynodus E piscoporum, *Verlautbarungen der XI. ordentlichen Generalversammlung* (2.-23. 10. 2005), 6. Generalkongregation (6. 10. 2005)

er bietet "sich selbst" dar. Das gesamte priesterliche Leben ist aufopferungs-voll, gerade weil es fortwährend geschenkt werden muss. Und es ist das eucha-ristische Opfer, das von diesem das Zentrum ist, der Höhepunkt und die Quelle. Es ist vor allem hier, dass der Priester lernt, aus seiner Existenz eine freudvolle Opfergabe zu machen. „Vom Herrn Jesus Christus, der sich selbst geopfert hat ... - sagte der Heilige Vater [...] - lernen wir darüber hinaus die Kunst der priesterlichen Askese".

Die maßgebenden neueren Interpretationen des Konzils weisen wieder be-tont auf die Heiligungsaufgabe des Priesters hin und helfen von daher, die Zuständigkeitsbereiche von Priestern und Laien besser zu unterscheiden[131]. Es steht im Widerspruch zum gesunden Urteil des *sensus fidelium*, wenn einige Laien die Sakristeien erobern und wenn Priester ihre eigentlichen Aufgaben gegenüber Psychologie, Politik oder Soziologie hintanstellen[132].

Beim *Ad-Limina-Besuch deutscher Bischöfe* 1999 wies der Papst eindringlich auf die Notwendigkeit einer geistlichen Erneuerung durch die Eucharistie hin: Es sei „dem Grundprinzip Rechnung zu tragen: Die Pfarrgemeinde muß eine eucharistische Gemeinschaft sein. Daher soll sie von einem geweihten Priester geleitet werden, der kraft seiner heiligen Gewalt und seiner damit verbunde-nen unersetzlichen Verantwortung das eucharistische Opfer *in persona Christi*

---

[131] „Die Funktion der Hierarchie besteht darin, Trägerin der Frohen Botschaft ,nomine Christi Capitis' zu sein, im Namen des Erlösers und Meisters selbst zu lehren und ,in Ipsius nomi-ne et potestate' zu heiligen und zu leiten. Es handelt sich also um eine öffentliche Sendung, die mit der Autorität Christi im Dienste der Gemeinschaft der Gläubigen ausgeübt wird. Der Zuständigkeitsbereich der Laien hingegen ist ein anderer: das persönliche Apostolat als eine ebenso von Christus empfangene Sendung, jedoch weder ,nomine Christi Capitis' noch ,cum Ipsius potestate'. Diese Sendung ist nicht eine öffentliche, sondern eine persönliche, private Tätigkeit, die auf der Mitteilbarkeit der eigenen Güter beruht, die, so wie die Person, mitteilbar sind. Die Existenz dieser beiden Zuständigkeitsbereiche und die Unterscheidung zwischen den beiden Funktionen gehen auf Christus zurück und sind somit göttliches Recht, wirkliche Rechte also, die nicht übergangen werden dürfen. Weder darf ein Laie, der keine besondere missio oder Delegation von der kirchlichen Autorität empfangen hat, Funktionen der Hierarchie für sich beanspruchen (das wäre nicht nur unerlaubt, sondern auch ungültig), noch darf die Hierarchie die legitime Ausübung des Rechtes der Laien auf die Erfüllung seiner Aufgabe beeinträchtigen oder verhindern. Dies wäre im Gewissen nicht bindend und rechtlich ungültig, da dem göttlichen Recht zuwiderlaufend". So A. DEL POR-TILLO, *Gläubige und Laien in der Kirche*, Paderborn 1972, 170-171.

[132] Die KLERUSKONGREGATION hat am 8. 3. 1982 festgestellt, dass die Mitgliedschaft in Verei-nigungen politisch-ideologischer oder syndikalistisch-klassenkämpferischer Denkungsart mit der Identität katholischen Priestertums unvereinbar und daher allen Klerikern untersagt ist (vgl. OssRom (9. 3. 1982); OssRom dt (26. 3. 1982), 4-5: Kommentar).

darbringt[133]". Behelfslösungen von Wortgottesfeiern durch Laien können keine Dauerlösung sein. „Die sakramentale Unvollständigkeit dieser Gottesdienste sollte die gesamte Pfarrgemeinde dazu veranlassen, den Herrn noch inständiger mit ihrem Gebet zu bestürmen, daß er Arbeiter sende für seine Ernte (vgl. Mt 9, 38)[134]."

Sehr betont warnte er vor einer Klerikalisierung des Laienstandes und einer Laisierung des Kerus, vor einer Einebnung des wesentlichen Unterschiedes: „Die Kirche braucht geweihte Priester, die bei sakramentalen Vollzügen "in persona Christi" handeln und den Bräutigam Christus gegenüber der Kirche als Braut repräsentieren. Oder anders gesagt: Die geweihten Hirten vertreten als Glieder des einen Leibes der Kirche dessen Haupt, das Christus ist. Daher sind jegliche Versuche, entweder den Laienstand zu klerikalisieren oder den Klerus zu laisieren, zurückzuweisen. Sie entsprechen nicht der geheimnisvollen Ordnung der Kirche, die ihr Stifter gewollt hat. Ebenso wenig dienen Tendenzen, die den Wesensunterschied zwischen Klerus und Laien einebnen wollen, der Weckung von Berufungen. Ich bitte Euch, liebe Brüder, die Sehnsucht nach geweihten Priestern in Euren Pfarrgemeinden unvermindert wach zu halten. Auch eine lange Wartezeit, die der derzeitige Priestermangel mit sich bringen mag, darf eine Gemeinde nicht dazu verleiten, sich mit einem Notstand als Regel abzufinden. Priester und Laien brauchen einander notwendig. Sie können sich gegenseitig nicht ersetzen, sondern nur ergänzen"[135].

Bischof *Müller* von Regensburg hat beim eucharistischen Weltkongress in Guadalajara (Mexiko) am 07. 10. 2004 im selben Sinne den Zusammenhang des priesterlichen *agere in persona Christi* mit der Apostolizität der Kirche und seine Bedeutung für neue Berufungen sehr klar herausgestellt[136].

---

[133] *Pastores dabo vobis*, 48

[134] JOHANNES PAUL II, *Ansprache beim Ad-Limina-Besuch der 2. Gruppe deutscher Bischöfe* (18. 11. 1999), n. 7

[135] JOHANNES PAUL II, *Ansprache beim Ad-Limina-Besuch der 3. Gruppe deutscher Bischöfe* (20. 11. 1999), n. 9

[136] „Agere in persona Christi ist ein tiefergehender Aspekt der sakramentalen Identifikation des geweihten Priesters mit Jesus Christus, der über ein Agieren „im Namen" oder „in der Stellvertretung" weit hinausgreift. Die Identifizierung mit dem ewigen Hohenpriester verdeutlicht darüber hinaus auch, dass die eucharistische Feier nicht durch die Menschen selbst gleichsam „gemacht" werden kann, sondern durch Jesus Christus, der selbst „Urheber und hauptsächliches Subjekt" seines eigenen Opfers ist, zur Gabe an die Menschen gestaltet wird.

Natürlich gibt es immer zu wenig Priester in der Kirche. Doch ist die Rede vom Priestermangel in Deutschland wirklich immer überzeugend? Wenn man die Lage etwa in Lateinamerika beachtet, wo viel weniger gejammert wird – bei Pfarreien von 15000-50000 Gläubigen? Oder den viel stärkeren Rückgang der praktizierenden Katholiken bei uns – besonders den schmerzlichen Mangel an gläubigen Familien? Die immer zahlreicheren Hirten, „Seelsorger" bzw. Pastoralbeauftragten für immer weniger Schafe? Die ungewöhnlich starke Entlastung des Diözesanklerus vom Schulunterricht, von der Betreuung von Kranken im Haus oder im Krankenhaus – verglichen mit der Situation vor 50 Jahren? Die auffällig zahlreichen Konzelebrationen bei kleinen Jubiläen oder die nicht seltenen sog. „zelebrationsfreien" Tage und die in der Weltkirche sonst kaum gegebene längere Urlaubszeit? Manchmal ist diese Rede nicht sachlich, sondern nur ideologisch bedingt: Man sucht immer mehr Ersatzlösungen mit Pastoralassistenten auf Dauer zu etablieren oder gar Argumentationshilfen zu finden für verheiratete Priester oder „Priesterinnen".

Sinnbildlich für den Charakter der Gabe, des Geschenks, ist auch die Tatsache, dass sich die Gemeinde ihren Amtsträger nicht selbst delegieren kann. Seine Vollmacht erwächst nicht aus dem Willen der Menschen, sondern aus der Weihe, die der Priester durch den Bischof erhält. Er ist es auch, der den Priester die Vollmacht überträgt, Eucharistie zu feiern und die Gaben zu konsekrieren. Keine Gemeinde, kein Priester kann gegen diese Vollmacht des Bischofs Eucharistie feiern. Apostolizität, Sukzession und Eucharistie sind aufeinander bezogen und nicht voneinander zu trennen".

„Die Intensität und die innere Selbstverständlichkeit der Annahme der priesterlichen Berufung wird auch zum Vorbild für viele jungen Menschen, sich auf den Ruf Gottes einzulassen. Immer wieder sind die persönlichen Begegnungen vieler junger Menschen mit Priestern, die ihr Leben aus dem Geheimnis der Eucharistie heraus gestalten, zum Ausgangspunkt ihrer Berufung geworden. Faszinierend dabei ist die uneingeschränkte Verwirklichung der Hirtenliebe eines Priesters, der durch die Feier der Eucharistie seiner ganzen Existenz Sinn und Richtung verleiht.

Um so schmerzlicher ist es, dass in manchen Pfarreien die Feier der Eucharistie nicht mehr zur Normalität gehört. An die Stelle des Messopfers sind Wortgottesdienste getreten [...]. Dennoch kann der Wegfall der Eucharistie, die nur durch einen Priester gefeiert werden kann, nicht zum Modell der Zukunft erhoben werden. In der Eucharistie wird das ganze Volk Gottes zum Leib Christi, dessen Haupt Christus selbst ist. Nur in der Feier des Heiligen Messopfers werden wir mit Christus so unmittelbar verbunden, dass die versammelten Gläubigen ihre Identität als Gemeinschaft Getaufter erleben. Kirche realisiert sich in der Eucharistiegemeinschaft. Sie wird aufgebaut und zum Leib Christi geformt. Deshalb ist es unerlässlich, dass die Eucharistiefeier durch den geweihten Priester vollzogen wird. Er repräsentiert durch den Vollzug des eucharistischen Opfers Christus selbst, der die versammelten Gläubigen zur Kirche gestaltet". (Bischof L. Müller, Die Apostolizität der Kirche und der Eucharistie (EE, 26-33), Guadalajara/Mexiko – Eucharistischer Weltkongress, Vortrag am 07. 10. 2004).

Die theologischen Grundlagen und Maßstäbe für mögliche strukturelle Änderungen hat die *Kleruskongregation* in einem wegweisenden, jedoch in Deutschland viel zu wenig beachteten Dokument zusammengefasst, nämlich in der Instruktion *„Der Priester, Hirte und Leiter der Pfarrgemeinde"* vom 8. 4. 2002. Daraus nur einige Zitate:

Nr. 2: „Im Weihesakrament hat Christus in verschiedenen Stufen den Bischöfen und Priestern die eigene Eigenschaft als Hirte der Seelen übertragen, indem er sie fähig macht, in seinem Namen zu handeln und seine Vollmacht als Haupt in der Kirche zu repräsentieren. „Die tiefe Einheit dieses neuen Volkes schließt nicht aus, dass es darin untereinander verschiedene und einander ergänzende Aufgaben gibt. So stehen diejenigen mit den ersten Aposteln in einer besonderen Verbindung, die dazu bestellt wurden, in persona Christi die Handlung zu erneuern, die Jesus beim Letzten Abendmahl mit der Einsetzung des eucharistischen Opfers als ‚Quelle und Höhepunkt des ganzen christlichen Lebens'[137] vollzogen hat. Der sakramentale Charakter, der sie kraft der empfangenen Weihe auszeichnet, sorgt dafür, dass ihr Dasein und ihr Dienst einzigartig, notwendig und unersetzlich sind[138]". Die Gegenwart des geistlichen Amtsträgers ist eine wesentliche Bedingung des Lebens, und nicht bloß der guten Organisation der Kirche".

Nr. 6: „... Dank dem Priesteramt sind sich die Gläubigen ihres allgemeinen Priestertums bewusst und üben es aus (vgl. Eph 4, 11-12); denn der Priester erinnert sie daran, dass sie Volk Gottes sind, und er befähigt sie, jene ‚geistigen Opfer darzubringen' (vgl. 1 Petr 2, 5), durch die Christus selbst uns zu einem ewigen Geschenk an den Vater macht (vgl. 1 Petr 3, 18). Ohne Christi Gegenwart, die vom Pfarrer, dem sakramentalen Leiter der Gemeinschaft, vertreten wird, wäre diese keine vollständige kirchliche Gemeinschaft.

Im Schoß dieses priesterlichen Volkes hat der Herr also ein Priestertum des Dienstes eingesetzt, zu welchem einige Gläubige berufen sind, um allen anderen in Hirtenliebe und mittels der heiligen Vollmacht zu dienen. Das gemeinsame Priestertum und das Priestertum des Dienstes unterscheiden sich dem Wesen nach und nicht bloß dem Grade nach: Es handelt sich nicht nur um eine größere oder geringere Intensität der Teilhabe am einzigen Priestertum Christi, sondern um dem Wesen nach verschiedene Arten der Teilhabe. Das gemeinsame Priestertum beruht auf dem Taufcharakter, dem geistlichen

---

[137] *Lumen gentium*, 11

[138] JOHANNES PAUL II, Schreiben an die Priester zum Gründonnerstag 2000 (23. 3. 2000), n. 5

Siegel der Zugehörigkeit zu Christus, das „die Christen befähigt und verpflichtet, in lebendiger Teilnahme an der heiligen Liturgie der Kirche Gott zu dienen und durch das Zeugnis eines heiligen Lebens und einer tatkräftigen Liebe das Priestertum aller Getauften auszuüben".

„Das Amtspriestertum hingegen beruht auf dem vom Weihesakrament eingeprägten Charakter, der eine Gleichgestaltung mit Christus, dem Priester, vornimmt, und dadurch befähigt, in der Person Christi, des Hauptes, mit der heiligen Vollmacht handeln zu können, um das Opfer darzubringen und die Sünden zu vergeben. Den Getauften, die später die Gabe des Priestertums des Dienstes empfangen haben, wurde sakramental eine neue und besondere Sendung verliehen: im Schoß des Volkes Gottes das dreifache Amt – Prophet, Priester, König – Christi selbst, insofern er Haupt und Hirte der Kirche ist, darzustellen. Deswegen handeln sie in der Ausübung ihrer spezifischen Funktionen in persona Christi capitis und folglich ebenso in nomine Ecclesiae".

Nr. 7: „Unser sakramentales Priestertum ist nun zugleich ein ‚hierarchisches Priestertum' und ein ‚Priestertum des Dienstes'. Es bildet ein besonderes ‚Ministerium', d. h. es ist ein ‚Dienst' in Bezug auf die Gemeinschaft der Gläubigen. Es nimmt aber nicht seinen Ausgang von dieser Gemeinschaft, als wäre es diese, die ‚beruft' oder ‚delegiert', sondern es ist fürwahr ein Geschenk für diese Gemeinschaft und geht von Christus selbst aus, von der Fülle seines Priestertums. […] Dieser Realität bewusst, verstehen wir, auf welche Weise unser Priestertum ‚hierarchisch', d. h. verbunden mit der Vollmacht, das priesterliche Volk zu formen und zu leiten, und eben deswegen ein ‚Priestertum des Dienstes' ist. Wir führen dieses Amt aus, durch welches Christus selbst unaufhörlich dem Vater beim Werk unseres Heiles ‚dient'. Unsere ganze priesterliche Existenz ist und muss tief von diesem Dienst durchdrungen sein, wenn wir auf angemessene Weise das eucharistische Opfer ‚in persona Christi' vollbringen wollen".

Nr. 8: „… Der Priester, *alter Christus*, ist in der Kirche der Diener der wesentlichen Heilstaten. Durch seine Opfergewalt über Leib und Blut des Erlösers, durch seine Vollmacht, das Evangelium mit Autorität zu verkünden, das Böse der Sünde mittels der sakramentalen Vergebung zu besiegen, ist er – *in persona Christi capitis* – Quelle des Lebens und der Lebenskraft in der Kirche und in seiner Pfarre. Der Priester ist nicht der Urquell dieses geistlichen Lebens, sondern derjenige, der es an das ganze Gottesvolk austeilt. In der Salbung des Heiligen Geistes ist er der Diener, der zum sakramentalen Heiligtum hintritt: zum gekreuzigten (vgl. Joh 19, 31-37) und auferstandenen Christus (vgl. Joh 20, 20-23), aus dem das Heil hervorspringt".

Das Dokument der *Kleruskongregation* müsste nun endlich auch in Deutschland zu einer ganzen Reihe unmittelbar praktischer Konsequenzen führen. So sollten Führungs und Organisationsaufgaben letztlich von der Eucharistie hergeleitet und auf sie hingeordnet sein[139]. Alle Priester, die gewillt und imstande sind, täglich das hl. Messopfer darzubringen, müssten dementsprechend auch die angemessenen entspr. Leitungsaufgaben, u. U. auch als rectores ecclesiae einer Filialkirche erhalten. Das bedeutet auch, im Rahmen von Strukturreformen keine neuen Zwangsabhängigkeiten und Unterordnungen zu schaffen, z. B. von zeit- und kraftraubenden Sitzungen, neuen und häufiger wechselnden Gremien oder besserwisserischen Funktionären, die kaum mehr als pragmatisch-ökonomische Interessen haben. Bei der Theologenausbildung ist vor einer Überspezialisierung zu warnen; im Rahmen des Bologna-Prozesses droht derzeit eine weitere Zersplitterung der Theologie. Übung von praktischen „Verkaufstechniken" und Kommunikationsfähigkeit, Spezialstudien, periphere Humanwissenschaften und Managerqualitäten sind bei uns vielfach allzu stark betont – auf Kosten elementarer Grundkenntnisse in der Glaubenslehre[140]. Nicht als interessantes Hobby betriebene spezialwissenschaftliche Ausbildung, sondern persönliche Entscheidung zur Nachfolge und die Bestätigung durch das Weihesakrament sind entscheidend für das Priestertum. Christus hat nicht die Schriftgelehrten seiner Zeit zu Aposteln gemacht, sondern Menschen, die sich ihm ganz und ungeteilt hingeben wollten. Denn der Priester muss persönlich Zeugnis geben „das Herz und die Hände frei

---

[139] Vgl. J. STÖHR, *Notizen zu einigen Planungen von Pastoralverbünden*, Theologisches 35 (Sept. 2005) 563-566

[140] Die seit Jahrzehnten geltende Studienordnung der deutschen Bischöfe hat viel Raum für Beliebigkeiten im Studium gelassen, durch überzogene Wahlmöglichkeiten bei Fächern und Prüfern, Abschaffungen von Zwischenprüfungen und eine drastische Herabsetzung der Grundanforderungen. Akademische Titel sind zwar formal korrekt verliehen worden, aber ohne dass Studium oder Prüfungen in Grunddisziplinen wie etwa Gotteslehre, Christologie oder Eucharastielehre vorlagen. Mancherorts wissen viele Diplomtheologen nicht, dass es sich bei der Auferstehung Christi um eine leibliche Auferstehung handelt; schätzungsweise 90 % halten die Worte des Credo „hinabgestiegen in das Reich des Todes" für gleichbedeutend mit „gestorben". Mir sind Fälle bekannt, in denen auch nach dem Schlussexamen der Rosenkranz unbekannt war oder trotz Doktorgrad die Unbefleckte Empfängnis mit Jungfräulichkeit verwechselt wurde. Eine Einführung etwa in den Katchismus der katholischen Kirche während des Grundkurses ist jedoch von manchen staatlich-theologischen Fakultäten ausdrücklich abgelehnt worden.

haben für den Freund Jesus Christus, ungeteilt für ihn da sein und seine Liebe zu allen tragen" (*Johannes Paul II*[141]).

Die Gläubigen suchen zwar im Priester die Tugenden, die jeden Christen, ja jeden guten Menschen kennzeichnen müssen, aber außerdem erwarten sie, „dass der Priester betet, dass er sich nicht weigert, die Sakramente zu spenden, dass er bereit ist, sich aller anzunehmen und sich nicht dazu verführen lässt, leitender oder militanter Verfechter irgendwelcher menschlicher Parteiinteressen zu sein; sie erwarten vom Priester, dass er in Liebe die hl. Messe feiert, Beichte hört, Kranke und Bedrängte tröstet, Bedürftigen mit seinem Rat und seiner Liebe beisteht, Kinder und Erwachsene im Glauben unterweist, das Wort Gottes predigt; nicht aber, dass er einer profanen Wissenschaft nachgeht, die – mag er sie auch noch so gut beherrschen – nicht die Wissenschaft vom Heil und vom ewigen Leben ist. Mit einem Wort: man erwartet vom Priester, dass er die Gegenwart Christi in sich selbst nicht stört, besonders wenn er das heilige Opfer des Leibes und Blutes Jesu Christi vollzieht und im Sakrament der Buße – in der Ohrenbeichte – im Namen Gottes die Sünden vergibt. Das Spenden dieser beiden Sakramente nimmt unter den Aufgaben des Priesters einen so wichtigen Platz ein, dass alles andere um sie kreisen muss. Andere priesterliche Aufgaben, wie Predigt und Glaubensunterweisung, würden ihren festen Bezugspunkt verlieren, wenn sie auf etwas anderes zielten als auf die Begegnung mit Christus in dem von der Liebe getragenen Gericht der Buße und bei der unblutigen Erneuerung des Kreuzesopfers in der heiligen Messe"[142].

Papst *Johannes Paul II* hat die Priester immer wieder betont darauf hingewiesen, dass der Gründonnerstag der Geburtstag ihres Priestertums ist[143] und dass deshalb das Priesteramt seine Deutung einzig und allein aus dem Zusammenhang mit dem göttlichen Geheimnis der Eucharistie findet und allein in ihm sich verwirklichen kann[144].

„Wir sind aus der Eucharistie geboren. Was wir von der ganzen Kirche behaupten, dass sie nämlich von der Eucharistie lebt (*de Eucharistia vivit*), [...] können wir ebenso vom Amtspriestertum sagen: es hat seinen Ursprung in,

---

[141] JOHANNES PAUL II (17. 11. 1980), *Predigt im Dom zu Fulda*, n. 4 (Verlautbarungen des apostolischen Stuhls, 25A, S. 111)

[142] J. ESCRIVÁ DE BALAGUER (Anm. 4), 32-33

[143] JOHANNES PAUL II, *Gebet des Papstes zum Gründonnerstag 1982*, OssRom dt (9. 4. 1982), Nr. 15-16; *Katechese* über die Priester, in den Generalaudienzen vom 31. 3. bis 22. 9. 1993

[144] DERS., *Schreiben an alle Priester zum Gründonnerstag 1983*, OssRom dt (1. 4. 1983), Nr. 13-14

lebt von, wirkt und bringt Frucht aus der Eucharistie[145]. »Ohne Priestertum gibt es keine Eucharistie, so wie es kein Priestertum ohne Eucharistie gibt«[146]. Das Weihepriestertum, das niemals auf den bloß funktionalen Aspekt reduziert werden kann, weil es der Seins-Ebene angehört, befähigt den Priester, in persona Christi zu handeln, und gipfelt im Augenblick, in dem er mittels der Wiederholung der Akte und Worte Jesu beim Letzten Abendmahl Brot und Wein verwandelt". ... „Das Zweite Vatikanische Konzil lehrt, dass »der Amtspriester ... kraft seiner heiligen Gewalt ... in der Person Christi das eucharistische Opfer vollzieht und es im Namen des ganzen Volkes Gott darbringt"[147]. Die Gemeinde der Gläubigen, eins im Glauben und im Geist und reich an vielfältigen Gaben, auch wenn sie den Ort bildet, an dem Christus „seiner Kirche immerdar gegenwärtig ist, besonders in den liturgischen Handlungen"[148], kann allein weder die Eucharistie »machen«, noch sich selbst einen geweihten Priester „geben"[149].

Die Weihe und priesterliche Sendung verlangt, dass der Priester ein Mann Gottes ist, der einen heiligen Dienst ausübt vor allem in der Darbringung des Opfers des Altares, wo das Erlösungsopfer Christi fortdauert und seine Früchte uns zugewendet werden. Von dorther hat das priesterliche Amt seine Fülle, seinen Sinn, seinen Mittelpunkt und seine Wirksamkeit[150].

Auch Papst *Benedikt XVI* erklärte ähnlich in der *Predigt bei der Chrisam-Messe des Gründonnerstags im Petersdom* am 13. April 2006 diese Grundlage für Vertrauen und Freundschaft des Priesters mit Christus:

„Das Geheimnis des Priestertums der Kirche liegt in der Tatsache, dass wir, armselige menschliche Wesen, kraft des Sakraments mit seinem Ich sprechen können: »*in persona Christi*«. Er will durch uns »sein« Priestertum ausüben. [...] Der Herr hat seine Hand auf uns gelegt. Die Bedeutung dieser Geste hat er mit den folgenden Worten zum Ausdruck gebracht: „*Ich nenne euch nicht mehr Knechte; denn der Knecht weiß nicht, was sein Herr tut. Vielmehr habe ich euch Freunde genannt; denn ich habe euch alles mitgeteilt, was ich von meinem Vater gehört habe*" (*Joh* 15,15). Ich nenne euch nicht mehr Knechte, sondern Freunde: In diesen Wor-

---

[145] Vgl. Konzil von Trient, 22. Sitzung, can. 2 (DS 1752)

[146] *Geschenk und Geheimnis. Zum 50. Jahr meiner Priesterweihe*, Graz, 1996, S. 82 f.

[147] *Lumen gentium*, 10

[148] *Sacrosanctum Concilium*, 7

[149] Johannes Paul II, *Schreiben an die Priester zum Gründonnerstag 2004*, n. 2, n. 4

[150] Vgl. *Presbyterorum ordinis*, 5

ten könnte man sogar die Einsetzung des Priestertums erkennen. Der Herr macht uns zu seinen Freunden: Er vertraut uns alles an; er vertraut uns sich selbst an, so dass wir mit seinem Ich sprechen können – »*in persona Christi capitis*«. Welch ein Vertrauen! Er hat sich wirklich in unsere Hände gegeben. Alle Zeichen, die die Priesterweihe ausmachen, sind im Grunde Ausdrucksformen jenes Wortes: die Handauflegung, die Übergabe des Buches – seines Wortes, das er uns anvertraut, die Übergabe des Kelches, mit dem er uns sein tiefstes und persönlichstes Geheimnis übergibt. Zu all dem gehört auch die Vollmacht zur Lossprechung: Er lässt uns auch an seiner Kenntnis des Elends der Sünde und der ganzen Finsternis der Welt teilhaben und gibt uns den Schlüssel in die Hand, um das Tor zum Haus des Vaters wieder zu öffnen. *Ich nenne euch nicht mehr Knechte, sondern Freunde.* Das ist die tiefe Bedeutung des Priesterseins: Freund Jesu Christi zu werden. …

Der Kern des Priestertums ist es, Freunde Jesu Christi zu sein. Nur so können wir wirklich »*in persona Christi*« sprechen, auch wenn unsere innere Ferne von Christus die Gültigkeit des Sakraments nicht in Frage stellen kann. Freund Jesu zu sein, Priester zu sein, heißt, ein Mann des Gebetes zu sein. So erkennen wir ihn und treten aus der Unwissenheit bloßer Knechte heraus. So lernen wir, mit ihm und für ihn zu leben, zu leiden und zu handeln".

Literaturhinweise

M. SPENCE, *The priest acting in persona Christi*, in: J. McEvoy (Hrsg.), The mystery of faith, Blackrock, Co. Dublin 2005, p. 173-189; J. STÖHR, *Notizen zu einigen Planungen von Pastoralverbünden*, Theologisches 35 (Sept. 2005) 563-566; DERS., *Eucharistie als medicina corporis et animae*, Theologisches 35 (Juli/August 2005) Nr. 7-8, Sp.458-468; G. BAVAUD, *L'ordination sacerdotale réservée aux hommes*, Nova et Vetera 71 (1996) 60-73; G. BIFFI, *Sacerdozio ministeriale e spiritualità dei presbiteri*, Sacrum Ministerium 1 (1995) 7-32; C. IZQUIERDO, *Sacerdos alter Christus. Perfil del sacerdote en los escritos del padre Marcial Maciel*, Ecclesia 8 (1994) 333-350; JOHANNES PAUL II, *Apostolisches Schreiben über die nur Männern vorbehaltene Priesterweihe* (22. 5. 1994) (Verlautbarungen des Apostolischen Stuhls, 117); KONGREGATION FÜR DEN KLERUS, *Direktorium für Dienst und Leben der Priester*, 31. 1. 1994 (Verlautbarungen des Apostolischen Stuhls, 113); R. SCHUNCK, *Amtspriestertum und allgemeines Priestertum*, Forum katholische Theologie 10 (1994) 177-196; G. PITTAU, C. SEPE, *Identità e missione del Sacerdote*, Roma 1994; A. SCHÖNBERGER, *Priestertum und Eucharistie bei Kardinal Charles Journet*, Una Voce Korrespondenz 23 (1993) 391-404; A. PAR, *Die heilige Eucharistie im Leben des Priesters – eine Betrachtung*, in: Kühn, Ch. (Hrsg.), Kirche im Gespräch. Theologische Orientierungen. Geistliche Impulse, Abensberg 1992, S. 143-156; A. DEL PORTILLO, *Escritos sobre el Sacerdocio*, [6]Madrid 1991, ed. Palabra, 207 pp.; A. ARANDA LOMEÑA, *El sacerdocio de Jesucristo en los ministros y en los fieles. Estudio teológico sobre la distinción «essentia et non gradu tantum»*, in: L. Mateo Seco, (Hrsg.), *La formación de los sacerdotes en las circunstancias actuales*, in: XI Simposio internacional de teología de la Universidad de Navarra, Pamplona 1990, 207-246·(=Scripta Theologica 22 (1990) 365-404; L. F. MATEO-SECO, *El ministerio, fuente de espiritualidad del sacerdote*, Scripta Theologica 22 (1990) 431-476; J. RATZINGER, *Vom Wesen des Priestertums*, OssRom dt 20 (1990) Nr. 45, 9. 11., S. 7-9; A. ZIEGENAUS, *Identidad del sacerdocio ministerial*, Scripta Theologica 22 (1990) 347-364; COMMISSIO THEOLOGICA INTERNATIONALIS, *De sacerdotio catholico* (1970), in: Commissio Theologica Internationalis, *Documenta. Documenti (1969-1985*, Libreria Editrice Vaticana 1988, S. 28-31; L. LOPPA, *«In persona Christi» – «Nomine Ecclesiae». Linee per una teologia del magistero nel Concilio Ecumenico Vaticano II e nel ministero postconciliare (1962-1985)*, (Corona Lateranensis, 34) Roma 1985 [Rez.: J. R. VILLAR, Scripta Theologica, 20 (1988) 375-375]; J. STÖHR, *Theologische Überlegungen zum Handeln „in persona Christi"*, in: L. Lies (Hrsg.), Praesentia Christi. Festschrift Johannes Betz zum 70. Geburtstag, Düsseldorf 1984, 261-277 (hier stark erweitert); L. HÖDL, *Das priesterliche Amt in der Kirche*, MThZ 34 (1983) 22-36; R. GERARDI, *"Alter Christus", la Chiesa, il cristiano, il sacerdote*, Lateranum 47 (1981) 111-123; M. CAPRIOLI, *Il sacerdozio comune e il sacerdozio ministeriale nel pensiero di Giovanni Paolo II*, Lateranum 47 (1981/1) 124-157; ALVARO DEL PORTILLO, *Escritos sobre el sacerdocio*, Palabra, Madrid 1979; JOSEF KARDINAL HÖFFNER, *Der Priester in der permissiven Gesellschaft*, ⁴Köln 1979; L. BOGLIOLO, *L'essenziale diversità tra sacerdozio gerarchico e sacerdozio comune*, Divinitas 22 (1978) 220-228; B.-D. MARLIANGEAS, *Clés pour une théologie du ministère. In persona Christi, in persona Ecclesiae*, Beauchesne, Paris 1978; A. G. MARTIMORT, *Il valore di una formula teologica: "In persona Christi"*, L'Osservatore Romano, 9. 2. 1977, 1-2; A. MORAN, *Sacerdocio común de los fieles y sacerdocio ministerial*, Estudios Eclesiasticos 52 (1977) 331-353; J. STIMPFLE, *Priester nach dem Herzen Jesu*, Leutesdorf 1975, 116 S.; L. SCHEFFCZYK, *Die Christusrepräsentation als Wesensmoment des Priesteramtes*, Catholica 27 (1973) 293-311; J. ESCRIVÁ DE BALAGUER, *Christliche Berufung - Priester auf ewig. Homilie, gehalten am 13. April 1973*, übers. v. J. Arquer, Köln 1973; G. RAMBALDI SJ, *„Alter Christus", „In persona Christi", „Personam Christi gerere". Note sull'uso di tali e simili espressioni nel magistero da Pio XI al Vaticano II e il riferimento al carattere*, in: J. Esquerda Bifet, etc. (ed.), Facultad de teología del norte de España, Teología del Sacerdocio 5, Ediciones Aldecoa 1973, 213-264; DERS., *El carisma permanente del sacerdocio ministerial*, Burgos 1973, 211-264; J. ESQUERDA, *Boletin bibliográfico sobre el sacerdocio*, in: Teologia del Sacerocio 4, Burgos 1972, 455-526; 3 (Burgos 1971) 243-319; J. M. IRABURU, *Fundamento teológicos de la figura del sacerdote*, Burgos 1972; L. F. MATEO SECO, *Sacerdocio de Cristo y sacerdocio ministerial en la*: Teología del Sacerdocio 4 (Burgos 1972) 177-201; J. DANIÉLOU SJ, *Sacerdozio universale e sacerdozio ministeriale*, L'Osservatore Romano, 5. 5. 1971, p. 2; A. GUITARD/M. G. BULTEAU, *Bibliographie internationale sur le sacerdoce et le ministère*, Montréal 1971; M. NICOLAU SJ, *Ministros de Christo, sacerdocio y sacramento del Orden*, Madrid (BAC) 1971; G. RAMBALDI SJ, *Sacerdoce du Christ et sacerdoce ministériel dans l'église*, in: J. Coppens, *Sacerdoce et célibat*, Gemboux-Louvain 1971, 259-304; K. J. BECKER SJ, *Der priesterliche Dienst, II. Wesen und Vollmachten des Priestertums nach dem Lehramt* (QD 47), Freiburg 1970; J. FISQUE/Y. CONGAR, *Les Prêtres. Formation, ministère et vie. Décrets „Presbyterorum Ordnis" et „Optatam Totius"*. Textes, traductions françaises et commentaires, Paris 1968; J. RATZINGER, *Zur Frage nach dem Sinn des priesterlichen Amtes*, Geist u. Leben 41 (1968) 346-376; R. L. RAVASI, *Fontes et bibliographia de vocatione religiosa et sacerdotali*, Mediolani-Romae 1961.

Unverlierbare Heiligkeit der Kirche Christi

Ein überzeugtes Ja zur Kirche setzt auch einen klaren Kirchenbegriff voraus. Sieht man in ihr nur eine idealistische Konstruktion oder nur ein erfahrbares Strukturelement der Gesellschaft, dann bleibt man in einer selbsterzeugten Scheinwirklichkeit. Mit den Augen des Glaubens jedoch können wir ihre sichtbar-unsichtbare Realität wahrheitsgemäß und unverkürzt erkennen – als unverlierbar heilig[1]. Ihre seit altersher im Credo bekannten Wesenseigenschaften können sich nicht ändern; sie ist unzerstörbar auf Grund des Wirkens des Hl. Geistes. Die Kirche muss kämpfen, kann aber nicht unterliegen (*Augustinus*[2]). Sie könnte nur wanken, wenn Christus, ihr Fundament wanken würde; daher bleibt sie in Ewigkeit[3]. Eher könnte die Sonne verlöschen (*Chrysostomus*[4]). Die Fülle der Heiligkeit findet sich in Christus; ihre Leuchtkraft breitet sich aus, ohne dass die Flamme jemals erlischt – wie es von der Osterkerze heist: „Qui licet sit divisus in partes, mutuati tamen luminis detrimenta non novit". Diese Indefektibilität der Kirche kommt auch in neueren lehramtlichen Erklärungen zum Ausdruck (*Vaticanum I*[5], *Leo XII*[6], *Pius X*[7], *Vaticanum II*[8]).

Der heilige Kirchenlehrer und große Seelsorger *Augustinus*[9] konnte sich über die Hörer seiner Predigt freuen wegen ihrer selbstverständlichen Zu-

---

[1] VATICANUM II, *Lumen gentium*, 39

[2] AUGUSTINUS: „Ipsa est ecclesia sancta, ecclesia una, ecclesia vera, ecclesia catholica, contra omnes haereses pugnans; pugnare potest, expugnari tamen non potest. Haereses omnes de illa exierunt tamquam sarmenta inutilia de vite praecisa: ipsa autem manet in radice sua, in vite sua, in caritate sua" (*Sermo de Symbolo ad catechumenos*, 6, 14: PL 40, 635)

[3] AUGUSTINUS, *Enarr. in Ps*. 103, 2, 5 (CChr 40, 1493; PL 37, 1354)

[4] JOHANNES CHRYSOSTOMUS, *Hom. 4 in "Vidi Dominum"*(PG 56, 122)

[5] VATICANUM I, Const. *Pastor aeternus* (DS 2997, 3050)

[6] LEO XIII, *Satis cognitum* (AAS 28 (1996) 708-739 [712, 714])

[7] PIUS X, *Lamentabili*, prop 53, 54 (DS 3452-3457)

[8] VATICANUM II, *Lumen gentium*, n. 2, 4, 6, 8, 20 (vgl. unten)

[9] „Audio vocem cordis vestri: mater ecclesia" (AUGUSTINUS, *Sermo der Verbis Evangelii: Ecce plus quam Jonas hic etc.*, n. 8; *Sancti Augustini Sermones post Maurinos reperti*, Romae 1930, 163; (=Denis 25; PL 46, 940)).

stimmung und liebevollen Begeisterung für die Kirche: „*Ich höre die Stimme eures Herzens: Die Kirche ist unsere Mutter"*. Er mahnt, diese Liebe so wenig verletzen zu lassen wie die Liebe zu Gott Vater[10]. Auch das letzte Konzil wollte, dass wir die Kirche als unsere Mutter mit mehr Glauben und Liebe verehren.

Doch in unseren Breiten spüren wir noch allzu oft den kalten Wind liebloser Kritiksucht, Besserwisserei und Herabsetzung der Kirche. Statt selbstverständlicher Freude am Leben der Kirche bevorzugen viele immer noch eine negativ-kritische Distanz gegenüber der Weltkirche und ihrem Zentrum. Die Gewohnheits-Kritiker sind allerdings in der Regel pathologisch empfindlich gegen Infragestellungen ihrer eigenen Ideologie und auch wieder erstaunlich unkritisch bei herabsetzenden Pauschalurteilen von Außenstehenden oder gar Feinden über die Kirche.

Bis heute gilt die Voraussage des greisen Simeon, als er dem Jesuskind im Tempel begegnete und in ihm den verheißenen Heiland erkannte: „*Er wird ein Zeichen sein, dem widersprochen wird"* (Lk 2, 34). Wer zu Christus gehört und dies bezeugt, weiß sich in der Nachfolge dessen, der nicht nur Widerspruch, sondern Verachtung und Spott erfuhr, und den man mit Hilfe der ja zu jeder Zeit leicht zu manipulierenden öffentlichen Meinung am Kreuz zum Schweigen bringen wollte. Christus identifiziert sich mit seiner Kirche: „*Warum verfolgst Du mich?"* sagte er zu dem Kirchenverfolger Saulus (Apg 9, 4).

Lieblose und hasserfüllte Angriffe gegen Christentum und Kirche kommen immer wieder von ganz entgegengesetzten Richtungen: Es gibt eine Art pathologischer Kritiksucht, die sich bei einer gleichgültigen, liberalen oder missgünstigen Öffentlichkeit beliebt machen möchte; es gibt die immer wieder erneuerten Selbstrechtfertigungsversuche derer, die sich selbst schuldhaft ins Abseits gestellt haben; man trifft auf überhebliche „Neutralität" oder „partielle Identifikation", auf zynische Spöttelei von autonomiebewussten Staatstheologen oder den kleinkarierten Gremienfetischismus von Funktionären; es gibt

---

[10] AUGUSTINUS mahnt: „Amemus Dominum Deum nostrum, amemus ecclesiam eius: illum sicut patrem, illam sicut matrem; illum sicut dominum, hanc sicut ancillam eius, qua filii ancillae ipsius sumus. Sed matrimonium hoc magna caritate compaginatur: nemo offendit unum, et promeretur alterum. ... Quid tibi prodest non offensus Pater, qui offensam vindicat matrem? Quid prodest si dominum confiteris, Deum honoras, ipsum praedicas, Filium eius agnoscis, sedentem ad Patris dexteram confiteris, et blasphemas ecclesiam eius? Non te corrigunt exempla humani coniugii? Si haberes aliquem patronum, cui cotidie obsequereris, cuius limina serviendo contereres, quem cotidie, non dico salutares, sed et adorares, cui impenderes fidelia obsequia; si unum crimen de eius coniuge diceres, numquid domum eius intrares? Tenete ergo carissimi, tenete omnes unanimiter Deum patrem et matrem ecclesiam". (*Ennarr. in Ps.* 88 s. 2 n. l4 (n. 53) (CChr 39, 1244; PL 36, 1140).

aber auch selbstgerechten Fanatismus[11]. Moderne Agnostiker und Skeptiker versehen feste Überzeugungen von Wahrheit und Grundsatztreue pauschal mit dem abwertenden Etikett „Fundamentalismus".

Aber auch treue Christen, die sich von solchen Extremen fernhalten wollen und sich grundsätzlich der Kirche zugehörig wissen, haben in den letzten Jahrzehnten immer wieder auch öffentlich kritisch-zweifelnde Fragen zur Heiligkeit der Kirche gestellt. Damit sind Anstöße gegeben, nicht nur für pastorale, sondern auch für vertiefte systematisch-theologische Überlegungen.

Die Heiligkeit der Kirche ist nicht nur ein ästhetisches oder poetisches Attribut; sie leitet sich voll und ganz von der Heiligkeit Gottes und Christi her. Mit dieser ist sie natürlich nicht gleichzusetzen. Sie bedeutet aber auch nicht allein Ursprungsheiligkeit durch die Gründung als neues geheiligtes priesterliches Gottesvolk (Apg 1, 6; 5, 9-10), und nicht nur die objektive Heiligkeit der ihr anvertrauten sakramentalen Heilsmittel. Denn die Kirche ist auch ein gesellschaftliches Gefüge mit subjektiver Heiligkeit als Braut Christi und ist unterwegs zum Ziel einer vollendeten Heiligkeit für alle Berufenen.

Christus selbst hat der Kirche als ganzer die Bestandsgarantie für alle Zeiten der Geschichte verliehen. Würde die Kirche auch nur eine der Grundwahrheiten des Glaubens verleugnen, dann verlöre sie ihre Identität als getreue Braut Christi; weder Unfehlbarkeit noch Unvergänglichkeit könnten von ihr ausgesagt werden. Ohne fortdauernde Heiligkeit, *die der Heilige Geist in den Gläubigen unaufhörlich hervorbringt*[12], könnten auch die anderen Kennzeichen wie z. B. die Einheit als Wesenseigenschaft nicht mehr aufrechterhalten werden, denn Einheit bedeutet auch Identität mit sich selbst im Laufe der Geschichte.

So gewiss unsere Kirche die heilige Kirche ist[13], schon nach den ältesten Glaubenszeugnissen die *sancta ecclesia catholica*[14], gehören doch zu dieser irdi-

---

[11] So verlangten Sedisvakantisten in Schreiben an den Bundesgerichtshof eine Verurteilung „der Kirche des Konzils", – die sie als Sekte bezeichnen –, wegen schweren Betruges, weil ihnen selbst die Bezeichnung „katholisch" nicht zuerkannt wird (vgl. *Kirche zum Mitreden*: http://www2.crosswinds.net/essen/~prhl/schweig.htm)

[12] *Lumen gentium*, 39

[13] KATECHISMUS DER KATHOLISCHEN KIRCHE, Abschnitt II, Art. 9; n. 748-975. Vgl. J. R. VILLAR, *"Creo en la santa Iglesia Católica"*, Scripta theologica 25 (1993) 601-626.

[14] Z. B. nach einem Taufsymbolum der *Traditio Apostolica* (ca. 215) (DS 10). Vgl. I. ORTIZ DE URBINA, *An eine heilige ... Kirche. Seit wann?*, Orientalia christiana periodica 29 (1963) 446-448.

schen Kirche nicht nur Heilige, sondern auch Sünder – so stellte u. a. auch das Konzil von Trient verbindlich fest[15]. Unsere Kirche ist ihrem Wesen nach Kirche der Heiligen; kann aber sogar Menschen zu Gliedern haben, die einmal ewig verloren gehen. Seit Jahrhunderten sind diese Lehren der Tradition allgemein und ausdrücklich anerkannt[16] – beide sind allerdings nicht immer recht zusammen verstanden worden, so dass schliesslich manchmal entweder die Heiligkeit der Kirche oder die Kirchengliedschaft der Sünder zu kurz kam.

Gott hat die Kirche mit einer Tenne verglichen, in der die Spreu zusammen mit dem Weizen aufgehäuft wird, oder mit einem Schleppnetz (Mt 13, 47), das, ins Meer geworfen, gute Fische fängt und schlechte, die man dann wegwerfen wird. Die von Christus gestifteten kirchlichen Sakramente sind Ursache und Zeichen der heiligmachenden Gnade; sie können aber unwürdig gespendet werden. Beeinträchtigt dies die Heiligung des Empfängers? *Thomas von Aquin* erklärt: „Wer zu den Sakramenten geht, empfängt sie zwar aus den Händen des Dieners der Kirche, aber nicht insofern er diese konkrete Person, sondern insofern er Diener der Kirche ist. Solange die Kirche ihm daher gestattet, sein Amt auszuüben, verbindet sich derjenige, der aus seinen Händen

---

[15] Vgl. TRIDENTINUM, sess. 6 can. 28 (DS 1578). Vgl. das Gleichnis vom Unkraut im Weizen (Mt 13, 24-43), vom Fischnetz (Mt 13, 47-50), die Verurteilung der Fraticellen (DS 91), einiger Sätze des Jansenisten P. *Quesnel* (DS 2472-2378) und der *Synode von Pistoia* (DS 2615), von J. *Hus* durch das Konstanzer Konzil (1415)(DS 1201-1206, 1220-1224).

[16] GEORGES M. M. COTTIER OP, *Église Sainte, l'Église sans péché,* Nova et vetera 66 (1991/4) 9-27; PAUL O'CALLAGHAN, *The Holiness of the Church in Early Christian Creeds,* Irish Theological Quarterly 54 (1988) 59-65; DERS., *The Holiness of the Church in Lumen Gentium,* Thomist 52 (1988) 673-702; B. GHERARDINI, *La santità della Chiesa nella catechesi di Paolo VI,* Doctor Communis 40 (1987) 29-42; CH. JOURNET, *La cause finale et la sainteté de l'Église,* Nova et Vetera 60 (1985) 185-216; B. PEYROUS, *La sainteté dans l'Église depuis Vatican II,* Nouvelle Revue Theologique 107 (1985) 641-657; P. RODRÍGUEZ, *La Indefectibilidad de la Iglesia,* Scripta Theologica 10 (1978) 235-269; F. L. CRUZ, *Spiritus in Ecclesia,* Baranain-Pamplona 1977, 292 pp.; J. STÖHR, *Heilige Kirche – sündige Kirche?,* Münchener Theologische Zeitschrift 18 (1967) 119-142; F. HOFMANN, *Heiligkeit der Kirche,* ³LThK V, 128-129; Y. M.-J. CONGAR OP, *L'Église est sainte,* Angelicum 42 (1965) 237-298; A. LANDGRAF, *Sünde und Gliedschaft am geheimnisvollen Leib,* in: Dogmengeschichte der Frühscholastik IV, 2, Regensburg 1956, S. 48-99; C. JÜSSEN, *Sancta Ecclesia,* Oberrheinisches Pastoralblatt (1942) 157-161; G. THILS, *Les notes de l'église dans l'apologétique catholique depuis la Réforme,* Gembloux-Paris 1937; C. KEMPF, *Die Heiligkeit der Kirche im 19. Jahrhundert. Ein Beitrag zur Apologie der Kirche,* Einsiedeln ⁸1928; S. TYSKIEWCZ S J, *La sainteté de l'Église,* NouvRevtheol 63 (1936) 449-479; DERS., *La sainteté de l'Église christoconforme. Ebauche d'une Ecclésiologie unioniste,* Rom 1945; E. ALTENDORF, *Einheit und Heiligkeit der Kirche,* Berlin 1932 (Arbeiten zur Kirchengeschichte, 20). Vgl. Anm. 19

das Sakrament empfängt, nicht mit der Sünde des unwürdigen Dieners, sondern mit der Kirche, deren Diener dieser ja ist"[17].

Bekanntlich lehrt die Kirche von alters her, dass auch deshalb Sünder zu ihren Gliedern gehören, weil sie sich mit Christus stärker weiß als die Sünde und weil sie wie Christus die Sünder nicht nur sozusagen per Distanz heilen will, sondern durch Berührung. „Die Kirche lebt weiter sogar in ihren Kindern, die nicht mehr im Stand der Gnade sind. Sie kämpft in ihnen gegen das zerstörerische Böse; sie müht sich, sie in ihrem Schoße zu behalten, sie ständig wieder in den Rythmus ihrer Liebe einzubinden. Sei schützt sie wie einen Schatz, von dem man sich nur gewungenermaßen trennt. Sie will sich nicht mit einem toten Gewicht beladen; aber sie hofft, dass kraft der Geduld, der Milde, der Verzeihung, der Sünder, der sich nicht ganz von ihr losgelöst hat, sich eines Tages bekehrt, um in ganzer Fülle zu leben; dass der eingeschlafene Zweig, wegen des bischen Saftes, der noch in ihm ist, nicht abgetrennt und ins ewige Feuer geworfen wird, und sie Zeit hat, ihn wieder zum Blühen zu bringen"[18].

Allerdings gehören die Sünder nicht *mit* ihrer Sünde zur Kirche, sondern durch den Glauben, durch das unauslöschliche Merkmal und viele Akte, die in der Gnade gewirkt werden.

Die maßgebenden Theologen haben viele Erklärungen dafür beigebracht: Man darf den Sündern die Kirchengliedschaft nicht absprechen; aber man kann die Sündigkeit der Glieder keinesfalls von der Kirche selbst aussagen, denn die Sünder gehören nicht *mit*, sondern trotz ihrer Sünde zur Kirche. So lehrten vor allem der berühmte Ekklesiologe aus Fribourg, *Ch. Journet*[19], den

---

[17] THOMAS VON AQUIN, *S.th.* III, q 64, a 6 ad 2

[18] CH. JOURNET, *Theologie de l'Église*, Paris 1958, ²1987, 238

[19] CH. JOURNET, *L'Église du Verbe incarné*, I, Paris ³1962, XIV-XVI; II, Paris ²1962, S. 62, 395 f., 904-906, 934, 1115-1128, (RThom 49 (1949) 206-221: *Note sur l église sans tache ni ride*); DERS.: *Remarques sur la sainteté de l'église militante*, Nova et Vetera 9 (1934) 299-323; *La sainteté du message secondaire de l'église*, Nova et Vetera 9 (1934) 180-205; *Du problème de la sainteté de l'église au problème de la nature de l'église*, Nova et Vetera 9 (1934) 27-32; DERS., *La sainteté du message de l'église: le message dogmatique de l'église*, Nova et Vetera 9 (1934) 59-103; DERS.: *Réforme dans l'église et réforme de l'église. Sur un livre du R. P. Yves Congar OP*, Nova et Vetera 27 (1952)139-150; *Regard rétrospectif. A propos du dernier livre du R. P. Congar sur l'église*, Nova et Vetera 38 (1963) 294-312; DERS., *Theologie de l'Église*, Paris 1958, ²1987, 235-247; DERS., *Le mystère de l'Église selon le deuxième concile du Vatican*, RevThom 65 (1965) 5-51; *Der gottmenschliche Charakter der Kirche, Quelle dauernder Spannung*, in: De Ecclesia. Beiträge z. Konst. „Über die Kirche", hrsg. von G. BARAÚNA OFM, Freiburg 1966, 276-288; DERS., *L'Église de Dieu. Le livre de Louis Bouyer*, Nova et Vetera 46 (1971/2), 146

Papst *Paul VI* durch die Kardinalserhebung wie keinen anderen Konzilstheo-
logen geehrt hat, ferner *D. Winzen OSB*[20], *A. de Bovis*[21], *Y. de Montcheuil*[22], *R.
Laurentin SJ*[23], *M. Schmaus*[24], *B. Poschmann*[25], *B. Gherardini*[26], *A. Amato*[27], *G. Cottier*[28].

Gewiss, die Sünder gehören zum Leib der Kirche; aber nicht im selben
vollen Sinn wie die Gerechtfertigten. Nicht alle ihre Handlungen sind Zeichen
von Kirchlichkeit. Die Sünder sind nämlich nicht *durch* die Sünde und nicht
mit ihrer Sünde in die Kirche eingegliedert; sie sind, wie einige Kirchenväter
erklären, wie tote Äste am Baum, ,*in ecclesia*' aber nicht ,*de ecclesia*'[29], oder besser:
sie gehören ,*corpore*' aber nicht ,*corde*' dazu, wie das Konzil mit dem hl. *Augustinus* formuliert hat[30]. Sie gehören als Glieder zur Kirche, aber auf andere Weise;
sie bilden und konstituieren sie nicht[31]. Das sittlich Böse befleckt zwar den
Sünder selbst, bleibt aber außerhalb der Kirche[32]. Die Sünden der Glieder wird

---

[20] D.WINZEN, *Büßende Kirche*, Catholica 1 (1932) 108-132, bes. 129

[21] A. DE BOVIS SJ, *Credo sanctam ecclesiam*, Christus (Mexico) 6 (1959) 163-181 (Rez: Herderkorr.
12 (1959) 454)

[22] Y. DE MONTCHEUIl SJ, *Kirche und Wagnis des Glaubens*, Freiburg 1957, S. 74-92

[23] R. LAURENTIN, *Sainteté de Marie et de l'Église*, Etudes Mariales 11 (1953) 124

[24] M. SCHMAUS, *Katholische Dogmatik*, Bd. III, 1, München [3]1958, S. 636 f.

[25] B. POSCHMANN, *Die Lehre von der Kirche*, hrsg. Von G. Fittkau, Siegburg 2000 (S. 214-224:
Die Heiligkeit der Kirche)

[26] B. GHERARDINI, *Santa o peccatrice? Meditazione sulla santità della Chiesa*, Bologna 1992; DERS.,
Divinitas 50 (2007) 50 f.

[27] A. AMATO, *La Chiesa santa, madre di figli peccatori. Approccio ecclesiologico ed implicanze pastorali*, in:
G. Coffele (ed.), Dilexit Ecclesiam, Roma 1999, 425-445

[28] Vgl. Anm. 16

[29] HIERONYMUS: „Qui ergo peccator est et aliqua sorde maculatus, de Ecclesia Christi non
potest appellari", in *Eph.*, lib. 3 c 5, 24 (PL 26, 531C); HUGO VON ST. VICTOR: "Videtur
quod (aliqui) sint de corpore Christi et sint eius membra, sed iidem, cum sint mali, sunt
membra diaboli. - *Solutio*. Non dicit Apostolus quod omnes habentes dona Spiritus sancti in
unitate corporis consistant; vel Ecclesia large accipitur, scilicet multitudo omnium sacramentis Ecclesiae participantium, in quibus sunt quaedam putrida membra, et grana multa
cum paleis, quae dicunter esse in corpore, sed non de corpore", in *I Cor.* q 115 (PL 175, 534
D); RHABANUS MAURUS, *in Eph. 5* (PL 112, 456). Weiteres bei A. LANDGRAF, [Anm. 16]

[30] *Lumen gentium*, n.14; AUGUSTINUS, *De bapt. c. Donat*. V, 28, 39 (PL 43, 197), u. ö.

[31] Ch. JOURNET, *Theologie de l'Église*, Paris 1958, [2]1987, 236-237

[32] CH. JOURNET: « Les pécheurs ... ne sont en elle [l'Église] que par le bien qui subsiste en eux.
Quant au mal qui les souille, il reste tout entier hors de l'Église. Cette réponse vaut pour

man nämlich nie mit der Kirche selbst identifizieren dürfen[33]. Durch das unauslöschliche Merkmal der Taufe, die theologischen Tugendkräfte des Glaubens und der Hoffnung und das Ja zu ihrer Wesensstruktur gehört auch der
Sünder zur Kirche; jedoch hat er seine freie Zustimmung dem Bösen gegeben,
statt Gott und seiner Kirche. Aber sogar wenn man von der falschen Voraussetzung ausgeht, die Sünder gehörten *mit* ihrer Sünde zur Kirche, so würde
doch das Prinzip gelten, dass eine Sammelbezeichnung dem wesensentspre-
chenden Teil zu folgen hat: „Denominatio fit a potiori parte" (*R. Bellarmin
SJ*[34]*)*; so dass auch in diesem hypothetischen Falle das Prädikat Sündigkeit für
die Kirche unzulässig wäre.

---

tous les fidèles, justes et pécheurs. Tout ce qui en eux est péché reste hors de l'Église ».
Nova et Vetera 9 (1934) 29. Y. CONGAR: «Le pécheur qui se souille lui-meme ne fait pas
que l'Église soit pécheresse. Au fond, c'est le pécheur qui, pour autant qu'il pèche, sort de
l'Église » (*Vraie et fausse réforme dans l'Église*, Paris 1950, 77, 88).

« Elle comprend en elle des pécheurs, beaucoup de pécheurs, mais elle est sans péché.
Quand un chrétien pèche, ce n'est pas l'Église qui se divise dans son cœur en lumière et en
ténèbres; c'est son âme à lui qu'il divise, entre d'une part le Christ, auquel il garde sa foi, et
d'autre part Bélial, à qui il donne son libre amour. L'Église est tout entière sans péché,
jusque dans le coeur de ses enfants pécheurs, pour y condamner leur péché. Ainsi, l'Église, à
la ressemblance du Christ, est toujours et tout entière exempte du péché. C'est sa loi pro-
fonde, qui la tient au-dessus de chacun même de ses plus grands saints ». (CH. JOURNET,
L'Église du Verbe Incarné, II, ²Paris 1961, p. 395-396). „Es existiert also notwendig in den
Gläubigen und deren Gesamtheit noch sehr viel Welt und Weltliches, mit Gott noch nicht
vereintes, sondern erst zu vereinigendes Wesen, was als solches bis zur Ausführung dieser
Vereinigung dem Wesen der Kirche selbst direkt entgegengesetzt ist. Dieses von Gott ge-
trennte Wesen in den Gliedern der Kirche gehört also durchaus nicht mit zur Kirche, obgleich die Menschen zur Kirche gehören, denen es anhaftet; es besteht nur trotz der Kirche.
Soweit also die Gläubigen noch Welt und Weltlichkeit an sich haben, gehören sie nicht zur
Kirche; nur insoweit gehören sie zu derselben als sie wahrhaft in die Gemeinschaftsvereini-
gung mit Gott eingegangen sind. Der Person nach gehören also alle Gläubigen zur Kirche,
der Natur nach aber alle und jeder nur insoweit, als diese Natur mit Gott vereinigt, heilig
ist". (F. PILGRAM, *Physiologie der Kirche*, Mainz 1931, 134). Unsere Sünden sind „vollständig
extraekklesial", da sie uns zur eigentlichen Natur der Kirche in Opposition bringen (G. BIF-
FI, *Christus hodie*, Bologna 1995, 25 (zitiert nach L. ACCATTOLI, [Anm. 155], Innsbruck 1999,
62)

[33] Vgl. J. MARITAIN, *Religion et Culture*, Paris 1930, 60; CH. JOURNET, in: Nova et Vetera 38
(1963) 304

[34] R. BELLARMIN SJ: »Dicitur etiam sancta propter sanctos, quos habet, et non propterea dici
debet etiam scelerata: Nam denominatio fit a meliori«. (*De controversiis christianae fidei*, t. II Iib.
III c. 9; ed. Ven. 1721,64)

L. BILLOT SJ: „Ad hoc igitur, ut aliqua ecclesia sancta sanctitate membrorum et dicatur et
sit, suffcit, ut in ea sint sancti, qua tales ad ipsam pertinentes, id est, virtute influxus eius

Die Kirche stimmt der Sünde nie zu, ist jedoch ständig besorgt um die Sünder[35]. Sie sucht sie und kämpft um sie gegen die Sünde in der sündigen Umwelt und auch in ihnen selbst. In den Sündern, ihren Kindern, kann die sündenlose Kirche „Vergib uns unsere Schuld" beten und büßen für Sünden, sie sie selbst nicht begangen hat. Als Quasi-Person übernimmt sie ähnlich wie Christus die Verantwortung der Buße, nicht für die Sünden. Von der Kirche zu verlangen, ihre Sünden zu bekennen, ist daher ein grosser Irrtum[36].

Der fundamentaltheologisch-apologetische Aspekt

Vielfach ist es Mode, zu hinterfragen, zu entlarven und zu verdächtigen, überall zu kritisieren und Hässliches aufzudecken; Desinformation und Heruntermachen Missliebiger ist manchmal zu einer Art Sport geworden. So werden dann oberflächliche Schlagworte auch gern auf die Kirche bezogen. Eine solche negative Haltung macht blind für die Wirklichkeit und freudlos. Eigentlich ist es doch gar nicht erstaunlich, dass es auch unter Christen schlimme Sünder gibt, sondern vielmehr, dass Gottes heiliges Wort immer wirksam lebendig bleibt, die Sakramente Kraft zu ständiger Erneuerung geben und alle Generationen und Länder so zahlreiche hervorragende Heilige aufweisen. Die Kirche stellt daher ein immer mehr leuchtendes Zeichen unter den Völkern dar – obwohl ihre Heiligkeit zum größten Teil verborgen ist.

Die klassische Fundamentaltheologie behandelt neben anderen Wesenseigenschaften auch die Heiligkeit der Kirche als *„nota"*, als überzeugendes Unterscheidungszeichen und Kriterium der Glaubwürdigkeit auch für Außenstehende[37], und kann damit viele Fragen auch von Nichtchristen beantworten. Allerdings ist dieser auch für den interreligiösen Dialog so wichtige Aspekt in

---

sanctitatem consecuti. Nec omnino a tanto hoc decore fraudabitur propter multos malos in eius gremio existentes. Nam isti ideo sunt mali, quia in sua vivendi ratione sequuntur normam contrariam ei quam praescribit propria religio, nec utuntur mediis ab ea suppeditatis. Praeterea vero commune principium est quod in iis quae non molem sed qualitatem spectant, non maior sed potior pars denominat collectivitatem". (*De ecclesia Christi*, q 4; Romae 51927, p. 177)

[35]   Kard. Ch. JOURNET, [Anm. 31], 239

[36]   So auch nach Kard. Ch. JOURNET, [Anm. 31], 238-241

[37]   A. LANG, *Fundamentaltheologie*,4München 1967/68, 2 Bde.; J. SALAVERRI, *De ecclesia Christi*, 3 c 3 a 2 thesis 30-31, in: Sacrae theologiae Summa I, Madrid 1951 (BAC, 61), S. 914-916, 925-938, 943-948, 953-962; R. GARRIGOU-LAGRANGE, *La sainteté de l'Église. Apologétique*, Paris 21948, 623 ss; Ders., *De revelatione per ecclesiam catholicam proposita*, II, Rom-Paris 51950, 264-290; L. KÖSTERS, *Die Kirche unseres Glaubens*, 4Freiburg 1952; CONSTANTIN KEMPF SJ, *Die Heiligkeit der Kirche im 19. Jahrhundert. Ein Beitrag zur Apologie der Kirche*, Einsiedeln 1914

den letzten Jahren speziell im deutschsprachigen Bereich kaum beachtet worden. Auch die so zahlreichen und bedeutsamen Prozessakten der Selig- und Heiligsprechungsverfahren – es gibt nichts auch nur annähernd Vergleichbares in anderen Religionsgemeinschaften – sind bei uns nur von relativ wenigen Gelehrten (wie etwa von *W. Schamoni, F. Holböck, H. Moll*) wissenschaftlich näher untersucht worden; bei Promotionsarbeiten an theologischen Fakultäten in Deutschland scheint das Thema unbekannt. Man neigt eher dazu, vor einer Übertreibung der Apologetik zu warnen (wie z. B. auch *T. Citrini*[38]).

Das Zeugnis der Kirchenväter

Berühmt ist das Wort des hl. *Irenäus* († ca. 202): „*Ubi enim ecclesia, ibi et Spiritus Dei; et ubi Spiritus Dei, illic ecclesia et omnis gratia*[39]". Daraus folgt zwar, dass auch im Sünder die Kirche lebendig sein kann, soweit in ihm der Geist Gottes lebendig ist; es folgt aber auch, dass zwischen der Sünde selbst und der Kirche der schärfste Gegensatz besteht. *Cyprian* bestätigt: die Kirche ist die keusche Braut Christi[40]; sie bleibt unverbrüchlich rein und treu, auch wenn verworfene Menschen sie zu korrumpieren versuchen[41]. *Ambrosius* (333-397) erklärt: „Maria ist zwar verlobt, bleibt aber doch Jungfrau, weil sie Vorbild der Kirche ist, die unbefleckt, aber doch vermählt ist". Die Kirche ist *immaculata ex maculatis*"[42]. Die Heiligkeit der Kirche begründet er mit ihrer Unsündlichkeit[43]. Die Verletzung der Heiligkeit gesachieht in uns, nicht in der Kirche[44]. *Rufinus* (ca.

---

[38] TULLIO CITRINI, *Resoluzione pneumatologica della problematica santità-peccato della Chiesa*, in: J. SARAIVA MARTINS (Hrsg.), Credo in Spiritum Sanctum. Atti del congresso teologico internazionale di Pneumatologia (Roma, 22-26 marzo 1982), Libreria editrice Vaticana 1983, II, 965-971

[39] IRENAEUS, *Adv. haer.* 3, 24, 1 (PG 7, 966)

[40] CYPRIANUS: „Adulterari non potest sponsa Christi, incorrupta est et pudica, unam domom novit, unius cubiculi sanctitatem casto pudore custodit". (*De unitate ecclesiae*, c. 6; CSEL II, 2, p 214, 17; PL 4, 518-519)

[41] CYPRIANUS, *Ep.* 43, 4 (CSEL III, 2 p. 593, 23); *Ep.* 73 n. 11 (CSEL III, 2 p. 786, 14)

[42] AMBROSIUS, *in Lc* 1, 17 (PL 15, 1540-1541)

[43] „Quomodo [ecclesia] ex maculatis immaculata potest esse, nisi primo per Dei gratiam, quod abluta a delicto sit, deinde quod per qualitatem non peccandi abstineat a delictis? Nec ab initio immaculata, humanae enim hoc impossibile naturae, sed per Dei gratiam et qualitatem sui, quia iam non peccat, fit, ut immaculata videatur". (AMBROSIUS, *in Luc.*, Lib. 1 n. 17; PL 15, 1540 s.; CSEL 32, 21, 17 ss.)

[44] AMBROSIUS: „Non in se, filiae, non inquam in se, filiae, sed in nobis vulneratur ecclesia ... caveamus igitur, ne lapsus noster vulnus ecclesiae fiat. (*De virgin.* 10, 48; PL 16, 278D). AU-

345-410) stellt kategorisch die Heiligkeit der gegenwärtigen Kirche fest[45]. *Maximus von Turin* (ca. 580-662) deutet das glänzende Behältnis, welches Petrus wie ein großes Linnentuch, gefüllt mit den verschiedensten Tieren, herabkommen sah, auf die makellose Kirche[46].

Lehramtliche Bestätigungen

Das ordentliche Lehramt der Kirche ist schon in ältester Zeit mit verschiedensten konziliaren und päpstlichen Verlautbarungen eigens für die Sündenlosigkeit der pilgernden Kirche eingetreten.

Zu nennen sind hier schon das *VI. Konzil von Toledo* (638)[47] sowie das *XVI. Konzil von Toledo* (693)[48]. Papst *Nikolaus I.* schrieb 867 in einem Brief nach Bulgarien: „Unde nos ecclesiam nostram sine omni volentes macula sicut semper subsistere ..."[49].

Auch Papst *Pius XII* erklärt deutlich, die sündige Schwäche der Glieder könne nicht der Kirche selbst zugerechnet werden: Die Kirche ist ja in ihren Sakramenten, ihrer göttlichen Verfassung ihrem Glauben und in den Gnadengaben des lebendig wirkenden Hl. Geistes heilig: „Ihr kann man es nicht zum Vorwurf machen, wenn einige ihrer Glieder krank oder wund sind[50]". So gilt

---

GUSTINUS, "Peccatis membrorum non maculatur sanctitas ecclesiae" (*Enarr. in Ps.* 118, 27; PL 37, 1801

[45] „Ista est ergo sancta ecclesia, non habens maculam aut rugam (RUFINUS, *in Symb. Apostolorum* n. 39; PL 21, 375).

[46] „Nam utique diversa animalia collecta in uno vasculo diversarum gentium congregatio collecta in una ecclesia demonstratur. Quae ecclesia in illius vasculi splendidi modum non habens maculam neque rugam lintei nitore resplendet. In qua primum animal Deo ex gentibus centurio Cornelius immolatur" (MAXIMUS TAURINENSIS, *Sermo* II, 2 CC23, 7; PL 57, 671A).

[47] „Ecclesiam quoque catholicam credimus sine macula in opere et absque ruga in fide corpus eius esse, regnumque habituram cum capite suo omnipotente Christo Jesu ...". (DS 493).

[48] „ ... quae neque in fide habet rugam neque maculosi perfert operis notam, insignibus pollet, virtutibus claruit, sanctique Spiritus donis referta coruscat". (DS 575).

[49] NICOLAI Papae *Epistola 100* (script. 867 Oct. 23) (Monum. Germ. Hist., Epp. Bd. VI, 602; JAFFÉ I, 341)

[50] „Utique absque ulla labe refulget pia Mater in sacramentis, quibus filios procreat et alit; in fide, quam nulla non tempore intaminatam, servat; in legibus sanctissimis, quibus omnes iubet, consiliisque evangelicis quibus admonet; in coelestis denique donis et charismatis, per quae innumera parit, ineshausta sua fecunditate (cf. *Conc. Vat.*, Sess. III Const. De fide catholica cap. 3) martyrum, virginum confessorumque agmina. Attamen eidem vitio verti nequit, si quaedam membra vel infarma vel saucia languescant, quorum nomine cotidie ipsa Deum deprecatur; „*Dimitte nobis debita nostra*", quorumque spirituali curae, nulla interposita

---

also auch heute die ernste Mahnung des hl. *Augustinus*: „Nunc vos illud admoneo, ut aliquando ecclesiae catholicae maledicere desinatis, vituperando mores hominum, quos et ipsa condemnat, et quos cotidie tamquam malos filios corrigere studet"[51].

Papst *Paul VI* bekräftigte feierlich[52], dass „die Kirche heilig ist, obwohl sich in ihrer Mitte auch Sünder befinden; denn sie lebt kein anderes Leben als das der Gnade ... Darum leidet die Kirche und büßt für die Sünden ihrer Söhne und Töchter. Sie hat jedoch aus dem Blute Christi und aus der Gabe des Heiligen Geistes auch die Vollmacht erhalten, ihre Kinder von den Wunden, welche die Sünde geschlagen hat, zu heilen".

Die dogmatische Konstitution *Lumen gentium* nennt schon im ersten Kapitel[53] die Kirche, und zwar die pilgernde Kirche, im Anschluss an die Hl. Schrift „*Die makellose Braut des makellosen Lammes* (Apk 19, 7; 2, 9; 22, 17), *die Christus geliebt und sich für sie hingegeben hat, um sie zu heiligen* (Eph 5, 26). *In unauflöslichem Bund hat er sie zu sich genommen, immerfort nährt und hegt er sie (Eph 5, 29); nach seinem Willen soll sie als die von ihm Gereinigte ihm zugehören und in Liebe und Treue ihm untertan sein* (Eph 5, 24)". Beachtenswert ist hier die Vergangenheitsform[54]; es wird also mehr als eine bloße Hoffnung ausgesprochen. Das Konzilsdekret nennt die Kirche oft ganz schlicht – mit dem Credo – „*ecclesia sancta*", „*gens sancta*", „*sacerdotium sanctum*"[55]. Von unserer Kirche glauben wir, so sagt das Konzil, dass sie bereits unverlierbar heilig ist, und dass dennoch diese Heiligkeit noch vollkommenerer werden soll[56]. Es besteht kein Zweifel daran, dass hier mehr gemeint ist als nur die Heiligkeit der Institution und Lehre. Kraft der Gnade Gottes bleibt die Kirche in allen Prüfungen zu jeder Zeit die würdige Braut ihres Herrn und kann nie die „vollkommene Treue" aufgeben[57].

---

mora, materno fortique animo incumbit« (PIUS XII, *Mystici corporis*, AAS 35 (1943) 225, 255, 808 s.). Christus sieht mit besonderer Liebe auf die Kirche als seine „intemerata sponsa", die noch hier auf Erden leidet. (Ebd.)

51 AUGUSTINUS, *De moribus eccl. cath.* I. c. 33 (PL 32, 1342 n. 76)

52 PAUL VI, *Credo des Volkes Gottes* (30. 6. 1968), n. 19 (zitiert im *Katechismus der Katholischen Kirche*, n. 827).

53 *Lumen gentium*, 6

54 Vgl. auch die *Benedictus - Antiphon von Epiphanie*: „Hodie coelesti sponso iuncta est ecclesia, quoniam in Jordane lavit Christus eius crimina".

55 *Lumen gentium*, 5, 8-10, 26, 32, 39 etc.

56 *Lumen gentium*, 48 ss.

57 *Lumen gentium*, 6, 65, 9

„Vom theologischen Standpunkt aus unterscheidet das Konzil zwischen der unzerstörbaren Treue der Kirche und den Verfehlungen ihrer Glieder, Klerikern wie Laien, gestern und heute[58], d.h. zwischen sich selbst, insofern sie die Braut Christi ist *„ohne Makel und Runzeln, heilig und unversehrt"* (*Eph* 5, 27), und ihren Söhnen und Töchtern, die Sünder sind, denen vergeben wurde und die berufen sind zu steter Umkehr und Erneuerung im Heiligen Geist"[59].

Eine – keineswegs friedliche – Koexistenz von schwerer bzw. lässlicher Sünde mit der Heiligkeit des Glaubens gibt es zwar beim Christen, aber doch nur insoweit Kirche, d. h. Leben Christi, in ihm nicht wirksam ist. Statt von „Sünde in der Kirche" zu reden, ist es unmissverständlicher und theologisch genauer, nur von „Sündern in der Kirche" sprechen[60]. Dann stimmt man auch besser überein mit der vom Konzil gewählten Ausdrucksweise; dort sind nämlich nicht einmal die viel weniger weit als einzelne deutsche Erklärungen gehenden Formeln von *Y. Congar OP*[61] verwandt worden (z. B.: *„Sainteté et péché dans l'Église"*).

Christologische und mariologische Bezüge.

Die Kirche ist nach dem Bilde Christi gestaltet. Sie bildet mit Christus „eine einzige mystische Person", als „Leib Christi". Die Heiligkeit der Kirche leitet sich also zuerst von ihrer Christusförmigkeit her, nicht einfach nur von den Gliedern. *C. Passaglia*[62] spricht in diesem Zusammenhang von dem *„Paradigma oeconomicum"* der Kirche. Paulus geht ja sogar so weit, statt „Christus" einfach „Ecclesia" zu schreiben (vgl. 1 Kor 12, 12)[63]. Ähnlich wie Eva dem Adam gleichgestaltet wurde, ist die Kirche Christus gleichförmig, und so wie Eva aus Adam entstanden ist, kommt die Kirche aus Christus. Niedrigkeitsprädikate, die von Christus ausgesagt sind, gelten auch von der Kirche als seinem Leibe. Nun heißt es aber Kol 3, 13-14; 2 Kor 5, 21 sogar: *„Christus pro*

---

[58] *Gaudium et spes*, 43 § 6

[59] INTERNATIONALE THEOLOGISCHE KOMMISSION, I, 2

[60] Vgl. CH. JOURNET, *L'Église du Verbe incarné*, II, ²Paris 1951, 903 Anm. 4.

[61] Y. M.-J. CONGAR OP, *Je crois en l'Esprit Saint*, vol. 2, Paris 1979, 72-87: Heiligkeit und Sünde bei den Christen in der Kirche; DERS., *Vraie et fausse réforme dans l'Église*, ²Paris 1969, 62-124; DERS., *L'Église est sainte. Consideration de la sainteté dans l'Ecriture et dans l'histoire*, Angelicum 42 (1965) 273-298; DERS., *Comment l'Église sainte doit se renouveler sans cesse*, in: Sainte Église, Paris 1964, 131-154

[62] C. PASSAGLIA, *De Ecclesia*, lib. 3 cap. 30 (ed. Ratisbonae 1853, S. 361-3)

[63] Vgl. dazu CHRYSOSTOMUS, *in 1 Cor.* Hom. 30 n. 1 (PG 61, 250)

nobis peccatum factum est". Was wir gefehlt haben, rechnet er sich selbst an. In diesem (uneigentlichen) Sinne kann also auch die Kirche „Trägerin" der Sünde sein. Ähnlich, wie nur in uneigentlichem Sinne gilt: „*Ich ergänze, was an den Leiden Christi noch mangelt ...*" (Kol 1, 24). Die Kirche nahm die „Gestalt der Sünderin" an, wie ja auch Christus die „Gestalt des Sünders" annahm (*Paulinus von Nola*[64]). Auch von Christus heißt es gelegentlich, er rede *ex persona membrorum*, d. h. sogar *ex persona peccatorum* (*Thomas*)[65]. Jedoch wird der Satz: „*Christus peccat in membris suis*" allzu leicht im glaubensfeindlichen Sinne aufgefasst und ist deshalb abzulehnen. Das Konzil von Konstanz musste deshalb den Bischof *Augustinus Favaroni* von Rom verurteilen[66]. Ebenso wenig wie die Christologie kann aber auch die Ekklesiologie die inzwischen Allgemeingut gewordenen theologischen Präzisierungen unbeachtet lassen.

Ein *ekklesiologischer Nominalismus* oder Empirismus würde dazu führen, dass die Unsündlichkeit, ja sogar die Sündenlosigkeit der Kirche nicht mehr voll aufrechterhalten, bzw. hinreichend begründet werden kann. Gewiss ist sie nicht einfach dieselbe wie bei Christus. Doch dürfen wir die Analogie Christus–Kirche auch nicht zu gering schätzen. Die Unsündlichkeit[67] der Gesamtkirche bedeutet natürlich keineswegs auch persönliche Unsündlichkeit der Christen, wie z. B. *Wyclif* und *Hus* lehrten, die unwürdigen Sakramentenspendern auch alle Vollmachten absprachen. Weil der Nominalist äußere Erscheinungsform und inneres Wesen nicht richtig unterscheidet, ja zum Wesensverständnis gar nicht vordringt, so wird er auch geneigt sein, alle Handlungen der Glieder der Kirche auch als Tun der Kirche zu sehen, wird sich das heilige

---

[64] PAULINUS VON NOLA, *Ep.* 23, 32-33 (CSEL 29, I, 188-189)

[65] THOMAS: „Christus quandoque dicitur in persona peccatorum loqui (in Ps. 21, 1) vel ex persona membrorum suorum". (*s. th. III* q 15 a 1 ad 1)

[66] CONC. CONSTANTIENSE, *sess.* 22, (1435 oct. 14): „Proinde quendam editum a magistro Augustino vulgariter dicto de Roma, archiepiscopo Nazareno ... tamquam non sanam et erroneam in fide doctrinam continentem cum suis defensoriis damnat et reprobat. Et potissime scandalosam illam assertionem, erroneam in fide, in ipso libello contentam, quam piae fidelium aures sine horrore audire non possunt, videlicet: Christus quotidie peccat, et ex quo fuit Christus quotidie peccavit, quamvis de capite ecclesiae Christo Jesu salvatore nostro dicat se non intelligere sed ad membra sua, quae cum Christo capite unum esse Christum asseruit, intelligentiam eius esse referendam dicat". (*Conciliorum oecumenicorum decreta*, ed. Freiburg 1962, 469).

[67] AUGUSTINUS erklärt: „Non vincetur ecclesia, non eradicabitur, nec cedet guibuslibet tentationibus, donec veniat huius saeculi finis". (*Enarr. in Ps.* 60 n. 6; PL 36, 726).
Dagegen behauptet K. RAHNER: „Es gibt keine Befestigung in der Gnade. Selbst Petrus verleugnet den Herrn". (in: Schr. z. Theol. VI, 322).

Wirken der Kirche zusammengesetzt denken aus den phänomenologisch erfassbaren Handlungen der Christen und wird schließlich den Titel „unsündliche Heiligkeit" als menschliche Anmaßung verurteilen. Kirche ist für ihn dann nur ein Konglomerat von Personen. Er muss seine Kirchenvorstellung hinterfragen und korrigieren: Wird denn tatsächlich die Kirche auch durch unsere menschlichen Handlungen, so wie sie sind, konstituiert? Sind wir ganz und in jeder Beziehung Kirche, und sind alle unsere Handlungen tatsächlich auch kirchlich?

Auch wo die Kirche sichtbar ist, ist sie noch keineswegs schon immer deutlich auch formell *als* Kirche sichtbar. Die Scheidung der Geister wird hier auch den besten Kräften des natürlichen Verstandes nur sehr unvollkommen gelingen. Ob man nun Meinungsbefragungen und statistische Erhebungen durchführt oder Feststellungen des kleinsten beziehungsweise größten gemeinsamen Vielfachen bei den Gliedern der Kirche versucht – damit findet man noch nicht eindeutig das, was Glauben und Wirken der Kirche ausmacht. Denn viele unserer Gedanken und Werke kommen ja keineswegs von unserer Kirchlichkeit her, sondern von ganz anderen Quellen. Der arrogante Slogan „Wir sind Kirche" unterstellt, dass alle Äußerungen der Christen auch von ihrer Kirchlichkeit und nicht etwa auch vom alten Adam herkommen. Man hat eine primitive materialistisch-empiristische Kirchenvorstellung, wenn man die Heiligkeit im Grunde nur da anerkennen möchte, wo sie durch Erfahrung und Beobachtung sicher festzustellen und zu unterscheiden ist. Doch tatsächlich ist auch die unsichtbare, von mir noch nicht erfahrene Heiligkeit der Kirche eine konkrete Realität der Gegenwart, nicht nur Angebot und Verheißung für die Zukunft. Wenn man sich die historisch-sichtbare und empirisch fassbare (angeblich sündige) Kirche getrennt vorstellt von ihrem heiligen Wesen, von einer platonisch gedachten Idealkirche, wenn man objektive und subjektive Heiligkeit auseinanderdividiert und ein dialektisch-widersprüchliches Nebeneinander unvereinbarer Eigenschaften behauptet, dann ist man letztlich zu einem ekklesiologischen Nestorianismus abgeirrt.

In **Maria,** der unbefleckten Gottesmutter, intensiviert sich gewissermaßen die Gnade der ganzen Kirche; bei der Verkündigung hat sie ihr Ja nicht nur für sich gesprochen, sondern für alle Glieder des mystischen Leibes. Sie hat im Diesseits schon das verwirklicht, was die Kirche erst im Jenseits zu verwirklichen hoffen kann. In ihrer Gestalt sehen wir lebendig, konkret, personal, was Kirche heißt – was sonst ein bloßes Bild, eine schwer verständliche Personifizierung oder ein abstrakter Begriff wäre. Wir werden uns auch immer wieder an der Gestalt der Immakulata orientieren müssen, um besser zu verstehen, was Kirche heißt und welches die Eigenschaften der Kirche sind. Mariologie und Ekklesiologie stehen in ganz engem Zusammenhang, so hat uns das Konzil mit neuer Deutlichkeit gezeigt[68].

Maria ist sowohl Typus und Urbild der Kirche wie auch ihre bereits verwirklichte eschatologische Vollendung[69]. Sie schließt gleichsam die ganze Kirche in sich (*Ambrosius[70]*), heißt deshalb auch „*vicaria ecclesiae*"[71], denn sie stellt ihre intensivste Verwirklichung dar, so dass *Ivo con Chartres* die einfache Formel findet: „Wie Maria, so auch die Kirche[72]". Und es ist ein Lieblingsgedanke des heiligen *Augustinus*, die jungfräuliche Fruchtbarkeit und die allgemeine Heilsbedeutung Mariens und der Kirche miteinander zu vergleichen. Die Kirche ist Jungfrau und gebiert die Glieder Christi; so ist sie Maria äßerst ähnlich (*Mariae simillima[73]*). Viele ähnliche Parallelen finden sich schon in den Hoheliedkommentaren des Mittelalters[74]. Wenn sich die Fülle der Gnade Christi entfaltet, dann geschieht dies in Maria in Person, in der Kirche kollektiv. Mariologie und Ekklesiologie beziehen sich also auf dasselbe Mysterium, einmal in seiner

---

[68] Vgl. insbesondere *Lumen Gentium*, 63-65

[69] Vgl. *Lumen gentium*, n. 63. R. GARRIGOU-LAGRANGE, *La sainteté de l'Église. Apologétique*, Paris ²1948, 623 ff.; DERS., *De revelatione per ecclesiam catholicam proposita*, II, Rom-Paris ⁵1950, 264-290; O. SEMMELROTH, *Urbild der Kirche*, Würzburg 1950; K. DELAHAYE, *Maria, Typus Ecclesiae*, Alma Socia Christi V/1, (Rom 1952) 25-45; M. PEINADOR, *El problema de Maria y la Iglesia*, Eph Mar 10 (1960) 162-194; H. LENNERZ, *Maria-Ecclesia*, Greg 35 (1954) 90-98; H. COATHELEM, *Le parallélisme entre la Sainte Vierge et l'Église dans la tradition latine jusqu'à la fin du XIIe siècle*, Rom 1954 (Analecta Gregoriana 74); H. BARRÉ, *Marie et l'Église du Vénérable Bède à saint Albert le Grand*, Etudes Mariales 9 (1951) 59-143; J. BEUMER, *Die marianische Deutung des Hohen Liedes in der Frühscholastik*, ZkTh 76 (1954) 411-439; M. TAJO, *Il Cantico dei Cantici in S. Agostino*: II. Le note della Chiesa, in: Historica (Reggio Calabria) 12 (1959) 158-166; H. DE LUBAC, *Betrachtung über die Kirche*, Graz 1954, 233 ff.; A. M. HENRY *La sainte Vierge figure de l'Église*, Cahiers de la vie spirituelle 1946; J. GALOT SJ, *Maria, Typus und Urbild der Kirche*, in: De Ecclesia, hrsg. von G. BARAÚNA, Bd. II, Freiburg 1966, S. 477-492.

[70] „Figuram in se sanctae ecclesiae demonstrat": AMBROSIUS, *in Luc.* 2 n. 7 (PL 15, 1555 A), AUGUSTINUS, *De symb. ad cat.* c. 1 (PL 40, 661).

[71] M. BÉLANGER OMI, *De Maria Ecclesiae vicaria*, in: Maria et Ecclesia II, Romae 1959 (Acta Congressus Mariologici-Mariani in civ. Lourdes anno 1958 celebrati), 101-107.

[72] IVO VON CHARTRES, *De nativ. Domini* (PL 163, 570 C); vgl. H. DE LUBAC, [Anm. 69], ebd., S. 223 f.

[73] AUGUSTINUS, *Sermo* 213 c. 7 (PL 38, 1064)

[74] Vgl. H. RIEDLINGER, *Die Makellosigkeit der Kirche in den lateinischen Hoheliedkommentaren des Mittelalters*, Münster 1958 (Beitr.Gesch.PhThMA 38 H. 3)

personal-exzeptionellen Verwirklichung, und zum anderen in seiner allgemein-kollektiven[75]. Doch gilt zugleich, dass Maria auch zur Kirche gehört, gleichsam der innerste Ort der Kirche ist, zu dem sie dauernd hinstrebt, die höchste bereits verwirklichte Vollkommenheit der Kirche.

Wie Maria, so ist auch die Kirche Jungfrau und Mutter, so erklärt das *Zweite Vatikanum* im Anschluss an viele bekannten Texte der Kirchenväter[76]. Klar und eindeutig wird schon die pilgernde Kirche als *virgo* bezeichnet, da gerade in der Jungfräulichkeit die Macht der Erlösung, die Überwindung der Sünde zum Ausdruck kommt[77]. Durch eine Sünde würde gleichsam die Jungfräulich-keit der Seele verloren gehen. Die *virginitas* selbst betrifft aber darüber hinaus gerade auch den leiblich-sichtbaren Bereich, das heißt also auch die sichtbare Gestalt der Kirche. Von daher ergeben sich naturgemäß entscheidende Ein-wände gegen die These einer in ihrer „exogenen Leiblichkeit" sündigen Kir-che. Wenn man in der Mariologie zu ängstlich-zurückhaltend und kritisch-pessimistisch denkt, so bedingt oder fördert dies nur zu leicht auch eine defä-tistische Haltung in der Ekklesiologie und umgekehrt.

Man kann die Kirche nicht wirklich ohne Einschränkung und nicht mit vorbehaltloser Hingabe lieben, wenn man sie nicht nach Eph 5, 25 f. als „*eccle-sia sine macula et ruga*" bejaht, als sündenlose Kirche, und sie damit von Maria, der jungfräulichen Gottesmutter her versteht, die personal den schärfsten Gegensatz zur Sünde darstellt.

Die Verheißungen Gottes können nicht fehlgehen; deshalb bleibt die Kir-che kraft der Gnade Gottes in allen Prüfungen ohne Unterbrechung die wür-dige Braut ihres Herrn; es ist steht mit absoluter Sicherheit fest, dass sie die „vollkommene Treue" nie aufgeben wird[78]. Wenn die „Gnade der Beharrlich-keit" immer wieder einzelnen Gliedern der Kirche geschenkt worden ist, so kann sie ihr als ganzer nicht fehlen. Die Konzilsdekrete lassen nicht daran zweifeln, dass die sichtbare katholische Kirche als ganze schon heilig ist auch im Sinne der moralischen Heiligkeit. Es ist wohl von einem ständigen Fort-schreiten in den übernatürlichen Tugenden die Rede, nie aber von einem Rückschritt oder gar einer sündhaften Abkehr: „Die Kirche aber wird ... ihrem

---

[75] Vgl. CH. JOURNET, *L'Église du Verbe incarné* II, 397, 440, 453, H. DE LUBAC, ebd.., S. 236-245, 258 f.; H. BARRÉ, ebd.., S. 113-124 (mit vielen Belegen).

[76] *Lumen gentium*, 63

[77] *Lumen gentium*, 64

[78] Vgl. *Lumen gentium*, 6, 65, 9

erhabenen Typus ähnlicher, ständig in Glaube, Hoffnung und Liebe voranschreitend und den Willen Gottes in allem suchend und erfüllend"[79]. Ihre *„indefectibilitas"* betrifft also nicht nur Glaube oder Lehrverkündigung, meint nicht nur die in der Kirche wirksame unverbrüchliche Treue Gottes, sondern ist gnadenhaft geschenkte Eigenschaft der sichtbaren Kirche. Damit ist Kollektivschuld oder Sündigkeit für die Gesamtkirche ausgeschlossen, mögen Glieder von ihr auch noch so sehr von der Sünde betroffen sein, mag der Ruf zur Buße oder sogar die Kritik an hohen Amtsträgern noch so dringlich sein.

Einwände und Schwierigkeiten

Die Konzilskonstitution *Lumen gentium* erklärt, die Kirche sei *„ecclesia semper reformanda"*; *„seipsam renovare non desinat"*[80]. Erklärt sie sich damit zu einer sündigen Kirche?[81]. Keineswegs, denn es ist nicht so, dass jeder reformatio eine deformatio, eine Missbildung vorausgehen müsste – und zwar nicht nur durch Sünden der einzelnen Glieder, sondern durch Sünden der Kirche selbst. Wenn sich z. B. ein Sportler durch Training in Form bringt, muss er deshalb vorher missgebildet gewesen sein? Muss die vor der *reformatio* fehlende forma immer deficiens im *privativen* Sinne bei der Kirche selbst gewesen sein? Erstaunlich, dass Theologen diese derart grundlegende Unterscheidung von negativ und privativ hier ignoriert haben.

So sehr man zu allen Zeiten daran Anstoß nahm: Die Gesamtkirche hat tatsächlich die göttliche Garantie, immer und ununterbrochen ihre Aufgabe als Licht der Welt und Salz der Erde erfüllen zu können und zu erfüllen. Die *ecclesia reformata* unterscheidet sich von der *ecclesia reformanda* nur *„sicut stella a stella in claritate"*[82], wie durch einen Dunstschleier hindurch wahrgenommenes Licht von einem heller und unbehinderter erscheinenden. Die Heiligkeit der Kirche ist ja sogar bei den Sündern sichtbar in der Taufe, in ihrem Bekenntnis des Glaubens und in ihrer Einordnung und Unterordnung innerhalb der kirchlichen Gemeinschaft. Wenn wegen einiger – nie wegen aller – Handlungen der Sünder in der Kirche ihre Heiligkeit nicht in ganzer Strahlungskraft sichtbar wird, so kann dies nicht der leuchtenden Substanz angelastet werden, denn sündige Handlungen entstehen eben gerade nicht kraft der Kirchengliedschaft, sondern unter dem Einfluss des Diabolos.

---

[79] *Lumen gentium*, 65.

[80] *Lumen gentium*, c. 11 n. 9, n. 8.

[81] So folgert K. RAHNER, in: Schriften zur Theologie, VI, 336-340.

[82] Vgl. 1 Kor 15, 41

K. Rahner dagegen behandelte „sündige Kirche", „Kirche der Sünder", „Sünde der Kirche", „Sünde in der Kirche" faktisch als gleichbedeutend[83]. Einige seiner Gedankengänge haben offensichtliche logische Mängel, sind schon formal-methodisch unzulänglich und oftmals widerlegt[84], so dass es wenig ergiebig ist, sich nochmals damit auseinander zu setzen. Zudem gelangte er bekanntlich zu einer düster pessimistischen Haltung gegenüber der wissenschaftlichen Theologie überhaupt und meinte, man könne und dürfe heute nur noch „unwissenschaftlich" ja „dilettantisch" reden; er selbst sei weder Philosoph noch Theologe im wissenschaftlichen Sinne[85]. Gerade auch von

[83] G. BARAÚNA, *De Ecclesia, Beitrage zur Konstitution über die Kirche des zweiten Vatikanischen Konzils*, Freiburg 1966, Bd. I, S. 346 (K. RAHNER), gegenüber S. 276 (CH. Kard. JOURNET) und II, S. 357 (M. LABOURDETTE OP). K. RAHNER SJ, *Sündige Kirche nach den Dekreten des II Vatikanischen Konzils*, in: Schriften zur Theologie, VI, Einsiedeln 1965, 321-347; *Die Kirche der Sünder*, StdZt 72 (1947) 163-177; dasselbe in: Schriften z. Theologie, VI, Einsiedeln 1965, 301-320
K. RAHNER nennt in einem ausgewählten Literaturverzeichnis zum Thema (*Schriften zur Theologie* VI, 346-347) keine der hier einschlägigen Arbeiten und nimmt auch keine Notiz von der Diskussion Y. CONGAR—CH. JOURNET [Vgl. unten; ferner Y. CONGAR, *Vraie et fausse réforme dans l'Église*, Paris 1950 (Unam Sanctam 20); *Sainte Église, Etudes et approches ecclésiologiques*, Paris 1963 (Unam Sanctam 41)].

[84] Vgl. W. J. HOYE, *Die Verfinsterung des absoluten Geheimnisses: eine Kritik der Gotteslehre Karl Rahners* (D 1979); B. LAKEBRINK, *Rahners idealistisches Zerrbild vom Dreifaltigen Gott*, Theologisches 17 (1987) Nr. 7 Sp.8-Sp.21; 17 (1987) Nr. 8 Sp.8-Sp.17; A. LOCKER, *Das Phänomen Rahner in kritischer Sicht. Sprachvertuschte Selbstzerstörung der Theologie*, Theologisches 181 (1985) 6382-6393; G. MAY, „*Normative Kraft des faktischen Glaubens*" *als Weg zur Einheitskirche der Zukunft? Bemerkungen zu einer Vision Karl Rahners*, Una Voce Korrespondenz 3 (1973) 292-305; G. MAY, Rez. zu: K. RAHNER SJ, Schriften zur Theologie. Bd. I-IX, Einsiedeln, Zürich, Köln, in: Erasmus, 23 (1971) 903-925 [immer noch aktuell !]; L. SCHEFFCZYK, Rez. zu: K. RAHNER SJ, *Grundkurs des Glaubens*, Freiburg 1976, in: Internationale KATHOLISCHE Zeitschrift Communio, 6 (1977) 442-451. Vgl. die detaillierteren Widerlegungen: J. STÖHR, *Heilige Kirche – sündige Kirche?*, Münchener Theologische Zeitschrift 18 (1967) 119-142.
Wir verdanken *Rahner* nicht nur die Erfindung des „anonymen Christen", sondern auch Satzgefüge mit 203 Worten (Schriften IV, 414 f.), bzw. Sätze von 36 Druckzeilen Länge, Superlative von „restlos", „definitiv" (3, 93), oder von „spezifisch" (V, 150). Was meint er damit, dass etwas zentraler als zentral (V, 319) sei oder „reale Wirklichkeit" (V, 338)?

[85] „Es ist ein neues genus litterarium im Kommen ... das weder Wissenschaft theologischer noch philosophischer Art ist, noch Dichtung, noch die Vulgarisation von Theologie und Philosophie als Wissenschaft ... was heute eigentlich gesagt sein will, das läßt sich gar nicht mehr mit wissenschaftlicher Exaktheit und Durchreflektiertheit sagen". Von sich selbst sagt er: "Wenn man von ein paar dogmengeschichtlichen Aufsätzen über die Bußgeschichte absieht, so ist alles andere, was ich geschrieben habe, keine theologische Wissenschaft und erst recht nicht (Fach-) Philosophie. Dafür ist alles viel zu dilettantisch. ... Ich finde nicht, durch

seinem eigenen „existentialtheologischen" Ansatz her – mit der Verwerfung des „Subjekt-Objekt-Schemas" – muss seine wissenschaftliche Bedeutung nicht erst seit der Rinser–Affaire als problematisch gelten.

Die Behauptung, die Kirche habe sich auf dem *II. Vatikanum* mit Entschiedenheit als eine Kirche der Sünder bekannt[86], ist schlichtweg falsch. Eigenartigerweise stellt aber der Autor selbst gleichzeitig mit dieser Behauptung zu Recht fest, das Konzil habe die Begriffe „sündige Kirche" oder „Sündigkeit der Kirche" nicht gebraucht, sondern einen Subjektwechsel vollzogen („wir"), um die kirchliche Gemeinschaft mit dem sündigen Versagen als Ganze nicht in Verbindung zu bringen[87]. Nicht die Kirche, sondern die Gläubigen sind damit als Träger der noch zu besiegenden Sünde verstanden[88]. Sollten für die gewählte Formulierung wirklich nur verhandlungstaktische Gründe, „etwas zu große Vorsicht und Milde" oder „Ängstlichkeit"[89] maßgebend sein? Oder gar die angebliche Tatsache, daß „bei vielen Vätern das Gespür für die unmittelbar theologische und mittelbar auch ökumenische und pastorale Bedeutung des Problems einfach nicht deutlich genug entwickelt"[90] war?

---

eine solche Wertung wird das abgewertet, was ich geschrieben habe. Ich vertrete sogar die Meinung, dass man heute, wenn man zu Menschen spricht, die 'existentiell' etwas wissen wollen, gar nicht anders sprechen und schreiben kann ... Ich halte daran fest, daß es nur auf diese unwissenschaftliche Weise noch geht". (*Schriften zur Theologie* XII, Zürich 1975, 602, 604). Vgl. A. ZUERICH, *Carlo Rahner nega di essere filosofo e si autoqualifica dilettante in teologia*, Divus Thomas (Piacenza) 82 (1979) 19-28.

Unter anderem legt R. sogar eine Theologie des Schlafes vor (III, 263-81). Gelegentlich setzt er Mensch und Christ gleich (z. B. VII, 386); und macht den Lutheraner zum anonymen Katholiken und den Katholiken zum anonymen Lutheraner (IX, 78). Heilsnotwendigkeit der Kirche verwandelt sich bei ihm in Heilnotwendigkeit der Menschheit (II, 92). Er geht sogar so weit zu behaupten, das Wesentliche sei allen christlichen Bekenntnissen gemeinsam (IX, 365). Manchmal scheint er zum Relativismus zu neigen (IX, 286; IX, 565). Ein schwerer methodischer Irrtum ist die Behauptung: „Ein päpstliches Lehrschreiben, das keine Definition darstellt, ist grundsätzlich eine reformable Lehre" (IX, 283). [Vgl. die Rezension von G. MAY, Anm. 84]. Vgl. auch D. BERGER, *Karl Rahner: Das Ende eines Mythos und seine Apologeten*, Una Voce Korrespondenz 28 (1998) 67-91; D. BERGER (Hrsg.), *Karl Rahner. Kritische Annäherungen* (Quaestiones non disputatae, Bd. VIII), Siegburg 2004.

[86]   Ebd. S. 255
[87]   Ebd. S. 256
[88]   Vgl. *Lumen gentium*, n. 36, 40; *De oecumenismo*, n. 3.
[89]   K. RAHNER, Ebd., S. 339, 340
[90]   K. RAHNER, Ebd., S. 332

Ferner wurde behauptet: Alle Heiligkeitsaussagen über die Kirche seien betont eschatologisch geprägt[91]; nur in Maria ist die Kirche schon zur Vollkommenheit gelangt! Also habe sie noch Makel und ist sündig[92].
Diese Argumentation missachtet den Unterschied zwischen einem Nicht-
haben bzw. Fehlen im privativen Sinne und im negativen Sinne. Obwohl die
Kirche noch nicht in allen Gliedern ihre eschatologische Heiligkeit erreicht
hat, obwohl sie im Tugendleben noch wachsen muss, kann man sie mit vollem
Recht die *ecclesia impeccabilis et indefectibilis* nennen, unsündliche Kirche[93]. Gewiss, das Hirtenamt könnte bei der Ausübung gewisser kanonischer Vollmachten irren; wenn es nämlich nicht um Existenzfragen geht, sondern um
kontingente Richtlinien[94]. Irrtum ist aber nicht Sündigkeit und führt nicht
notwendig zur Sünde.

Viel extremer noch äusserte sich *H. Küng*[95]; er wollte die Heiligkeit überhaupt nicht mehr als bleibende Eigenschaft der Kirche bejahen.

H. Becht kritisiert ähnlich wie *K. Rahner* das Konzil[96], es sei nicht „plausi-
bel"[97]. Er meint, dass das II. Vatikanum in ekklesiologischen Fragen „Brüche
aufweist und gelegentlich auch gegensätzliche Aussagen unverbunden nebeneinander stellt"[98], und behauptet, dass die Kirche in der Konstitution *Lumen
gentium* ein „Kompromiss sei, der von der Spannung entgegengesetzter Ekkle-
siologien gekennzeichnet" sei. Der Begriff der Heiligkeit „ohne Fehl und Makel" sei nur eschatologisch gemeint[99].

---

[91] K. RAHNER, in: Schr. z. Theol. VI, S. 323 f.

[92] K. RAHNER, in: Schr. z. Theol. VI, 337

[93] Vgl. J. GUMMERSBACH SJ, *Unsündlichkeit und Befestigung in der Gnade*, Frankfurt/M. 1933, 271-
273; A. SALMERON SJ, *in Ep. b. Pauli* disp. 15, *de Verbo confirmandi* (ed. Köln 1604, tom. 13,
116a). *Lumen gentium*, c. II. n. 9: „ ... Ecclesia virtute gratiae Dei ... confortatur, ut in infirmi-
tate carnis a perfecta fidelitate non deficiat, sed Domini sui digna sponsa remaneat". ...
„indefectibiliter sancta creditur" (c. V. n. 39).

[94] Vgl. CH. JOURNET, in: Nova et Vetera 38 (1963) 305; *L'Église du Verbe inc.* II, 925 ff.

[95] Vgl. H. KÜNG, *Die Kirche*, ²1967, S. 379-391

[96] H. BECHT, *Die Sündigkeit der Kirche als Thema des II. Vatikanischen Konzils*, Teil 1: Catholica 49
(1995) Nr. 3, 218-237; Teil 2: Catholica 49 (1995) Nr. 4, 239-260. Der Autor will nicht weniger als eine „Theologie der Sündigkeit der Kirche" entwickeln.

[97] Ebd., S. 254

[98] Ebd., S. 222

[99] Ebd., S. 244

Methodisch ist zu bemerken, dass der Autor die einschlägige Literatur zum Thema nicht zu kennen scheint; er erwähnt wohl einmal den Namen von Kardinal *Ch. Journet*, hat ihn aber offensichtlich nicht gelesen. Er geht einfach aus von der gängigen Kritik (*M. Luther*), beruft sich auf *E. Jüngel*[100], und meint, hier sei die Dialektik von Geist und Buchstabe zu wahren[101].

Gelegentlich wollte man für das Prädikat „Sündigkeit" auch bei einigen wenigen schwierigen patristischen Texten eine Bestätigung finden: *Augustinus* beziehe Eph 5, 27 meist nur auf die ecclesia gloriosa, während er der irdischen Kirche die Makellosigkeit abzusprechen scheine[102]. *Wilhelm von Auvergne*[103], *Rupert von Deutz*[104], *Savonarola*[105], *Dionysius Carthusianus*[106] scheinen die Kirche selbst für Sünden an ihren Gliedern schuldig zu sprechen. Manchmal heiße die Kirche durch die Sünde beschmutzt, ja sogar ‚*meretrix*', und werde verglichen mit den Sünderinnen im Evangelium: Maria Magdalena, der Samariterin (Joh 4, 17 f.), der Ehebrecherin (Joh 8), ferner mit Gestalten des Alten Testamentes wie Thamar, Sulamith und sogar mit Babylon[107]. Vor einigen Jahren hat sich *T. Citrini*[108] mit diesem Thema beschäftigt, neuerdings *P. Cottier*[109] – in Auseinandersetzung mit *K. Rahner* und *H. Urs von Balthasar*[110].

---

[100] Ebd., S. 220

[101] Ebd., S. 222

[102] Vgl. dagegen Anm. 44

[103] Wilhelm von Auvergne: "Qualiter autem hodie per contrarium omnia fiant, in evidenti est, dum currus Pharaonis potius videtur ecclesia, quam currus Dei, fertur enim in profundum divitiarum et deliciarum et etiam peccatorum, subversis rotis doctorum et a Christo axe vitae dissimilitudine seorsum longe separatis ...." (Text nach H. Riedlinger, Anm. 74, S. 244). Wilhelm sucht durch den Kontrast das Unerträgliche der kirchlichen Zustände eindringlich vor Augen zu führen. (Vgl. H. Riedlinger, Anm. 74, 241-256).

[104] Rupert von Deutz, *in Apoc.* lib. 7, c. 12 (PL 169, 1041) (schließt im Begriff „ecclesia" hier die alttestamentliche Gemeinde mit ein!)

[105] Savonarola, *Predigt 32 über Ezechiel* (Text bei H. Urs von Balthasar, *Sponsa Verbi*, Einsiedeln 1961, S. 275 f.).

[106] Dionysius Carthusianus, *in Cant,* a. 12; 0pera VII, 368B. Vgl. H. Riedlinger, Anm. 74, S. 396 f.

[107] J. Daniélou, *Rahab, Figure de l'église*, Irénikon 22 (1949) 2645 (auch in: *Sacramentum futuri*, Paris 1950, 217-232), H. Urs v. Balthasar, ebd. [Anm. 105], S. 239-300 (über Hildegard v. Bingen: S. 278 f.). Vgl. Johannes Chrysostomus (die „aussätzige Kirche"): *in 1 Cor.* 44, 4 (PG 61, 378-379); Isidor, *Qu. in Vet. Test.* (PL 83, 37 B), Ph. Th. Camelot, *Le sens de l'Église chez les Pères latins*, NouvRevThéol 83 (1961) 367-381.

[108] T. Citrini, [Anm. 38]

Bei der Beurteilung dieser Texte gilt es, nicht einzelne aus ihrem Zusammenhang zu reißen und nicht rhetorisch oder polemisch überspitzte Einzelformulierungen als repräsentativ für eine ganze theologische Richtung auszugeben. Die Väter wiesen darauf hin, dass die Heiligkeit als Gnadengeschenk um einen hohen Preis erkauft worden ist und die Vergangenheit im ehebrecherischen israelitischen Gottesvolk nicht vergessen werden darf. Die Bezeichnung „*casta meretrix*" für die Kirche findet sich in der Patristik nur sehr sporadisch[111] und ist nur im Rahmen der eigentlichen Intention zu verstehen – um gegen Gnostiker und Manichäer sicherzustellen, dass auch die Sünder zur Kirche gehören. Sie ist keineswegs eine verbreitete Bezeichnung wie *M. Becht* im Anschluss an einen verunglückten Titel bei *H. Urs von Balthasar*[112] behaupten möchte[113].

Zwei episodische Verwendungen des Begriffes „sündige Kirche" bei *Hilarius von Poitiers* könnten Schwierigkeiten bereiten; *M. Figura* und *J. Dignon*[114] haben sich damit auseinandergesetzt. Hilarius verweist auf 1 Tim 2, 14, wo darauf Bezug genommen wird, daß Eva zuerst gesündigt habe, dann aber durch die Geburt des Kindes und Treue gerettet wurde: Ähnlich verhalte es sich mit der Kirche die aus Zöllnern, Sündern und Heiden stamme, aber durch Christus erlöst sei. Die Bezeichnung ‚ecclesia peccatrix' kommt nur vor

---

[109] G. COTTIER OP, *Mémoire et repentance. Pourquoi l'Église demande pardon,* Saint Maur 1998, p. 57-91; DERS., *La Chiesa davanti alla conversione. Il frutto più significativo dell'Annjo Santo,* in: Tertio Millennio adveniente. Testo e commento teologico-pastorale a cura del Consiglio di presidenza de Grande Giubileo dell'anno duemila, Cinisello Balsamo 1996, 160-171; vgl. Anm. 155

[110] H. URS VON BALTHASAR behauptet hier eigenartigerweise einen dialektischen Gegensatz, eine *coincidentia oppositorum,* eine Doppelung innerhalb der konkreten Kirchenwirklichkeit und beruft sich auf patristische Texte. (*Sponsa Verbi,* Skizzen zur Theologie II, Einsiedeln 1961, *Casta meretrix,* p. 203-305 [p. 300 ss.]; DERS., *„Die heilige Hure",* in: *Wer ist die Kirche?,* Einsiedeln 1961, 55-136: undifferenziert, mit geschmacklosem Titel und einseitig provozierenden Zitaten). So scheint er die Sünde doch auch in die Kirche selbst zu verlegen.

[111] Die Bezeichnung kommt aber nur einmal vor; AMBROSIUS meditiert dabei nur über *Rahab,* die Dirne von Jericho, Repräsentantin der Synagoge und Vorläuferin der Kirche. (*Expos. in Luc.,* lib. 3 n. 23; PL 15, 1598). Dazu Kard. G. BIFFI, *„Casta meretrix". Saggio sull'ecclesiologia di Sant'Ambrogio,* ed. Piemme, Bologna 1996, p. 60. Ambrosius lehrt klar die sündenlose Heiligkeit der Kirche: Anm. 42, 43, 123.

[112] H. URS VON BALTHASAR, [Anm. 110], 290 f.

[113] H. BECHT, Ebd., S. 227

[114] J. DOIGNON, in: Revue des sciences phil. et théol. 74 (1990) 255-258

im Zusammenhang mit einer alttestamentlichen Exegese des *Origenes*, der sie selbst aber nicht gebraucht hat.

Polemisch oder rhetorisch etwas überspitzte Formulierungen sind somit nicht repräsentativ; schmachvolle Namen für die Kirche finden sich im Ganzen sehr selten[115]. Schließlich war die Kirche weit davon entfernt, sich die Schmähungen der Katharer und Waldenser zu eigen zu machen. Der heilige *Augustinus* sieht im leuchtend glänzenden Gewand des verklärten Christus ein Bild für die von jedem Makel der Kirche der Sünde gereinigte Kirche[116]. Sie werde von den Sünden der Sünder in keiner Weise selbst befleckt.

Im Kampf gegen den Donatismus und Pelagianismus oder gegen spiritualistische Strömungen mussten die Kirchenväter die wirkliche Zugehörigkeit der Sünder zur Kirche theologisch begründen, mussten die Heiligkeit der Kirche als eine noch unvollendete deutlich machen. Denn die Donatisten z. B. erklärten, die Kirche dürfe, da sie jetzt schon ganz ohne Makel und Runzel sei, die Todsünder nicht in ihren Reihen dulden; die Pelagianer erwarteten in ihrem Asketenstolz Freiheit von jeder Sünde für die Glieder der Kirche. Unter diesen Voraussetzungen ist die begriffliche Unterscheidung, um die es uns hier geht, noch nicht vordringlich, nämlich die Frage, ob sündige Kirche oder Kirche mit Sündern. Die Väter standen gar nicht vor der Alternative: entweder Sündigkeit der Christen, das heißt der Glieder der Kirche, oder auch Sündigkeit der Kirche selbst. Man kann hier nicht einfach neuere Probleme zurückprojizieren. Zunächst war überhaupt die Frage der Kirchengliedschaft der Sünder noch ungenügend spekulativ durchdacht, erst recht also unsere Frage. Spannungsreiche, ja entgegengesetzte Aussagereihen stehen noch in der Frühscholastik unverbunden nebeneinander. Vielfach werden die Sünder gar nicht zur „Kirche" gerechnet, wobei unter Kirche dann die Brautgemeinde der Heiligen verstanden wurde und nicht einfach die Kirche schlechthin[117]. Viele Äu-

---

[115] Vgl. H. RIEDLINGER, [Anm. 74], S. 402

[116] „Vestimenta eius sunt sancti eius, electi eius, tota ecclesia eius, quam sibi sicut vestem exhibet, sine macula et ruga; propter maculam abluens in sanguine; propter rugam extendens in cruce" (AUGUSTINUS, *in Ps.* 44, 22 (CC 38, 509)). „...eius [Christi] in monte, quae tamquam nix dealbata effulsit, significavit ecclesiam omni macula peccati mundatam" (AUGUSTINUS, *in Ps.* 50, 12 (CC 38, 608). Ähnlich öfter im Psalmenkommentar)

[117] Vgl. S. TROMP SJ, *Corpus Christi quod est ecclesia, I,* Romae ²1946, 128-131. JOHANNES DAMASCENUS: „... Ne quis arbitretur Christi corpus sordescere, dum scortatur homo, hoc ait: quando quis adhaereat scorto, haud amplius esr corpus Christi, neque membrum Christi; sed in proprium corpus suum peccat. Gratia quippe, cum scortatorem fugiat, illum prohi-

ßerungen über die Kirchengliedschaft sind also cum grano salis zu nehmen. Man kann sie heute nicht einfach wiederholen, ohne Missverständnisse zu provozieren. Dasselbe gilt auch von vereinzelten Äußerungen, die die Kirche selbst als sündig erscheinen lassen. Außerdem geht man an der historischen Wahrheit vorbei, wenn man den „Gewichtsausgleich" durch andere Aussagereihen ignoriert und nur eine Gruppe auswählt.

Man sprach sogar, ähnlich wie schon *Paulus*, von einer „Sündigkeit" Christi[118], weil Christus die Sünden der Christen auf sich nahm. Christus, er selbst ohne Sünden war, hat die Sünden der Welt, d.h. derer getragen, die durch Glaube und Taufe zu Gliedern seines Leibes, der Kirche, werden sollten (vgl. *Röm* 8, 3; *2 Kor* 5 ,21; *Gal* 3, 13; *1 Petr* 2, 24). Im Psalmenkommentar lässt *Augustinus* Christus von „seinen Sünden" reden[119], das heißt, Christus spricht *in persona membrorum*. Seine persönliche Unsündlichkeit wird dadurch nicht im Geringsten bezweifelt. Warum sollte nicht auch die Kirche in ähnlicher Weise im uneigentlichen Sinne sündig genannt worden sein? An einzelnen rhetorisch geschärften Predigerworten darf man aber gewiss eher vorbeigehen als an den theologisch durchdachten Formulierungen der Neuzeit. Denn mit welchem Recht wollte man den genannten Väterworten eine speziell ontologische Aussageabsicht unterstellen[120]?

Zu beachten bleibt außerdem die Frage: Ist wirklich Sünde als moralische Qualität der Kirche selbst gemeint oder nur ein physischer Defekt („*clauda ecclesia*"[121]), eine Unvollkommenheit, ein Verwundet- oder Beschmutztsein der Kirche infolge der Sünden der einzelnen? Leiden, Versuchbarkeit und Fehlen der leiblichen Verklärung kann und muss ja auch vom irdischen Christus ausgesagt werden. Warum sollte nicht auch die Verherrlichung der Kirche nach Eph 5, 27, sogar dann, wenn der Text exklusiv auf die Endzeit der Kirche bezogen wäre, in Analogie zur glorificatio corporis des unsündlichen Christus

---

bet, ne ultra sit corpus Christi: ex quo fit, ut erga proprium corpus peccatum admittat". (*In I Cor.* 6, 18; PG 95, 619B). A. LANDGRAF, (Anm. 7).

[118] 2 Kor 5, 21: „Christus pro nobis peccatum factum est". Vätertexte nennt S. TROMP, ebd., S. 134. Zu 2 Kor 5, 21 erklärt THOMAS: „Deus fecit Christum peccatum non quidem ut in se peccatum haberet, sed quia fecit eum hostiam pro peccato ... Et secundum hunc modum dicitur Is. 53, 6, quod Dominus posuit in eo iniquitatem omnium, quia scilicet eum tradidit, ut esset hostia pro peccatis omnium hominum, vel fecit eum peccatum, id est habentem similitudinem peccati, ut dicitur Rom. 8" (*S. th.* III q 15 a 1 ad 4).

[119] AUGUSTINUS, *in Ps.* 140, 6 (PL 37, 1818)

[120] Vgl. CH. JOURNET, *L'Église du Verbe incarné*, Bd. I, Paris ³1963, p. XV

[121] AUGUSTINUS, *Sermo* 5 n. 8 (PL 38, 59A; CChr 41, 59)

verstanden sein? Verwundung der Kirche – auch in *Lumen gentium* ist davon die Rede[122], – bedeutet dann eben gerade keinen moralischen Defekt. Die Diesseitskirche weist in besonderer Weise auf den leidenden Christus hin; sie trägt das *mysterium crucis*, nicht das *mysterium iniquitatis* in sich. „Reinigung" lässt nicht notwendig auf Schuld der Kirche schließen; würde sonst nicht auch die Salbung und Reinigung der Füße des Heilandes durch Maria Magdalena bedeuten, dass ihm die Unsündlichkeit fehlte?

Die Tradition hat auch längst erklärt, in welchem Sinne Dirnengestalten der Hl. Schrift gelegentlich allegorisch auf die Kirche im weiteren Sinne gedeutet werden können. Das Volk Gottes ist vor Christus aussätzig und sündig gewesen (*Ambrosius*[123]), durch Christus aber gereinigt und geheiligt. (*Rhabanus Maurus; Martinus Martinez Cantapretensis*[124]; *Anselm von Laon*[125]). Nach *Hieronymus* werden oft die alten Bezeichnungen noch weiter verwendet[126]. Auch Simon werde aussätzig, Matthäus werde Zöllner genannt – mit den alten Namen[127].

---

[122] *Lumen gentium*, 11

[123] AMBROSIUS: „Populus ille ante leprosus, populus ille ante maculosus, priusquam mystico baptizaretur in flumine: idem post sacramenta baptismatis maculis corporis et mentis ablutus, iam non lepra, sed immaculata virgo coepit esse sine ruga" (*in Luc.* IV, c. 4 n. 50; PL 15, 1627; *Breviarium Romanum*, Fer. II infra Hebd. 3 Quadrag., lectio 3). Die Heilung *Naamans* wird als Typus des kommenden Heils der Heiden dargestellt.

[124] „Mulier quoque illa meretrix in Evangelio, quae pedes Iesu lacrimis lavat, crine detergit et cui peccata omnia dimittuntur, manifeste pingit ecclesiam de gentibus congregatam. Haec idcirco replicavi, ne cui videatur incongruum, si synagoga et ecclesia meretrices dicantur, quarum una Salomonis iudicio filii possessione donata est. Prudens quaeret auditor, quomodo meretrix sit ecclesia, quae non habet maculam neque rugam? Non dicimus ecclesiam permansisse meretricem, sed fuisse". (MARTINUS MARTINEZ CANTAPRETENSIS, *Hypotyposeon*, lib. 9 reg. 11; ed. Sal. 1565, int. II f. 5 rb-va) entspricht RHABANUS MAURUS, *in 3 Reg 3* (PL 109, 128A).

[125] ANSELM VON LAON deutet Thamar als Verkörperung des alten Israel, das nun verwandelt eine neue Gesalt hat: „… accepta fide, Ecclesia desivit esse meretrix, et non habet locum increpatio in ea". (*Enarr. in Ev. Mt.*, c. 1; PL 162, 1239AB)

[126] „Mos autem Sacrae Scripturae est, ut pristina culparum nomina in sanctis frequenter recenseat, sicut beatus Isaias ait de Deo: benedicent me bestiae agri; et apostolus Matthaeus dicitur publicanus". (HIERONYMUS, *Commentarii in Job*, c. 38; PL 26, 765).

[127] „Non quod leprosus et illo tempore permaneret, sed qui antea leprosus postea a salvatore mundatus est, nomine pristino permanente, ut virtus curantis appareat. Nam in catalogo apostolorum cum pristino vitio et officio Matthaeus publicanus appellatur, qui certe publicanus esse desierat. Quidam Simonis leprosi domum eam volunt intelligi partem populi, quae crediderit Domino, et ab eo curata sit. Simon quoque ipse oboediens dicitur, qui iuxta aliam intelligentiam mundus interpretari potest in cuius domo curata est ecclesia"

Zwar wird die Kirche manchmal »nigra« genannt, aber nicht wegen Sünden, sondern wegen ihrer Leiden (*Beda Venerabilis*[128])".

H. Becht behauptet weiterhin: Wer Subjekt von Buße sein soll, müsse zuvor auch Subjekt von Schuld sein können[129]. Mit derselben – gewaltsamen – Argumentation müsste man jedoch auch die Unsündlichkeit Christi leugnen, – die jedoch als Glaubenswahrheit feststeht. Aus der Tatsache von Versuchungen und Bedrängnissen (*tentationes et tribulationes*) kann nicht geschlossen werden, dass die Kirche selbst möglicher Träger von Schuld sein kann – ebenso wenig wie aus der Tatsache der Versuchungen Christi[130]. Die Aussage des Konzils von der „vollkommenen Treue" der „*digna sponsa*" bedeutet offensichtlich wesentlich mehr als ein „Anspruch, der sich geschichtlich wehren muss"[131], wie der Autor behauptet.

Eph 5, 27 meint nicht einfach nur die Kirche der Endzeit, sondern schon die irdische Kirche, so interpretieren – wie schon *Thomas von Aquin*[132] – auch u. a.: *M. Zerwick SJ*[133], *H. Schlier*[134], *A. Vonier*[135], *M. Meinertz*[136], *A. von Henle*[137], *J. A. van Steenkiste*[138], *Johannes Scheffler*[139].

(HIERONYMUS, *in Matth.* 26,6; PL 26, 191; vgl- auch RHABANUS MAURUS, *in 3 Reg* 3; PL 109, 128B).

128 „Ecclesia quoque non propter peccata vel peccatorum vitia, sed propter tentationes passionesque suas, quibus indesinenter exercetur, nigram se esse perhibet" (BEDA VEN. *in Cant.* 2, 1; PL 91, 1089); vgl.auch die Erklärung von BERNARD VON CLAIRVAUX, *Sermones in Cantica*, s. 27 n. 14; PL 183, 920D).

129 H. BECHT, Anm. 96, S. 226

130 Ebd. S. 227

131 Ebd. S. 227

132 THOMAS, *Ad Eph.*, c. 5, lect. 8 v. 27 n. 323

133 M. ZERWICK SJ, *Der Brief an die Epheser*, Düsseldorf 1961, S. 169 (Geistl. Schriftlesung, hrsg. von W. Trilling, Nr. 10)

134 H. SCHLIER, *Der Epheserbrief,* Düssesldorf ²1960, 258: „Christus hat sich in dem Sinn zur Heiligung der Kirche hingegeben, dass er sie sich als seine reine Braut ständig von neuem in der Taufe der Gläubigen zuführt ... Dabei ist das eigentümliche Ineinander von Geschehenem und Geschehendem zu beachten". Von einer »Schuld« der Kirche ist bei H. SCHLIER hier also nicht die Rede.

135 A. VONIER, *Das Mysterium der Kirche*, Salzburg 1934, S. 14, 20

136 M. MEINERTZ / F. TILLMANN, *Die Gefangenschaftsbriefe des hl. Paulus*, Bonn ⁴1931, S. 98

137 A. VON HENLE. *Der Epheserbrief*, Augsburg ²1908, 300 f.

138 J. A. VAN STEENKISTE, *Com. in omnes s. Pauli epistolas*, Brugis ⁶1899, 68 f.

139 JOHANNES SCHEFFLER, *Ecclesiologie oder Kirche-Beschreibung*, Neisse und Glatz 1677, S. 602 f.

Die *Protestanten* haben in der Regel keine Schwierigkeiten, ihre widersprüchliche Grundthese vom „sündig und gerecht zugleich", nicht nur auf die Gerechtfertigten, sondern auch auf die Kirche selbst zu beziehen (*Luther*[140]) – obwohl heute kaum noch *Wyclifs* These von der katholische Kirche als „Synagoga Satanae"[141] vertreten wird. Interessanterweise lehnen aber sogar einige evangelische Autoren die Rede von einer sündigen Kirche ausdrücklich ab (so besonders auch R. *Niebuhr*[142]). I. *Szabó*[143] warnt davor, das – noch immer beibehaltene – protestantische „Sünder und gerecht zugleich" auf die Kirche zu übertragen: „Kann die Kirche in jenem personalen Sinne schuldig sein, in dem das rechtfertigungstheologische „simul iustus peccator" gemeint ist: als Bestimmung des Menschen durch das Handeln des richtenden und rettenden Gottes? Unbesehen angewandt auf die Kirche müsste dies doch bedeuten, sie könne eine kollektive Schuld auf sich laden! Wir können uns aber mit der Schuld der Kirche nur fruchtbar und gezielt auseinandersetzen, wenn wir nicht die Kirche als (Kollektiv-) Person, sondern Personen in der Kirche in den Blick nehmen und das, was sie getan oder versäumt haben[144]". „Darum erschwert es die Übertragung des „simul iustus et peccator" auf die Kirche, ihre Verantwortung heute in der Auseinandersetzung mit ihrem Gestern wahrzunehmen, ja sie macht dies geradezu unmöglich. Je leichtfertiger wir

---

[140] M. LUTHER, *In ep. ad Gal.*, 1531; WW 40/1, 69. Allerdings vermeidet er in seiner Übersetzung immer das Wort *Kirche*; er übersetzt ausnahmslos mit *Gemeinde*.

[141] Vgl. JOHANNIS WYCLIF, *Dialogus sive speculum ecclesiae militantis*, cap. 4; ed. A. W. POLLARD, London 1886, S. 8 Z. 15 f.: „Quomodo ergo non verecundaretur haec synagoga satanae publicare populo quod sit immediatus et proximus vicarius christi et suorum apostolorum. Et tarnen in vita ipsis tam notorie adversantur. Frons quidem meretricis facta est illi et ideo est signum evidens, quod est diabolus induratus". Vgl. ebd., c. 23; S. 47 Z. 6. „Reputare tamen debemus recte nobis cum viventes esse filios sanctae matris ecclesiae, et contrarie viventes esse filios synagogae Satanae. Et curn nemo faceret contra conscientiam filios diaboli nutriendo, videtur, quod nemo tribueret temporalia praelatis vel aliis conversantibus malitiis crirninalibus notorie irretitis". (*Trialogus*, lib. 4 c. 22; ed. G. LECHLER, Oxonii 1869, S. 325). Vgl. *Suppl. Trialogi* c 2; ed. cit. S. 416. Vgl. DENZINGER-SCHÖNMETZER, *Enchiridion Symbolorum*, 1187; Apk 2, 9.

[142] H. R. NIEBUHR, Professor für christl. Ethik an der Universität Yale, *Die menschliche Unordnung in der Kirche Gottes*, in: Die Unordnung der Welt und Gottes Heilsplan, Bd. I: Die Kirche in Gottes Heilsplan, Tübingen 1948 (ökumenische Studien), 82.

[143] I. SZABÓ, *Die Kirche – sündig und gerecht zugleich? Einige Bemerkungen zur Problematik der Übertragung einer Form der Rechtfertigungslehre auf die Ekklesiologie*, Evangelische Theologie 55 (1995) 256-260

[144] S. 256-257

aufgrund eines vorschnellen Gebrauches des „simul iustus et peccator" mit der Vergangenheit umgehen, desto schwieriger wird eine echte Auseinandersetzung mit ihr." [...] „Wäre die Kirche zugleich sündig und gerechtfertigt, dann müssten wir − in Analogie zur Rechtfertigung des Gottlosen − von ihr sagen, sie sei eine Sünderin („*peccatrix*"), die zu rechtfertigen („*iustificanda*") und die gerechtfertigt („*iustificata*") ist. Dann aber verlieren biblische Bezeichnungen wie „Leib Christi" oder „Volk Gottes" ihre Kraft, die sonst der Lehre von der Kirche die Dynamik verleihen. So gewichtig das „simul iustus et peccator" innerhalb der Rechtfertigungslehre ist, so kraftlos wäre es für die Ekklesiologie. Die Rechtfertigungslehre lässt sich nicht einfach für die Kirche wiederholen, sie sagt dann gar nichts mehr aus"[145]. „Deshalb werfe ich die Frage auf: Dürfen wir, analog zu Luthers Umschreibung des Menschen angesichts des Handelns Gottes: „simul iustus et peccator"[146], auch die Kirche als „simul iusta et peccatrix" bezeichnen und so verstehen? Und würde uns dies in der Auseinandersetzung mit der Vergangenheit der Kirche und bei der Klärung ihrer Verantwortung helfen oder im Gegenteil beirren?[147]". „Wenn wir also auf die Frage nach der Verantwortung der Kirche in der Vergangenheit allzu schnell mit der Formel „simul iusta et peccatrix" antworten, dann entlassen wir die Kirche einerseits aus der Verantwortung für die Vergangenheit, andererseits behaupten wir aber von der Kirche − indem wir weniger von ihr aussagen wollen, als sie in Wirklichkeit ist − mehr, als wir von ihr mit biblischer Begründung sagen dürfen[148]".

Fragen zur päpstlichen „Vergebungsbitte"

Die Kirche bittet in der Liturgie täglich um Vergebung für die Sünden ihrer Glieder. Papst *Johannes Paul II* wollte nun aber im Hinblick auf die Jahrtausendwende eine globale Kultur der Vergebung fördern und wünschte daher auch, „dass die Kirche, gestärkt durch die Heiligkeit, die sie von ihrem Herrn empfängt, in diesem Jahr der Barmherzigkeit vor Gott niederkniet und von ihm Vergebung für die Sünden ihrer Kinder aus Vergangenheit und Gegenwart erfleht[149]". Im Apostolischen Schreiben *Tertio Millenio adveniente* (10. 11.

---

[145] S. 257

[146] Vgl. WA 56, 70, 9 f, zu Röm 7, 16

[147] Ebd., S. 256

[148] Ebd., S. 258

[149] JOHANNES PAUL II, *Incarnationis Mysterium* (10. 11. 1994), n 11. „Wegen jenes Bandes, das uns im mystischen Leib Christi miteinander vereint, tragen wir alle die Last der Irrtümer und

1994) kündigte er den Bussakt an und kam auch auf Einzelheiten zu sprechen: „Ein anderes schmerzliches Kapitel, auf das die Kinder der Kirche mit reue-bereitem Herzen zurückkommen müssen, stellt die besonders in manchen Jahrhunderten an den Tag gelegte Nachgiebigkeit angesichts von *Methoden der Intoleranz oder sogar Gewalt* im Dienst an der Wahrheit dar. Zwar kann ein kor-rektes historisches Urteil nicht von einer sorgfältigen Berücksichtigung der kulturellen Bedingungen der jeweiligen Epoche absehen, unter deren Einfluß viele in gutem Glauben angenommen haben mögen, daß ein glaubwürdiges Zeugnis für die Wahrheit mit dem Ersticken der Meinung des anderen oder zumindest mit seiner Ausgrenzung einhergehen müßte. Oft trafen vielfältige Gründe zusammen, die die Voraussetzungen für Intoleranz schufen, indem sie ein Klima des leidenschaftlichen Fanatismus schürten, dem sich nur große, wahrhaft freie und von Gott erfüllte Geister irgendwie zu entziehen vermoch-ten. Doch die Berücksichtigung der mildernden Umstände entbindet die Kir-che nicht von der Pflicht, zutiefst die Schwachheit so vieler ihrer Söhne zu bedauern, die das Antlitz der Kirche dadurch entstellten, daß sie sie hinderten, das Abbild ihres gekreuzigten Herrn als eines unübertrefflichen Zeugen ge-duldiger Liebe und demütiger Sanftmut widerzuspiegeln. Aus jenen schmerzli-chen Zügen der Vergangenheit ergibt sich eine Lektion für die Zukunft ..."[150].

Der Papst sprach dann vor allem in den Vergebungsgebeten bei der Ver-söhnungsliturgie im Heiligen Jahr am 12. 3. 2000 von einer notwendigen „Reinigung des Gedächtnisses"[151], er sprach von „unserer Schuld" und von

---

der Schuld deerer, die uns vorausgegangen sind, auch wenn wir keine persönliche Verant-wortung dafür haben und nicht den Richterspruch Gottes, der allein die Herzen kennt, er-setzen wollen". (ebd.)

Tertio Millenio adveniente, n. 33: Die Kirche „ kann nicht die Schwelle des neuen Jahrtausends überschreiten, ohne ihre Kinder dazu anzuhalten, sich durch Reue von Irrungen, Treulosig-keiten, Inkonsequenzen und Verspätungen zu reinigen. Das Eingestehen des Versagens von gestern ist ein Akt der Aufrichtigkeit und des Mutes, der uns dadurch unseren Glauben zu stärken hilft, daß er uns aufmerksam und bereit macht, uns mit den Versuchungen und Schwierigkeiten von heute auseinanderzusetzen". Nr. 34: „... Diese Sünden der Vergan-genheit lassen ihre Last leider noch immer spüren und bestehen als dieselben Versuchungen auch in der Gegenwart weiter. Dafür gilt es, Wiedergutmachung zu leisten, indem Christus inständig um Vergebung angerufen wird".

[150] *Tertio Millenio adveniente*, 35

[151] Dokumentation in deutscher Sprache: OssRom dt. Wochenausgabe vom 17. 3. 2000, S. 6. „Das erste Ziel ist die *Reinigung des Gedächtnisses*". Der Prozess einer neuen Erschließung der Vergangenheit ist notwendig, da die Ereignisse der Vergangenheit immer in der Ge-genwart nachwirken und als Versuchungen von heute fortbestehen. Wenn in einem gedul-digen Dialog ermittelt wurde, wer sich von wem in der Vergangenheit durch Taten oder

der Schuld der „sündigen Glieder" der Kirche – nicht aber von einer Sünde der Kirche[152]. Ganz entschieden legte er dabei sorgfältig Wert auf eine diesbezügliche klare Unterscheidung[153]. Auch unkirchliche Medien haben dies meist sehr deutlich erfasst und den Papst deshalb kritisiert und ihm u. a. Halbherzigkeit vorgeworfen[154]. Dennoch kam es zu sehr verschiedenartigen verfälschenden und teilweise stark ideologisch geprägten Kommentaren[155]. Die

---

Worte verletzt sieht, ist es möglich, alle diese Belastungen aufzuarbeiten und in ihrer aktuellen destruktiven Dimension zu tilgen. So kann der negative Einfluss schlimmer geschichtlicher Ereignisse auf das gegenwärtige Zusammenleben der Menschen beseitigt oder wenigstens eingedämmt werden". (*Internationale Theologische Kommission*, 6, 1)

[152] „Herr unser Gott, Du heiligst deine Kirche auf ihrem Weg durch die Zeit immerfort im Blut deines Sohnes. Zu allen Zeiten weißt Du in ihrem Schoß um Glieder, die durch ihre Heiligkeit strahlen, aber auch um andere, die Dir ungehorsam sind und dem Glaubensbekenntnis und dem heiligen Evangelium widersprechen. Du bleibst treu, auch wenn wir untreu werden. Vergib uns unsere Schuld und lass uns unter den Menschen wahrhaftige Zeugen für Dich sein. Darum bitten wir durch Christus unseren Herrn". (L'Osservatore Romano, deutsche Ausgabe, 30 (2000) Nr. 11 (17. 3. 2000) S. 3)

[153] Vgl. JOHANNES PAUL II, Ansprache vom 31. 10. 1997 (Symposium über Antijudaismus) (OssRom 1. 11. 1997, S. 6; OssRom dt. 28. 11. 1997, S. 1 f.)

[154] Vgl. die Belege bei G. MAY, Una Voce Korrespondenz 30 (2000/3), 148-150

[155] Vgl. dazu: J. I. SARANYANA, *Memoria histórica, remisión del tiempo y petición de perdón: a propósito del diálogo interreligioso,* Scripta theologica 37 (2005, 1) 179-192; CH. MOREROD, *L'Église et la mémoire,* Nova et vetera 78 (2003, 4) 19-46; M. SIEVERNICH, *Kultur der Vergebung. Zum päpstlichen Schuldbekenntnis,* Geist und Leben 74 (2001) 444-459 (der Autor kennt kaum die einschlägige theologische Literatur); J. WERBICK, *„Sündige Selbstbehauptung". Ein Gespräch mit dem Systematiker J. Werbick über die Schuld der Kirche,* HerdKorr 54 (2000) 124-129; D. HERCSIK, *Schuldbekenntnis und Vergebungsbitten des Papstes in theologischer Perspektive,* ZKTh 123 (2001) 3-22; G. COTTIER OP, *Erreur, correction, réhabilitation et pardon,* Nova et vetera 76 (2001, 2) 5-16; G. MAY, *Schuldbekenntnisse und Vergebungsbitte,* Theologisches 30 (2000) 151-168; Una Voce Korrespondenz 30 (2000) 131-153; A. SCHÖNBERGER, *Die „Mea culpa"-Einbahnstrasse,* ebd. 30 (2000) 154-162; G. COTTIER OP, *Purification de la mémoire,* Nova et Vetera 85 (2000/3) 33-42; DERS., *Erreur, correction, réhabilitation et pardon,* Nova et Vetera 86 (2001/2) 5-16; G. L. MÜLLER, *Die Vergebungsbitte der Kirche im Heiligen Jahr der Versöhnung,* IKaZ 29 (2000) 406-423; H. OCKENFELS, *Kirche als Sündenbock,* Die Neue Ordnung 54 (2000) 82-83; L. ACCATTOLI, *Quando il Papa chiede perdono. Tutti i mea culpa di Giovanni Paolo II,* 1997 (*Wenn der Papst um Vergebung bittet. Alle "mea culpa" Johannes Pauls II an der Wende zum dritten Jahrtausend,* deutsche Übers. von P. F. Ruelius, Tyrolia, Innsbruck-Wien 1999, 219 S. [führt viele Dokumente an, aber allzu undifferenziert und oft sehr tendenziös interpretiert. Er meint sogar, dass die Formulierung des Dogmas der Unfehlbarkeit für einen Papst Anlass zu Buße sein könnte (S. 76), ebenso auch die Verwendung von Titeln wie Pater, Papa usw. (er will sich dafür auf H. URS VON BALTHASAR berufen)]; G. COTTIER OP, *Alcuni temi dell'ecclesiologia di Charles Journet (in relazione alla domanda di perdono),* in: G. Coffele (Hrsg.). Dilexit Ecclesiam, Roma 1999, 565-581; DERS., *La demande de pardon et l'oecuménisme,* Nova et Vetera 73/3 (1998) 5-16;

Reaktionen auf den Aufruf des Papstes zur öffentlichen Gewissensprüfung reichten von ernstzunehmenden Vorbehalten (etwa bei G. *Biffi*, G. *May*, M. *A. Glendon*, *A. Schönberger*) bis zu sinnentstellenden Umdeutungen (z. B. W. *Seibel*[156]) und groben ideologischen Instrumentalisierungsversuchen und Gehässigkeiten[157]. So fragte man nicht nur nach dem Sinn von Schuldbekenntnissen für Verfehlungen Verstorbener, sondern auch, ob hier nicht etwa erstmals ein formelles Bekenntnis zur Sündigkeit der Kirche selbst durch ihren obersten Repräsentanten vorliege.

Der Papst selbst wollte allerdings schon vorher verschiedene mögliche Missdeutungen ausschließen[158]. Die *Internationale Theologische Kommission* hat schließlich am 7. 3. 2000 eine auch vom damaligen *Kardinal Ratzinger* unter-

---

DERS., [Anm. 109]; G. COTTIER OP, *Domanda di perdono*, Angelicum 75 (1998) 169-188; K. REPGEN, *Kirche, Schuld, Geschichte. Eine aktuelle Ortsbestimmung*, Die neue Ordnung 53 (1999) 293-301. Weitere Zeugnisse bei D. HERCSIK SJ, ZkTh 123 (2001), 11.

[156] W. SEIBEL, *Die Kirche und ihre Schuld*, StdZt 215 (1997) 793-794: spricht ungehemmt schon im Titel seines Beitrages von einer Schuld der Kirche und polemisiert pauschal gegen die kirchliche Vergangenheit: infolge der Formulierungen des Vatikanum I sei „jeder Blick auf die Schattenseiten der Geschichte verstellt" worden; man habe diese bisher ignoriert oder zu rechtfertigen versucht (793). Sehr affektiv und voreingenommen auch U. RUH in einem Leitartikel der HK (51 (1997) H 10, S. 487-489) „*Sündige Kirche*": „Die Kirche kann sich nicht von den Sünden ihrer Glieder davonstehlen". Es gebe eine „Verstrickung der Kirche in Schuld und Versagen" (S. 488). Und dann die unlogische Behauptung: „Die Unterscheidung zwischen sündigen Gliedern der Kirche und der als solcher sündlosen Kirche ist nicht durchzuhalten" (ebd.), weil sie immer von den Sünden betroffen sei. Es sei „ekklesiologisch ehrlicher und wirklichkeitsnäher, die Dialektik von Heiligkeit und Sünde der Kirche in ihrer Härte stehen zu lassen …" (HK 54 (2000) S. 170).

[157] Dokumentation bei G. MAY, Una Voce Korrespondenz 30 (2000) 149-151; G. L. MÜLLER, Die Tagespost, Nr. 33 (18. 3. 2000) S. 15; ASZ, Nr. 11: „*Wie auf einen Räuber seid ihr mit Knüppeln losgegangen*".

[158] „Ihre [der Kirche] Vergebungsbitte ist kein Trick, der sich mit Demut tarnt. Die Vergebungsbitte ist auch keine Absage an ihre zweitausendjährige Geschichte, die so reich ist in allen Bereichen der Caritas, der Kultur und der Heiligkeit. Die Kirche antwortet jedoch auf eine unwidersprechliche Herausforderung der Wahrheit, dass es neben all den positiven Aspekten auch die menschlichen Grenzen und Schwächen gegeben hat, die in vielen Generationen der Jünger Christi zu verzeichnen sind". Die Kirche „ist nicht geneigt, den verallgemeinernden Urteilen des Freispruchs oder der Verurteilung verschiedener Zeitabschnitte der Geschichte Glauben zu schenken. Sie vertraut die Untersuchung der Vergangenheit geduldiger, sachlicher wissenschaftlicher Rekonstruktion an, frei von konfessionellen und ideologischen Vorurteilen, sowohl was die ihr gemachten Anschuldigungen als von ihr erlittenes Unrecht betrifft". (JOHANNES PAUL II., *Ansprache* vom 1. 9. 1999, in: L'Osservatore Romano, 2. 9. 1999)

zeichnete Interpretationshilfe veröffentlicht[159], nachdem schon 1994 dem Kardinalskollegium ein unter der Leitung von Prof. B. *Forte* (Neapel) erstelltes Arbeitspapier einer Subkommission „*Memoria e riconciliazione*" vorgelegt worden war.

Kardinal *F. Wetter* von München meinte leider in einer Ansprache – ähnlich wie viele Medien –, dass hier Schuld und Verfehlungen der Kirche selbst eingestanden würden, wie es in etwa schon *Papst Hadrian* VI gemacht habe[160]. Der Text selbst zwingt aber keineswegs zu dieser Folgerung. Zudem hatte Papst Hadrian seinen Hinweisen auf Missstände keine Vergebungsbitte angeschlossen.

Der Rahnerschüler Kardinal *K. Lehmann* sprach im Namen der deutschen Bischofskonferenz anlässlich des päpstlichen Bußaktes vom 12. 3. 2000 peinlicherweise von „sündhaftem Vergehen der Kirche[161]". Vergebungsbitten in einem Vespergottesdienst von Erzbischof *L. Schick* anlässlich des Diözesanjubiläums von Bamberg für Delikte vieler Christen in der tausendjährigen Bistumsgeschichte hat die Tagespresse durchgängig als Bekenntnis zu einer sündigen Kirche verstanden; ein Initiativkreis verwies dann kritisch ergänzend darauf, dass notwendige Bekenntnisse offensichtlicher gegenwärtiger Missstände in Deutschland gefehlt hätten[162].

Die Diskussion über die Bedeutung dieser Vergebungsbitten ist bis heute verworren – nicht zuletzt, weil viele nicht die Originaltexte, sondern nur populistische Kommentare gelesen haben. K. *Repgen* beobachtete einen „ungestümen Drang nach „Schulderklärungen" der Kirche „der teilweise an neuroti-

---

[159] INTERNATIONALE THEOLOGISCHE KOMMISSION. *Erinnern und Versöhnen. Die Kirche und ihre Verfehlungen in der Vergangenheit*, hrsg. von G. L. Müller, Einsiedeln-Freiburg 2000 (*Memoria e riconciliazione. La Chiesa e le colpe del passato*). Der Text wurde in forma specifica in der Sitzung der internationalen Theologischen Kommission vom 29. 11.-3.12. 1999 genehmigt. Es handelt sich dabei aber nicht um eine unmittelbar lehramtliche Äußerung, sondern um eine Interpretationshilfe, die von Fachleuten für Exegese, Kirchengeschichte und Ekklesiologie erarbeitet wurde, die - von den Bischofskonferenzen als Repräsentanten der Theologie ihrer Länder vorgeschlagen - sich durch Kompetenz und Treue zum Lehramt der Kirche auszeichnen. (vgl. L. Müller, ebd.)

[160] *Die Tagespost*, 18. 3. 2000, S. 5

[161] *Tagespost* vom 18. 3. 2000 S. 4

[162] *Die Tagespost*, 13. 3. 2007, S. 5. Eine dezidierte inhaltliche Kritik kam u. a. vom Initiativkreis der Erzdiözese Freiburg: ebd., 15. 3. 2007

sche Verhaltensweisen erinnert[163]". Auch mag manchmal die Tendenz zu Grunde liegen, auf Kosten anderer selber besser dazustehen.

Grundsätzlich gilt: Auch Eltern können für vergangene Fehler ihrer Kinder um Vergebung bitten, ohne sich deshalb selbst für schuldig zu erklären. Sie sind ja mit ihnen solidarisch verbunden.

Ferner: Wir können zwar Gewissheit bei der Erkenntnis einzelner Wahrheiten erlangen, besonders wenn sie uns offenbart sind. Ein maßgebliches gerechtes Urteil über ganze Perioden der Kirchengeschichte ist jedoch ganz erheblich schwieriger; es setzt ein differenziertes Wissen um viele meist kaum bekannte Einzelheiten voraus. Werden nicht viele Geschichtslügen immer wieder weitergereicht, obwohl sie längst widerlegt sind? Beispiele sind etwa die gehässigen Äußerungen von *H. Küng* zum Fall Galilei, zu den Kreuzzügen, oder die „schwarze Legende" über die Rolle der spanischen Missionare nach der Entdeckung der neuen Welt. Öffentliche Reueerklärungen werden leicht auch als Bestätigung von kirchenfeindlichen Vorurteilen verstanden, sie können unangemessenes Überlegenheitsgefühl gegenüber der Vergangenheit, ja überhebliche Chronolatrie fördern. Büßen und sühnen kann man zwar für andere; Reue jedoch bezieht sich notwendig nur auf die eigene Schuld – sie ist eine höchstpersönliche Angelegenheit und kann schon gar nicht im Namen früherer Generationen geleistet werden.

Die Kirche also „fürchtet nicht die historische Wahrheit. Sie ist bereit, die wirklich erwiesenen Fehler anzuerkennen, vor allem, wenn sie den schuldigen Respekt vor Personen und Gemeinschaften betreffen. Mit Rücksicht auf die unterschiedlichen geschichtlichen Epochen warnt sie aber auch vor allen Verallgemeinerungen, was Entschuldigung oder Verdammung betrifft. Die Kirche setzt auf eine mit Geduld und Redlichkeit wissenschaftlich erarbeitete Rekonstruktion der Vergangenheit, die frei ist von konfessionalistischen und ideologischen Vorurteilen. Dies betrifft die auf sie gerichteten Anschuldigungen wie auch das von ihr erlittene Unrecht[164]".

Es handelte sich nun aber bei der römischen Vergebungsbitte ausdrücklich – so muss immer wieder betont werden – nicht etwa um eine historische Analyse, moralische Anklage, Selbstbeschuldigung oder ein pragmatisches Zugehen auf Kirchenhasser, bzw. den Versuch, Kritikern den Wind aus den Segeln

---

[163] K. Repgen, [Anm. 155], 298

[164] Johannes Paul II, *Ansprache* am 1. 9. 1999 (L'Osservatore Romano, 2. 9. 1999, 4; L'Osservatore Romano dt. vom 10. 9. 1999, 2)

zu nehmen, sondern in erster Linie um ein Gebet, eine Bitte an Gott. Die Kirche kann ja „nur" Trägerin von Heilsakten, von Versöhnung und Buße sein, nicht aber von eigener Sünde. Sie kann die Sünden ihrer Glieder ertragen und sühnen. „Obwohl die Kirche durch ihre Inkorporation in Christus heilig ist, wird sie nicht müde, Buße zu tun, sie anerkennt immer, vor Gott und vor den Menschen, die Sünder als ihre Söhne" (*Johannes Paul II*[165]). Sie hasst die Sünde, liebt aber die Sünder. Auch Christus hat als reinstes und ganz sünden-loses Opferlamm unsere Sünden auf sühnend sich genommen – dadurch ist er natürlich nicht selbst sündig im eigentlichen Sinne des Wortes geworden. Der Papst sagte zudem erklärend, dass die Christen auch für diejenigen um Verge-bung bitten sollten, die an ihnen schuldig geworden sind[166].

Die Vergebungsbitte zielte nicht einfach auf eine Veränderung des Urteils Außenstehender oder eine apologetische Überzeugung der Gegner, sondern auf eine innere Erneuerung. Die Interpretationskommission nennt als Ziel „eine ,versöhnte Erinnerung' an die Wunden, die man sich in der Vergangen-heit zugefügt hat". Es konnte nicht darum gehen, dass „die Welt" oder „die öffentliche Meinung" der Kirche verzeihen soll, denn bei diesen handelt es sich nur um Personifizierungen; sie sind weder eigentliche Handlungssubjekte noch kompetente Richter. Auch sind in der Regel die Opfer der früheren Verfehlungen längst gestorben und könnten keine Vergebung gewähren. Die Vergebungsbitte kann und will nicht die vorurteilsfreie historische Forschung ersetzen; sie setzt sie voraus[167]. Schliesslich gibt es auch keine Kollektivschuld; ihre Zurechnung käme auf eine Geringschätzung der ethischen Verantwor-tung jeder individuellen Person für ihre eigenen Taten hinaus.

---

[165] *Tertio Millennio adveniente*, 33

[166] *Die Tagespost*, ebd.

[167] JOHANNES PAUL II, *Ansprache an die Teilnehmer des Symposium über die Inquisition*, (31. 10. 1998), n. 4: "Il Magistero ecclesiale non può certo proporsi di compiere un atto di natura etica, quale è la richiesta di perdono, senza prima essersi esattamente informato circa la situazione di quel tempo. Ma neppure può appoggiarsi sulle immagini del passato veicolate dalla pubblica opinione, giacché esse sono spesso sovraccariche di una emotività passionale che impedisce la diagnosi serena ed obiettiva. Se non tenesse conto di questo, il Magistero man-cherebbe al fondamentale dovere del rispetto per la verità. Ecco perché il primo passo con-siste nell'interrogare gli storici, ai quali non viene chiesto un giudizio di natura etica, che sconfinerebbe dall'ambito delle loro competenze, ma di offrire un aiuto alla ricostruzione il più possibile preciso degli avvenimenti, degli usi, della mentalità di allora, alla luce del con-testo storico dell'epoca. Solo quando la scienza storica ha avuto modo di ristabilire la verità dei fatti, i teologi e lo stesso Magistero della Chiesa sono posti in condizione di esprimere un giudizio oggettivamente fondato".

Die *Erklärung der Theologenkommission* musste sich von vielen Fehlinterpretationen der Vergebungsbitte distanzieren, ja von Versuchen, sie als Bestätigung von Positionen der Kirchengegner, als Unterstützung von gängigen Vorurteilen auszulegen[168]. Der deutsche Herausgeber wies im einzelnen auf die zu erwartenden Missdeutungen hin[169], etwa im Sinne einer Konzession an alte Geschichtslügen oder die irrige These einer Kollektivschuld[170], er verwies auch auf die Vielzahl der beteiligten Autoren aus den verschiedensten Fachrichtungen und Kulturräumen. Das bedeutet wohl auch, dass einige undeutliche Aussagen nicht ausgeschlossen waren. Zumal in den deutschsprachigen Medien kam es dann fast durchgängig zu Missverständnissen und Falschmeldungen[171], und zwar nicht nur bei den notorischen Miesmachern. Besonders heftig war merkwürdigerweise die Kritik von jüdischer Seite[172]; verunsicherte Fragen

---

[168] *Erklärung der Theologenkommission*, Abschnitt 1, 4

[169] Der Herausgeber war sich über ideologische Verblendungen mancher Kirchengegner im Klaren. Für diese gilt: „Geschichte soll nicht möglichst objektiv erforscht werden in ihren kulturellen, sozialen und mentalen Bedingungen und in den Motivationen ihrer handelnden Personen. Kirchengeschichte wird instrumentalisiert, um die Kirche als Gegenmacht zu den Idealen von Freiheit, Autonomie, Wissenschaft und Fortschritt zu desavouieren. Von dieser Seite ist kaum zu erwarten, dass das *mea culpa* der Kirche mit einem *mea culpa* der Anhänger dieser Geistesrichtungen für all das beantwortet wird, was im Namen dieser Ideale den Christen und den Menschen anderen Glaubens an Leid zugefügt worden ist. Sie werden sich in ihrer Anklagehaltung bestätigt fühlen und um so lauter der katholischen Kirche entgegenrufen: "*Tua sola culpa* ist seit zweitausend Jahren Christentum die Welt nicht besser geworden". Zu erwarten ist sicher auch, dass gegenwärtige innerkirchliche Spannungen in diese Vergebungsbitte hineinprojiziert werden. Es wäre nur eine weitere Form der Instrumentalisierung der Kirchengeschichte, wenn Christen − Glieder am Leib Christi, der die Kirche ist − den Papst zur Vergebung nötigen wollten für das, was sie für ein Versagen der Kirche angesichts der Herausforderungen der Gegenwart halten, wenn z.B. manche den Zölibat der Priester in der lateinischen Kirche fälschlicherweise für einen Missstand halten, der mit dem Menschenrecht auf Ehe in Konflikt stehe, oder wenn sie die Lehre von der dem Mann vorbehaltenen Weihe mit den Themen der Vergebungsbitte vermengen, weil sie meinen, dass, ähnlich wie im Fall Galilei, die Tradition der Kirche von falschen naturwissenschaftlichen Annahmen ausgehe". (G. MÜLLER, *Vorwort zur Erklärung der Kommission*, am 22. 2. 2000). Näher noch in seinem in Anm. 157 genannten Artikel.

[170] Es gibt „keine Kollektivschuld, deren Zurechnung eine Verletzung der ethischen Verantwortung jeder Person für ihre eigenen Taten wäre ...". (Ebd.)

[171] Vgl. G. L. MÜLLER, *Die Tagespost*, 18. 3. 2000, Nr. 33, S. 15; G. MAY, Una Voce Korrespondenz 30 (2000) 148 f.

[172] *Die Tagespost* 14. 3. 2000, Nr. 31, S. 5; 16. 3. 2000, Nr. 32, S. 5

blieben auch bei vielen Katholiken[173] (Kardinal *G. Biffi* hatte sie schon vorher namhaft gemacht[174]).

Die positiven pastoralen Wirkungen entziehen sich naturgemäß weithin der Beobachtung. Anerkannt wurde aber in den Medien der Mut, auch Irrtümer von leitenden Persönlichkeiten anzuerkennen, von Fehlern, die in gewissem Sinne im Namen der Kirche begangen wurden.

Es ging „um das Handeln der Kirche in ihrer Auswirkung auf die zivile Gesellschaft und ihre Institutionen (Staat, Kultur, Wissenschaft, Kunst, Rechtsordnung u. a.). Nicht gemeint war in diesem Zusammenhang natürlich die Infallibilität in der Auslegung der Offenbarung und die Wirksamkeit der sakramentalen Heilsvermittlung, die der Kirche anvertraut sind und die vom Geist Gottes vor Korruption und Zersetzung bewahrt werden[175]" (*G. Müller*[176]). Doch die Fehler von gestern zu erkennen, hilft die Versuchungen von heute zu überwinden[177]. „Reinigen" heißt nicht „aus dem Gedächtnis wischen" oder Fakten ungeschehen machen wollen, sondern ein vertieftes ethisches Urteil bilden: was vorher einmal geduldet werden konnte, ist in einem objektiven transhistorischen Sinne neu zu sehen. Dies ist nicht leicht: Man darf weder anachronistisch von der jeweiligen Mentalität der Zeitepoche absehen und im Namen einer heute geltenden Meinung verurteilen, noch aus historizistischem Verstehensbemühen mit relativistischer Situationsethik alles zu rechtfertigen suchen – und vor allem in keiner Weise von oben herab dem Urteil Gottes über subjektive Schuld vorgreifen, bzw. selber irgendwie das

---

[173] INTERNATIONALE THEOLOGISCHE KOMMISSION (1, 4): "Einige fragen, wie es möglich sein soll, der jungen Generation eine Liebe zur Kirche einzupflanzen, wenn man dieser Vergehen und Sünden anlastet. Andere beobachten mit Sorge, dass das Schuldbekenntnis der Kirche sehr einseitig bleiben könnte und eingefleischte Kirchenhasser es als Bestätigung ihrer Vorurteile und als Waffe antichristlicher Propaganda missbrauchen".
„Macht man es sich nicht zu leicht, die Protagonisten der Vergangenheit aus der Sichtweise der Gegenwart zu beurteilen, wie es die Schriftgelehrten und Pharisäer taten, die sagten: "Hätten wir in den Tagen unserer Väter gelebt, wären wir nicht wie sie am Tod der Propheten schuldig geworden" (vgl. Mt 23, 29-32.30). Kann man ohne Rücksicht auf die Zeitumstände, in die jede Gewissensentscheidung eingebettet ist, die Handlungsweise der Vorfahren von einem (nur scheinbar) übergeschichtlich-reinen Gewissensstandpunkt aus beurteilen?"

[174] Vgl. G. BIFFI, *Casta meretrix*, Bologna 1996; G. ALBERIGO, *Chiesa santa e peccatrice. Conversione della Chiesa?*, Bose 1997; G. BIFFI, *Christus hodie*, Bologna 1995. Vgl. Anm. 155

[175] Vgl. *Lumen gentium*, 25

[176] G. MÜLLER, *Vorwort* zur Erklärung der Internationalen theologischen Kommission

[177] *Tertio Millenio adveniente*, n. 33

Endgericht vorwegnehmen wollen. Doch ist nicht zu leugnen, dass es in der Kirche im Bewusstsein dessen, was objektiv zur Heiligkeit gehört, Fortschritte gibt[178] und ein distanzierteres und verbessertes Urteil über objektive Sachverhalte möglich wird. Das bedeutet keineswegs notwendig Zuweisung subjektiver Schuld und Anklage gegen frühere kirchliche Jahrhunderte (der Papst hat sich auch in seiner Ansprache zum Angelus ausdrücklich davon distanziert[179]): Denn wir können kaum sagen, dass sich damalige Christen in ihrer Umwelt des Widerspruches zur heute im Licht des Glaubens besser erkannten objektiven Ordnung stets klar bewusst waren. Doch können sich Strukturen objektiver Sünde verfestigen wegen schuldhafter Tolerenz und Passivität einflussreicher Christen[180]. Ohne besserwisserische Schuldzuweisung an die Vorfahren kann ein kluges Urteil doch manchmal feststellen, dass objektive Fehler gemacht worden sind, die evtl. durch guten Glauben aufgewogen oder entschuldigt, aber zu bedauern sind.

Die Kirche identifiziert sich wie keine andere Gemeinschaft mit ihren Gliedern und nimmt als Mutter die Last ihrer Kinder auf sich. Sie bringt die erinnerte Last der Vergangenheit demütig vor Gott und bittet um Versöhnung und Bereinigung der Sündenfolgen. Sie ist sich bewusst, dass Gott sein Heil auch durch schwache und unwürdige Menschen wirken kann.

Wenn man jedoch für die Trennungen der Reformationszeit undifferenziert pauschal eine gleichmäßige „Schuld auf beiden Seiten" annimmt, befindet man sich im Irrtum[181]. Denn wer vom Glauben abfällt, hat mit Gewissheit schwere Schuld auf sich geladen[182].

Der Text der *internationalen Theologenkommission* besagt, die Kirche sei bei ihrer Bitte davon überzeugt, dass „wegen des Bandes, das uns im mystischen Leib miteinander vereint, wir alle die Last der Irrtümer und der Schuld derer mittragen, die uns vorausgegangen sind, auch wenn wir dafür keine persönli-

---

[178] Ch. JOURNET, *Le progrès de l'Eglise dans le temps*, Angelicum 43 (1666) 3-20; G. COTTIER, [Anm. 109 und 155] bezieht sich darauf

[179] JOHANNES PAUL II, *Ansprache zum Angelus* am 12. 3. 2000

[180] Vgl. *Reconciliatio et poenitentia*, 16; *Sollicitudo rei socialis*, 36

[181] *Unitatis redintegratio*, 17 ist hier wohl missverständlich: vgl. G. MAI, Una Voce Korrespondenz 30 (2000) 144

[182] Das Konzil von TRIENT zitiert AUGUSTINUS: „Deus namque sua gratia semel iustificatos „non deserit, nisi ab eis prius deseratur". (AUG., *De nat. et gr.* 26, 29; PL 44, 261; CSEL 60, 255; TRIDENTINUM, sess. 6 c. 11; DS 1537). Cf. VATICANUM I, sess. 3; DS 3014, 3036; VATICANUM II, *Gaudium et spes*, 19).

che Verantwortung haben und nicht den Richterspruch Gottes, der allein die Herzen der Menschen kennt, vorwegnehmen können". „Die Kirche, die in einer wirklichen und tiefen Gemeinschaft ihre Söhne und Töchter der Vergangenheit ebenso wie die der Gegenwart umfasst, ist die einzige Mutter in der Gnade, die die Lasten auch der Schuld aus der Vergangenheit auf ihre Schultern zu nehmen vermag, um das „Gedächtnis zu reinigen" und die Herzen zur Erneuerung und einem Leben nach dem Willen des Herrn zu bewegen. Die Kirche ist imstande dies zu tun, insofern Jesus Christus, dessen mystischer Leib sie ist und durch den er im Gang der Geschichte sakramental gegenwärtig bleibt, ein für allemal die Sünden der Welt auf sich genommen hat". Es geht keinesfalls darum, „eine depressive Haltung zu erzeugen, die Selbstgeißelung zur kirchlichen Tugend machen wollte", sondern um das dankbare Bekenntnis zu Gott, der seine Barmherzigkeit von ‚Generation zu Generation' (Lk 1, 50) erweist".

„'Das Gedächtnis reinigen' ist der Versuch, aus dem persönlichen und gemeinschaftlichen Bewusstsein alle Formen von Ressentiment und Gewalt zu überwinden, die uns die Vergangenheit als Erbe hinterlassen hat. Auf der Basis einer neuen und vertieften historischen und theologischen Bewertung der Geschichte öffnet sich der Weg zur Erneuerung des moralischen Handelns." Die Theologenkommission weiß um die Schwierigkeit, Geschichte zu interpretieren; sie weist hin auf notwendige Unterscheidungen[183] und behandelt sehr ausführlich die Kriterien der historischen Urteilsbildung und ihrer theologischen Auswertung[184]. Doch zudem macht sie darauf aufmerksam: „Der gesamte Prozess einer "Reinigung des Gedächtnisses" erschöpft sich nicht in der richtigen Verbindung von historischem und theologischem Urteil und in der korrekten Anwendung der hermeneutischen Prinzipien. Es geht auch nicht darum, Abscheu vor der Vergangenheit oder eine depressive Haltung zu erzeugen, die Selbstgeißelung zur kirchlichen Tugend machen wollte. Vielmehr geht es um das dankbare Bekenntnis zu Gott, der seine Barmherzigkeit

---

[183]   „Man muss genau unterscheiden zwischen der Verantwortung oder der Schuld, die Christen als gläubigen Gliedern der Kirche zukommt, und den Verfehlungen, die mit der christlich geprägten Gesellschaftsform einiger Jahrhunderte (der sogenannten cristianità) zusammenhängen, als die Strukturen der weltlichen und geistlichen Macht ineinander verwoben waren". (Ebd., 1, 4)

[184]   Ebd., Abschnitt 4. 1 und 4. 2. „Wer die Paradigmen und Urteilsmaßstäbe einer Gesellschaft aus einer anderen Epoche unreflektiert oder mit einem moralischen Überlegenheitsgefühl auf eine gänzlich verschiedene Geschichtsphase appliziert, macht sich einer Verfälschung schuldig".

"von Generation zu Generation" (Lk 1, 50) erweist. Denn Gott will das Leben und nicht den Tod des Sünders, er will die Liebe und nicht Furcht und Angst"[185]. Es gibt einen Fortschritt der Kirche in der Zeit, ein Heranwachsen zum Vollalter Christi (vgl. Eph 4, 13)[186]. Er besteht aber nicht in der Überwindung eines auch nur teilweisen oder zeitweisen Verlustes der ursprünglichen Heiligungsgaben des Geistes oder gar der Wesenseigenschaft der Heiligkeit der Gesamtkirche. Sondern er erweist sich in der zunehmenden Manifestation des Pfingstgeistes und seiner Ansprüche, im immer stärkeren Sichtbarwerden, Entfalten und Bewusstwerden ihrer wahren eigenen Natur, des noch verborgenen Lebens Christi und seines Kontrastes zu allem Vorläufigen und Beschränkten. Vieles Zeitlich-Profane wird erst allmählich vom Geist Christi erfasst und integriert, so dass die Transparenz für die Gnade wächst. Manche vorläufige Entscheidungen in der Kirche, besonders wenn sie in den zeitlich-politischen Bereich hineinreichen, haben unbeabsichtigte und unvorhergesehene Nebenwirkungen oder zeitbedingte Beschränkungen, welche die Kirche heute deutlicher sieht und moraltheologisch klarer beurteilt; sie müssen aber deshalb keineswegs subjektive Schuld der Kirche bedeuten. Der Kampf der Kirche gegen die Mächte und Gewalten des Bösen (vgl. Eph 6, 13) wird entsprechend der Garantie Christi nie verloren; er sieht aber in verschiedenen Zeiten unterschiedlich aus: In Perioden zahlreicherer Apostasien erweckt der Hl. Geist auch mehr Gottesliebe und Heroismus bei größeren Heiligen[187].

Schlussfolgerungen

Von einer Sünde der Kirche kann also nur in einem ganz uneigentlichen Sinne die Rede sein, ähnlich wie von einer *„Sünde"* bei Christus (vgl. 2 Kor 5, 21)[188], der keine Sünde kannte, aber unsere Schuldenlast auf sich genommen hat. Allerdings ist diese Ausdrucksweise ist wegen ihrer Anfälligkeit für Missverständnisse zu vermeiden, ähnlich wie auch der verurteilte Satz des Bischofs *Augustinus Favaroni: Christus peccat in membris suis*[189].

---

[185] Internationale Kommission, 5, 1

[186] Ch. Journet, *Le progrès de l'Église dans le temps*, Angelicum 43 (1966) 3-20

[187] Ebd., S. 6-7

[188] Vgl. oben. Gal 3, 13, Rom 8, 3: Christus sei für uns zur *„maledictio"* geworden.

[189] Augustinus Favaroni OESA (1360-1443): Conc Basillense, sess. 22 (15. 10. 1435); *Conciliorum Oecumenicorum Decreta* (ed. J. Alberigo, etc.), ³Bologna 1973, 493.

« On peut dire que le Christ vit, souffre, se sanctifie dans ses membres. On ne peut pas dire qu'il pèche dans ses membres. Ce n'est pas d'un point de vue matériel, qu'il soit empirique

Jede Neuorientierung an Christus setzt Buße voraus. Bei wahrhaft christlicher Umkehr geht es aber zuerst um das Innewerden und das Bekennen des *eigenen* Versagens, der persönlichen Lieblosigkeit und des Egoismus; viele öffentliche Schuldbekenntnisse betreffen aber stattdessen in der Regel die Schuld von *anderen* oder von früheren Generationen. Man könnte nicht ein jetzt notwendiges Mea culpa dadurch ersetzen, dass man an die Brust anderer, etwa gar Verstorbener klopft oder nur die Vergangenheit mit den Augen von heute betrachtet. Dennoch gibt es im Bereich der Buße, die ja in der Gnade und nicht in der Sünde geschehen muss, auch eine Art generationsübergreifende Solidarität[190].

Zweifellos hat jede Sünde Auswirkungen auf die Mitmenschen und Gemeinschaften. Doch Betroffen- oder Verwundetsein durch die Sünde ist of-

---

ou déontologique, c'est d'un point de vue formel, ontologique, que nous aurons à considérer le mystère de l'Église: Qu'on entende l'Église au sens strict pour désigner l'»Ecclesia credens«, ou d'une manière plus ample pour lui joindre l'»*Ecclesia docens*«, ou d'une manière très large pour y inclure même le Christ. Nous sommes avertis dès maintenant de ce qu'une telle définition de l'Église va réclamer de nous. Elle ne peut etre maintenue qu'au prix d'une continuelle tension des énergies intérieures. Elle nous empêche absolument de matérialiser l'Église, de confondre son contour réel avec celui des personnes qui lui appartiennent, des groupes et des partis où elles sont inscrites. Elle nous oblige de lui retracer constamment par la foi ses vivantes limites au milieu de ces personnes, de ces groupes, de ces partis, au milieu meme de notre propre personne. Et s'il est vrai que personne ne sait, d'une certaine science, s'il est digne d'amour ou de haine, il est vrai aussi que nul chrétien ne sait, de cette science-là, comment son être est divisé par les limites de l'Église, si elles passent en delà ou au delà du centre de gravité de son cœur; chacun, avec le psalmiste, ne peut que supplier en tremblant: *Judica me Deus, et discerne causam meam ... ab homine iniquo et doloso erue me'«.* (CH. JOURNET, *L'Église du Verbe Incarné*, Bd. I, S. XVI)

190 „Zu Recht nimmt sich daher die Kirche, während sich das zweite christliche Jahrtausend seinem Ende zuneigt, mit stärkerer Bewusstheit der Schuld ihrer Söhne und Töchter an, eingedenk aller jener Vorkommnisse im Laufe der Geschichte, wo diese sich vom Geist Christi und seines Evangeliums dadurch entfernt haben, dass sie der Welt statt eines an den Werten des Glaubens inspirierten Lebenszeugnisses den Anblick von Denk- und Handlungsweisen boten, die geradezu *Formen eines Gegenzeugnisses und Skandals* darstellten". (*Tertio millennio adveniente*, 33). *Erklärung der internat. Theologenkommission*, 3. 3: „Die Sünde hat nie eine nur individuelle Seite. Wenn in dieser Gemeinschaft durch die Sünde einzelner der Heilsweg aller behindert und verstellt wird, dann ist die Kirche in der Einheit ihres geschichtlichen Weges auch von jeder Sünde, zu welcher Zeit auch immer sie begangen wurde, zutiefst betroffen. Diese Überzeugung veranlasste die Kirchenväter, wie hier den hl. Ambrosius, zu der lapidaren Feststellung: „Seien wir darauf bedacht, dass unser Fall nicht eine Wunde der Kirche wird". (AMBROSIUS, *De virginitate*, 8, 48 (PL 16, 278 D): "Caveamus igitur, ne lapsus noster vulnus Ecclesiae fiat".)".

fensichtlich nicht einfach schon Komplizenschaft oder Mitschuld. Ähnlich wie Christus „mit der Sünde zu tun" hat, indem er für andere sühnt und leidet, kann auch die Kirche zwar nicht für eigene Schuld, wohl aber für fremde Schuld sühnen und leiden. Jesus hat sich ein wenig vom Ufer entfernt, um eine große Menge zu lehren und zu heiligen; auch die Kirche unterscheidet sich zunehmend von nationalen, historischen und kulturellen Bedingtheiten ihrer Umgebung und kann so sein Licht wirksamer werden lassen.

Die Rede von einer ‚sündigen Kirche' ist also theologisch absolut unhaltbar und hat verhängnisvolle pastorale Folgen. Die Kirche als solche kann schon deshalb nicht sündigen, weil die Gemeinschaft aller Gläubigen keine eigentliche Person ist. Sünde jedoch ist etwas zutiefst Persönliches. Strukturen, äußere Situationen, Bedingungen der Umgebung heben die freie Verantwortung der Person nicht auf, wie etwa der Materialismus annahm. Sie sind als solche auch nicht Subjekte moralischer Handlungen. So hat auch der Papst im Apostolischen Schreiben *Reconciliatio et Poenitentia* den Glauben bekräftigt, dass im Sakrament der Buße „der Sünder sich mit seiner Schuld allein vor Gott gestellt sieht, seiner Reue und seinem Heilsvertrauen. Keiner kann an dessen Stelle oder in seinem Namen um Vergebung bitten". Sünde ist immer Entscheidung eines persönlichen Willens und kann nicht einem Kollektivsubjekt angelastet werden. Es „gibt im Menschen nichts, was so persönlich und unübertragbar ist, wie das Verdienst aus der Tugend oder die Verantwortung für die Schuld[191]". Sogar die übergroße Sünde der Kreuzigung Christi kann nicht einfach dem jüdischen Volk als Kollektivschuld angelastet werden.

„Die subjektive Verantwortlichkeit erlischt mit dem Tod ihres Akteurs. So ist klar, dass sie nicht über die Generationen weitergereicht werden kann. Die Nachgeborenen können niemals die subjektive Verantwortlichkeit ihrer Vorfahren erben. Somit setzt die Vergebung immer die Zeitgenossenschaft zwischen Opfer und Täter voraus. Die einzige Form der Verantwortlichkeit, für die es eine geschichtliche Kontinuität gibt, ist die objektive Verantwortung, der man sich freiwillig persönlich stellen oder entziehen kann. Denn es ist eine Tatsache, dass die böse Tat wenigstens in ihren destruktiven Auswirkungen weiterwirkt, die durchaus zu einer schweren Belastung für das Gewissen und das geschichtliche Gedächtnis der Nachfahren werden können[192]".

---

[191] Johannes Paul II, Apostolisches Schreiben *Reconciliatio et Poenitentia* (2. 12. 1984), n. 16: „Nulla conditio – sicut nullum insitutum, nulla compages, nulla societas – ipsa per se est actuum moralium subiectum, quamobrem ea potest per se nec bona esse nec mala".

[192] *Internationale Theologische Kommission*, 5, 1

Johannes Stöhr

Die Sünde ist daher immer der individuellen Person eigen, obwohl sie auch die ganze Kirche verletzt und beeinträchtigt, die, vergegenwärtigt durch den Priester als Diener des Bußsakraments, die sakramentale Vermittlerin der Versöhnungsgnade mit Gott ist[193]. Auch die Situationen, die innerhalb einer menschlichen Gemeinschaft durch Verletzung der Gerechtigkeit, der Freiheit und des Friedens eine ‚soziale Sünde' bedingen, „sind immer Frucht, Verknotungen und Zusammenballung von persönlichen Sünden". So sehr sich oft auch die moralische Verantwortung in anonymen Ursachen fast aufzulösen scheint, so sehr muss man dagegen betonen, dass von sozialer Sünde nur in einem analogen Sinn die Rede sein kann[194]. Dazu kommt, dass die Gesamtkirche unter den menschlichen Sozialgebilden eine einzigartige Sonderstellung hat, da sie durch das Wirken des Hl. Geistes vor dem Abfall von Gott geschützt ist.

Die historischen Fehler und Versäumnisse sind also keine eigentlichen Sünden „der" Kirche, sondern etwas mit den Sünden von einzelnen Zusammenhängendes. Die einzelnen Gläubigen und die Kirche als ganze flehen jedoch ständig im liturgischen Gebet zu Gott, er möge nicht auf die Sünden der einzelnen schauen, sondern auf den Glauben seiner heiligen Kirche, denn die Sünden sind praktisch eine Verneinung dieses Glaubens: „*Ne respicias peccata nostra, sed fidem Ecclesiae tuae*".

Der Rückblick auf die Vergangenheit ist deshalb sinnvoll, weil dadurch das Urteil über die Gegenwart geschärft und für die Zukunft erhellt wird. Dies ist deshalb möglich, weil die Kirche ständig voranschreitet zu einem tieferen Verständnis der Offenbarungsbotschaft und ihrer Erfordernisse.

Mt der Kirche zu leiden und zu sühnen ist dem Christen aufgegeben; wer aber behauptet, an der Kirche zu leiden oder sie zu ertragen[195], stellt sich heraus und redet Unsinn. „Wir alle müssen Christus um Verzeihung bitten für die vielen unbedachten Urteile und die vielen Beleidigungen, die wir seiner Braut – und folglich ihm selbst – zugefügt haben. Versucht einmal, einem wirklich verliebten Mann zu sagen, seine Braut sei hässlich oder ein Taugenichts, und

---

[193] *Reconciliatio et Paenitentia* (2. 12. 1984), 31

[194] *Internationale Theologische Kommission*, 1, 3; *Reconciliatio et Poenitentia*, 16

[195] So ist auch die sicher gut gemeinte Antwort des *Erasmus* auf Luthers Vorwurf, er verbleibe in einer „korrupten" Kirche nicht gut formuliert: „Fero igitur hanc Ecclesiam, donec videro meliorem: et eadem ferre cogitur, donec ipse fiam melior" (ERASMUS VON ROTTERDAM, *Hyperaspistae Diatribes* I, 1; Opera omnia, Bd. 10, Leiden 1706, Sp. 1258; zitiert nach R. CANTALAMESSA, *Die Kirche lieben. Meditationen zum Epheserbrief*, Freiburg 2005, 70-71)

172

ihr werdet sehen, dass ihr ihn kaum schlimmer beleidigen und seinen Zorn kaum besänftigen könnt[196]“.

Augustinus tadelt im Psalmenkommentar streng alle, die nicht zu unterscheiden wissen und die Verfehlungen und Treulosigkeiten schlechter Christen, – welche die Kirche doch ständig tadelt und bedauert, – der Kirche selbst vorwerfen: Sie bleiben draußen; sie erreichen die Wahrheit nicht, da sie irdisch gesinnt die Ewigkeit nicht lieben wollen; ja das genügt ihnen nicht: sie wollen auch dich heraus haben[197].

„Wenn wir die Kirche lieben, wird sich in uns niemals jene krankhafte Sucht melden, der Mutter für die Erbärmlichkeiten einiger ihrer Söhne die Schuld zuzuschieben. Die Kirche hat als Braut Christi nicht den geringsten Anlass, irgendein *mea culpa* anzustimmen. Wir schon: *Mea culpa, mea culpa, mea maxima culpa!* Das ist der echte *Meaculpismus,* der persönliche nämlich, und nicht jener, der die Kirche angreift, indem er menschliche Mängel aufzeigt und übertreibt, die an dieser heiligen Mutter durch das Handeln der Menschen in ihr hervorgerufen werden, soweit die Menschen dies vermögen, denn sie werden nie zerstören, ja nicht einmal antasten können, was wir die ursprüngliche und konstitutive Heiligkeit der Kirche genannt haben. ... Das Geheimnis der Heiligkeit der Kirche – dieses Ur-Licht, das unter den Schatten menschlicher Schwachheit verborgen bleiben kann – verbietet grundsätzlich jeden Verdacht, erstickt auch den geringsten Zweifel an der Schönheit unserer Mutter. Es geht ebenso wenig an, ohne Protest zu dulden, dass andere sie beleidigen. Suchen wir nicht nach den verwundbaren Stellen an der Kirche, um an ihr Kritik zu üben, wie einige es tun, die den Beweis für ihren Glauben und ihre

---

[196] R. Cantalamessa, ebd., 71

[197] Augustinus: „*Quoniam audivi vituperationem multorum in accolentium circuitu.* Multi accolunt in circuitu meo, et reprehendunt me quotidie. Quanta mala dicunt in malos christianos, quae maledicta perveniunt ad omnes Christianos! Numquid enim dicit, qui maledicit, aut qui reprehendit Christianos: *Ecce quae faciunt non boni christiani?* Sed: *Ecce quae faciunt Christiani;* non separat, non discernit. Illi tamen ista dicunt, qui accolunt in circuitu, id est, circumeunt, et non intrant. Quare circumeunt, et non intrant? Quia rotam temporis amant: non intrant ad veritatem, quia non amant aeternitatem; temporalibus dediti tamquam rotae constricti, de quibus alibi dicitur: *Pone principes eorum ut rotam* (Ps 82, 14); et alibi: *In circuitu impii ambulant* (Ps 11, 9). *Dum congregarentur ipsi simul adversum me, ut acciperent animam meam consiliati sunt.* Quid est: *ut acciperent animam meam consiliati sunt?* Ut consentirem pravitatibus eorum. Illis enim qui maledicunt, et non intrant, parum est quia non intrant; et eiicere hinc volunt vituperando. Si eiecerunt te de Ecclesia, acceperunt animam tuam, id est, tenuerunt consensionem tuam; et eris in circuitu, non in mansione“ (*Enarr. in Ps 30,* II sermo 2 n. 11, vers. 14; PL 36, 145; CChr 209-210).

Liebe schuldig bleiben. Mir ist es unbegreiflich, wie man die eigene Mutter wirklich gern haben und gleichzeitig lieblos von ihr sprechen kann.

Unsere Mutter ist heilig, weil sie rein geboren wurde und makellos bleiben wird in alle Ewigkeit. Wenn wir ihre Schönheit einmal nicht sehen sollten, reinigen wir uns die Augen! Wenn wir merken, dass uns der Klang ihrer Stimme nicht gefällt, dann beseitigen wir die Verhärtung unseres Gehörs, die uns hindert, in ihrem Wort die Rufe des liebevollen Hirten zu vernehmen! Unsere Mutter ist heilig durch die Heiligkeit Christi, mit dem sie sowohl dem Leibe nach, der wir alle sind, verbunden ist, als auch dem Geiste nach, welcher der Heilige Geist ist, der auch im Herzen eines jeden von uns wohnt, wenn wir die Gnade Gottes nicht verlieren. Heilig, heilig, heilig!, wagen wir der Kirche zuzurufen, indem wir an den Hymnus zum Lobpreis der Allerheiligsten Dreifaltigkeit denken. Du bist heilig, Kirche, meine Mutter, denn der Heilige, der. Sohn Gottes, hat dich gestiftet; du bist heilig, denn der Vater, der Quell aller Heiligkeit, hat es so gewollt; du bist heilig, denn der Heilige Geist steht dir bei, der in der Seele der Gläubigen weilt, um die Kinder des Vaters zusammenzuführen, die in der Kirche des Himmels, im ewigen Jerusalem, wohnen werden" (*J. Escrivá de Balaguer*[198]).

---

[198] JOSEMARIA ESCRIVA DE BALAGUER, *Loyal zur Kirche*, Wien 1991 (hrsg. von J. Platz, Schriftenreihe der Karlskirche, Heft 7)(Orig.: *Lealdad a la Iglesia*, Homilía pronunciada el 4-VI-72, in: „*Amar a la Iglesia*", Madrid 1986, p. 11-36).

Vom selben Autor auch folgende Reihen (auch meist im Internet):

Ehe und Familie im Lichte christlicher Spiritualität. Handbuch christlicher Texte, 3 Bde., Bamberg 2000, (Schriftenreihe der Gustav-Siewerth-Akademie), xix+2128 Seiten [ISBN 3-928929-22-4]

Mariologisches Jahrbuch „Sedes sapientiae' (seit 1997), erscheint halbjährlich (Mitherausgeber)

Nova et Vetera (Texte und Kommentare zu Themen christlicher Spiritualität), (jeweils Originaltexte und deutsche Übersetzungen): Nr. 1: Christliche Freude, [EOS-Verlag, St. Ottilien], 160 S.; Nr. 2: Loslösung und Entsagung, 120 S.; Nr. 3: Die Taufe, 140 S.; Nr. 4: Christliche Freundschaft, 80 S.; Nr. 5: Brüderliche Zurechtweisung, 174 S.; Nr. 6: Tapferkeit und Starkmut, 5+314 S.